陶行知"学生自治"的德育思想研究与校本化实践

黄毅媛 ◎著

吉林文史出版社

图书在版编目（CIP）数据

陶行知"学生自治"的德育思想研究与校本化实践 /
黄毅媛著 . -- 长春：吉林文史出版社，2023.3
ISBN 978-7-5472-9290-7

Ⅰ．①陶… Ⅱ．①黄… Ⅲ．①德育－教学研究－小学
Ⅳ．① G621

中国国家版本馆 CIP 数据核字（2023）第 046467 号

TAOXINGZHI "XUESHENG ZIZHI" DE DEYU SIXIANG YANJIU YU XIAOBENHUA SHIJIAN

书　　名　陶行知"学生自治"的德育思想研究与校本化实践
作　　者　黄毅媛
责任编辑　张　蕊
出版发行　吉林文史出版社有限责任公司
地　　址　长春市福祉大路 5788 号
网　　址　www.jlws.com.cn
印　　刷　北京四海锦诚印刷技术有限公司
开　　本　185mm×260mm　16 开
印　　张　12
字　　数　271 千字
版　　次　2023 年 3 月第 1 版　2023 年 3 月第 1 次印刷
定　　价　52.00 元
书　　号　978-7-5472-9290-7

序 言

　　陶行知是中国现代教育史上一位伟大的人民教育家，为中国的教育事业做出过巨大的贡献。在国内外学术界，人们比较关注对陶行知的生活教育、乡村教育等思想的研究，而对陶行知科学教育思想的认识和评价则稍显不足。这在很大程度上削弱了陶行知在当今教育改革和发展中应有的巨大影响和作用，也在某种程度上妨碍了人们对诸多教育问题的认识。素质教育是当前我国基础教育面向21世纪和现代化的改革主题，也是一个随着我国社会发展变革需要从理论和实践上进一步探索的重大研究课题。因此，深化教育改革，全面推进素质教育，构建具有中国特色社会主义教育体系，以适应提高国民素质的需要，是当前教育战线的重要任务，也是我国现代化建设的一项紧迫任务。在习近平中国特色社会主义思想的指导下，运用现代教育思想和科学方法，继承、借鉴和发展具有我国民族特色的教育思想理论，无疑对构建具有中国特色的素质教育理论体系和促进素质教育的实施以及推进教育现代化进程具有十分重要的意义。陶行知所创建的德育理论，可以一言以蔽之：注重自治。他在《学生自治问题之研究》一文中明确提出，学校教育必须坚持三项原则，这就是："一、智育，注重自学；二、体育，注重自强；三、德育，注重自治。"何谓自治？可以从两个方面来理解，从学生方面说，就是"学生团结起来，大家学习自己管理自己"；从学校方面说，就是"为学生预备种种机会，使学生能够组织起来"。其论述对现今高校民主管理，尤其是学生参与高校管理，施行自治具有积极的指导意义。先生关于学生自治的思想在其后来创办的晓庄师范学校、山海工学团、育才学校中都得到体现，在实践中学生自治理论也不断丰富。在学生自治能力令人担忧的今天，重读陶行知先生的"学生自治"思想并赋予其时代价值，对于研究学校德育工作、提高学生的自治能力有着重要的借鉴意义。

目　录

第一章　研究背景及意义

第一节　研究背景

当今社会，德育已经成为一个备受关注的话题，世界各国都在积极改善其德育现状，着力解决德育问题，如学校德育薄弱、青少年犯罪等。2000 年以来，日本进行了新一轮的中小学德育改革，针对培养中小学生的道德品质提出了新的目标；美国也日益重视对受教育者道德品质的培养。

而我国，无论是古代还是现代都十分重视道德教育。自 20 世纪 80 年代以来，针对中小学乃至大学多次颁发了文件，文件指出要进一步完善学校道德教育工作[1]。2018 年 8 月 25 日教育部颁发了有关德育新课程改革的文件，旨在培育和谐发展的学生，提升学生的创造力与行动力，将"立德树人"的目标真正地落实到学校教育的每个阶段。而上述提及的这几个方面都与本文所研究的陶行知生活德育思想是息息相关的[2]。如今高中思想政治课教学效率低下，存在着诸多问题。例如，教学内容与实际生活脱节，课堂教学只注重理论传授而忽略教学实践环节，学生学习兴趣不高，课堂教学忽略学生主动性，师生互动性差，课堂教学模式僵化等。

陶行知是我国近代著名的教育家、德育思想家。他的生活德育思想不仅对旧中国的教育变革具有重要的作用，对当今的学术研究依然起到举足轻重的作用。故众多学者对其生活德育思想进行探究[3]。

陶行知的生活德育思想是他在当时复杂的历史背景下，在批判与继承中华传统教育思想以及吸收与超越美国杜威实用主义教育思想的基础上，在长期的教育实践探索中，创立出的一种独具一格的教育思想。陶行知生活德育思想形成了一个完整的体系[4]，它以培养"真人"为目标，以"生活即德育、社会即学校、教学做合一"为原则，以集体生活、学生自治、榜样教育、因材施教、环境熏陶为方法，以实践性、普及性、灵活性为特点，以世界观教育、政治观教育、人生观教育、道德观教育、职业观教育为内容。

适逢当代思想政治教育面临着机遇与挑战，在取得丰硕成就的同时，也存在一些不足。例如，当代思想政治教育缺乏良好的环境氛围普及程度不高等。经过仔细分析，陶行知生活德育的目标、内容与当代思想政治教育的目标、内容相契合，那么，陶行知生活德育思想的一些积极因素可以为当代思想政治教育提供有益的补充和借鉴。

"社会即学校"原则的借鉴[4]，为当代思想政治教育寻找到改革创新的路径；通过对陶行知生活德育的普及性和乡村教育方法的借鉴，为当代思想政治教育寻找到普及农村思想政治教育的方法；通过对陶行知生活德育的因材施教法、榜样教育法以及其他方法的借鉴，为当代思想政治教育寻找到加强高校思想政治教育实效性的方法。

第二节　研究意义

一、理论意义

一方面，陶行知生活德育思想继承与发展了中国传统教育思想，因此对于批判地继承中国传统文化，完善中国传统教育思想的理论研究具有重要意义；另一方面，其生活德育思想中蕴含着丰厚的马克思主义哲学内涵，其基础是辩证唯物主义认识论，有助于进一步丰富相关理论研究[5]。

二、实践意义

当前高中思想政治课存在教学内容脱离实际生活、教学质量低下、学生学习积极性低等问题。研究陶行知生活德育思想有助于解决上述问题，提升学生的学习积极性，在另一方面有助于加强和改进当前高中学校德育建设工作[6]。

第三节　研究目的

陶行知不仅是我国著名的人民教育家，还是我国思想家和民主主义者。作为伟大的思想家和民主主义者，陶行知毕生致力于德育事业，在国家多难、民族危急、生灵涂炭的境况下创立了生活德育思想[7]。其生活德育思想为我国德育事业的发展做出了不可磨灭的贡献，影响深远。江泽民同志曾说过："陶行知先生著述宏富，论述精当，与当前社会主义教育息息相通。"那么，陶行知生活德育思想对当代思想政治教育的发展也必定起到不可小觑的作用。

随着社会主义市场经济和改革开放的深入发展，我国思想政治教育在获得一些成就的同时，也显现出一些弊端。譬如，市场经济滋生的拜金主义、享乐主义等毒素严重影响当代思想政治教育的环境；我国是以农业经济为主体的国家，农民人数占总人口的80%，但对农村思想政治教育的普及程度却不高，农村思想政治教育远远落后于城市思想政治教育；部分高校教师的师德水平低下，导致有辱师德的事件时有发生，严重阻碍当代高校思想政治教育的发展。然而，陶行知在开展生活德育的过程中，特别注重营造良好的环境氛围，特别注重普及乡村教育（因为陶行知所处的时代是抗战救国时代，其所普及的乡村教育在本质上是为了迎合生活需要的乡村德育），特别注重师德建设[8]。可见，陶行知生活德育思想的一些积极因素可以为当代思想政治教育提供有益的补充和借鉴。

所以，本书在借鉴前人研究成果的基础上，以陶行知的生活德育思想为视角切入研究，并试图在将其生活德育思想转换为思想政治教育话语体系的基础上探究出其生活德育思想在当代思想政治教育中的价值，从而为当代思想政治教育提供一些设想、建议以及对策，以期提高它的实效性[9]。

第四节 国内外研究现状

一、国内研究现状

近年来，国内的很多专家学者对陶行知生活德育思想展开了系统而深刻的研究，取得了重大的进展与发现，简要概括如下：

关于陶行知生活德育思想内容研究：

研究著作主要有陶行知的《陶行知全集》、王建华的《新课程与陶行知教育思想》等[8]。陶行知认为生活德育的内容包括爱的教育、理想教育、人格教育、法制教育、政治教育、劳动教育六个方面，其中"爱的教育"不仅指的是关爱自己、关爱学生，更指的是要热爱人民、热爱国家，而关于"理想教育"方面，他认为学生应树立为国家为人民而奋斗的目标，要具有高尚的道德理想。王建华[9]认为生活德育的教学内容由四大类别组成，分别是有关健康、劳动、科学技术、社会需要的教学内容。由此可以看出，陶行知所认同的生活德育内容不是脱离实际的[10]。研究期刊论文主要有刘长贵[11]的《试论陶行知生活德育理论的体系》、刘超良[12]的《试探陶行知的生活德育思想》，研究论文主要有李恒川[13]的《陶行知生活德育思想研究》、谭红[13]的《陶行知生活德育理论及其对当代思想政治教育的启示》。刘长贵认为陶行知生活德育理论是以爱的教育为基础，又包括了信念教育、法制法律教育、道德品质教育、政治教育四个部分的内容。刘超良[13]结合理论与实践两方面阐述生活德育的内容，他认为一种具有强大生命力的生活德育理念是以集体团结的意识为基础，同时也包含人民的自觉能动性与追求解放的个性，这两个部分是密不可分，缺一不可的。李恒川[14]从生活德育的含义、基础、灵魂、宗旨、基本原则、主要方法六个方面来研究陶行知生活德育思想的内容，他强调"集体自治"是生活德育的重要方法。谭红认为陶行知生活德育思想应从爱的教育、信仰教育、道德品质教育、法纪教育、劳动教育五个方面来展开。

关于陶行知生活德育思想目标研究著作有陶行知的《陶行知全集》、宋农村的《生活教育与德育》。陶行知认为德育的目标是培养勇于讲真话、勇于探索真理、探求真知的人。宋农村[15]认为生活德育的目标是培养具有良好品德，自立自强，勇于探索真理，乐于奉献，为整个国家民族谋幸福的人。他强调了培养勇于探索真理的人的重要性，这与沈道海先生的观点不谋而合。何文秋[16]则是从现实生活这一角度出发来认识生活德育思想的具体目标，他认为其具体目标简单来说就是引导学生依照正确的道德标准去生活。沈道海认为陶行知生活德育思想的目标就是"教人求真，学做真人"，而"真人"指的是勇于探索真理的人，是具有优秀道德品质、远见卓识的人，是心系国家、心系人民的人。同时真正的"真人"在知识领域要勇于探索真理，而在道德领域要敢于追求真善。这一观点与现代道德教育理念是相契合的，证明陶行知的生活德育思想是具有时代意义的。陈善卿[14]同样认为陶行知生活德育思想旨在培育勇于探索真理，敢于为真理奋斗终生的人。关于陶行知生活德育思想当代价值研究著作主要有梁晓凤[15]的《陶行知教育改革思想研究》、研究论文主要有刘长贵的《陶行知生活德育理论的当代价值》、豆莎的《陶行知生活德育理论的当代启示》等[17]。梁晓凤认为陶行知教育思想为我们构建了建设新时期教育的"蓝图"。她认为新时期的教育应该是立足于实际生活的、彰显时代精神的大众化教育。刘长贵认为研究陶行知生活德育思想有助于解决当今时代德育实践过程中所出现的"泛政治化"与现实生活脱节等问题，将德育的方向由传统的"教师教、学生学"转向真正贴近学生、贴近生活的德育。刘长贵所提到的"知性德育"与"泛政治化"等问题是值得关注与探讨的，具有一定的研究价值与空间。豆莎[14]以教学主体与教学途径为切入点来研究陶行知生活德育思想的现代意义。而在研究教学途径方面，豆莎提到了陶行知所独创的一套生活德育途径"小先生制"。豆莎认为"小先生制"应该实行轮流制，这样每个学生都有参与的机会，同时在每次活动结束之后，同学之间可进行互动交流，评价其优点与不足，从而提高德育的成效性。豆莎在探讨德育教学途径这一点时，将陶行知生活德育思想中的"小先生制"

灵活地运用到现实的课堂中，体现其当代价值。董荔芳[17]从生活德育思想给生活以及学校德育两个方面所带来的启示展开研究。从生活方面来说，董荔芳认为生活德育改革应通过德育实践课程的形式来与实际生活相结合，并且明确生活德育的目标，将生活德育与中华优秀传统美德相结合。而谈到学校德育这一方面时，她认为教师在进行思想政治教学时，应注意培养学生的独立自主意识，充分发挥学生的主动性。钱佳媛则是从生活德育模式这一角度切入来研究陶行知生活德育思想的当代价值，强调德育模式是建立受教育者主体意识，自我建构的过程。同时她强调家庭与社会作为德育阵地的重要性。

二、国外研究现状

而从国外来看，陶行知的教育思想得到了国外学者的广泛关注，产生了很大的影响。日本学者牧泽伊平[18]则是日本研究陶行知教育理论的第一人，他发表了与陶行知生活德育思想相关的一篇文章在《生活杂志》上。日本学者斋藤秋男[19]全方位、多角度地对陶行知教育思想展开了探讨。其研究不仅是停留在文字层面的研究，而且他亲自前来中国到陶行知生前生活的地方进行考察，与中国的陶行知研究者进行探讨。他认为陶行知通过借鉴并发展杜威理论，结合中国实际与中国民族特色，创造出了生活教育理论。著名美国教育家克伯屈[20]在参观晓庄学校后，对晓庄学校所采取的教学方法与模式给予了极大的肯定，称赞晓庄学校给世界教育带来希望与光明。博士帕米娜·吉亭[21]曾撰写《杜威和陶行知的教育观与哲学观》这一文章，以中美两国国情为切入点来分析比较两人的教育理论。由此可以看出，美国学者肯定陶行知在教育史上的地位，并倾向于将陶行知教育思想与杜威教育思想进行比较研究。由于诸多综合因素的影响，韩国学者研究陶行知教育思想起步较晚，众多研究者的代表人物是金贵声，他对陶行知的"儿童教育""劳动教育"以及陶行知"生活教育"思想产生的根源及背景进行了详细的研究[22]。在欧美学界，朱宕潜[23]介绍了陶行知对中国教育的四大贡献——民主教育、生活教育、教与学的新概念和教育是社会改造的手段，肯定陶行知所做的教育实践活动，认为陶行知的教育试验有助于前工业化国家的民族。孔飞力[24]从杜威对陶行知的影响为角度进行研究，忽视了陶行知思想中的民族文化根基，如墨子的"亲知"等。苏智欣[25]认为陶行知的教育思想派生于杜威教育思想中的学校即社会、教育与生活，以及进步教学法，晓庄师范学校是杜威教育思想在中国的实践。欧美学者注重陶行知与欧美教育家的比较研究，与杜威的比较研究非常多。在宏观上，探讨陶行知教育实践体现的教育价值及其影响。早期欧美学者关于陶行知的研究强调杜威对陶行知的单向输入，后来转向关注陶行知的一系列教育实践中的独创性和对于促进世界教育交流的重要作用，最后在多元学科的范围内进行综合性学术研究。

（一）陶行知生活教育思想与现代中国教育

历史上的陶行知始终服从于政治现实，虽然面临政治问题，但是一直努力避免教育政治化[23]。中国大部分陶行知思想研究只关注陶行知的性格，以及他对改造社会和教育思想的态度。因此，对于改变社会的真实处境仅有微弱的批判力量，陶行知的教育思想很难用来改变中国教育现状。

陶行知的生活教育理论希望学生可以做到自主管理他们的生活，通过行使自治权学会成为自己的主人，这反过来对他们理解民主的真正含义至关重要。这种态度很好地反映了陶行知对民主社会的强烈偏好和对传统学习教育的权威性和说教性的反对。陶行知改造杜威的哲学思想，以供中国借鉴，陶行知所走的道路对于当代中国德育哲学的复兴提供了启示[24]。

（二）陶行知生活教育思想的"人本"精神

陶行知认识到艺术与人类的发展有着共同的关系，这也是中国传统思想的核心概念。陶行知将社会创新精神视为人类发展最后阶段的一部分，这意味着追求艺术可以被视为人类存在全面发展的一种表现[25]。

（三）陶行知生活教育理论中的伦理观

陶行知生活教育理论的目的是教育学生成为"trueman"和"truewoman"，也就是"真人"[23]。他们追求真理而不是个人利益，与体认自然，达到心与物、形与神合一的庄子的圣人观不同，陶行知的"真人"要成为"人中人"，而不是凌驾于他人之上的人。从内在要求而言，"真人"致力于成为达到真善美的人；从外在而言，追求孔子所推崇的"智、仁、勇"，智慧是爱学，仁是追求真理，勇是知道廉耻。

道德教育目标"真人"是教育理论核心，生活即教育对道德教育的意义是丰富的，这种教育根植于社会生活[26]，并且服务于培养具有现代中国所需要的道德品质的人。首先，丰富的社会生活方式确定了教育的内容和方式，使人们更好地理解道德本质。其次，人们重建社会生活的努力有助于培养奉献和利他主义的性格，这是其他教育活动所不能做到的。正如陶行知所说："我们应该在行动中追求真知识。"这种真知识不可避免地包含了生活中的道德和创造力知识。陶行知作为一位大胆的传统哲学改革家，反对学习新知识保留旧道德的主张，他认为新知识应该与包含民主与科学的新道德相适应，他吸收西方思想，极大地拓展了道德教育的内涵。陶行知超越了王阳明的"知行合一"与杜威的进步主义，尽管他不是一个马克思主义者[28]，他也十分关注苦难的人民，提倡大众教育、普及教育。

综上所述，目前关于陶行知思想的研究已经形成了一个系统，并且主要体现在陶行知的思想内容体系、当代的实践价值以及陶行知的研究目的等方面。本书将进一步深化陶行知的理论研究基础，明确陶行知的思想理论体系，并且将陶行知的思想应用到实践的学校管理以及学生的价值观引导方面，主要是利用陶行知的理论武器进一步去解决实际中遇到的问题。

第五节　研究方法及创新点

一、研究方法

（一）文献法

搜集有关陶行知生活德育思想的各类文献资料，包含期刊、论文、中央文件、著作等，对相关资料进行概括分析，分析其优缺点，了解其研究的历史与现状，从而找出关于陶行知生活德育思想的新的研究点[28]。

（二）定性分析法

将搜集到的文献资料进行归纳分析，提取有价值的信息，并且对其进行思维加工，对陶行知生活德育思想进行定性分析[29]。

（三）案例分析法

结合陶行知生活德育思想对思政课教学设计案例进行分析，从而找出解决该类问题的对策[30]。

二、研究创新点

（一）研究内容

之前的研究者只是单一地论述陶行知生活德育思想的理论和现实意义。而笔者采用一个全新的角度就是将陶行知生活德育思想运用到现实的高中思想政治教学之中，发掘出其思想所蕴含的教学价值。

（二）研究方法

笔者在查阅有关的文献资料后发现大多数研究者是从理论方面来叙述陶行知生活德育思想以及生活德育思想给予高中教学的启示，但是缺乏现实的支撑，因此笔者结合陶行知生活德育思想认真设计并分析教学设计案例，给予所论述观点现实材料的支撑，从而提升其说服力与现实价值。

（三）概念创新

陶行知教育思想的核心部分是生活教育，当今探讨生活教育这一理论的文献较多。而生活德育是陶行知教育思想中未提及过的概念，但是我们发现其思想处处体现生活德育，因此这一概念是有合理性并且有研究价值的。

第二章 陶行知"学生自治"思想发展概述

近世所倡的自动主义有三部分：智育，注重自学；体育，注重自强；德育注重自治。所以，学生自治这个问题，是自动主义贯彻德育的结果，是我们数千年来保育主义、干涉主义、严格主义的反映，是现在教育界一个极重要的问题。这个问题，包含甚广。我们要问学生应否有自治的机会？如果应该自治，我们又要问学生自治究竟应有多大的范围？又有何标准？施行学生自治，又应用何种方法？这几个问题，都是我们所研究的。总体来说，就是学生自治问题。

一、学生自治是什么

凡是讨论一种问题，必先要明白问题的性质和它的意义。性质和意义不明了，就不免使人误会。这篇所讨论的学生自治，有三个要点：第一，学生指全校的同学，有团体的意思；第二，自治指自己管理自己，有自己"立法、执法、司法"的意思；第三，学生自治与别的自治稍有不同，因为学生还在求学时代，就有一种练习自治的意思。把这三点合起来，我们可以下一个定义："学生自治是学生结起团体来，大家学习自己管理自己的手续。"从学校这方面说，就是"为学生预备种种机会使大家组织起来，养成他们自己管理自己的能力"[30]。

依这个定义说来，学生自治，不是自由行动，乃是共同治理；不是打消规则，乃是大家立法守法；不是放任，不是和学校宣布独立，乃是练习自治的道理。

二、学生自治的需要

今日的学生，就是将来的公民；将来所需要的公民，即今日所应当养成的学生。专制国所需的公民，是要他们有被治的习惯；共和国所需要的公民，是要他们有共同自治的能力[31]。中国既号称共和国，当然要有能够共同自治的公民。想有能够共同自治的公民，必先有能够共同自治的学生。所以从我们国体上看起来，我们学校一定要养成学生共同自治的能力，否则不应算为共和国的学校。这是第一点。

当今平民主义的潮流，来势至为猛烈，受过它的影响的人，都想将一切的束缚尽行解脱。这固然有它的好处，不过也有它的危险。好处在哪里？大家从此可以充分发挥个人的精神，促进人群的进化。危险在哪里？束缚既然解脱，未必人人能够约束自己的欲望，操纵自己的举止，一旦精神能力向那坏处发泄，天下事就不可为了。一国当中，人民情愿被治，尚可以苟安；人民能够自治，就可以太平；那最危险的国家，就是人民既不愿被治，又不能自治。所以当他们渴望自由的时候，最需要的是给他们种种机会得些自治的能力，使他们自由的欲望可以自己约束。所以时势所趋，非学校中提倡自治，不足以除自乱的病源。这是第二点。

我们既要能自治的公民，又要能自治的学生，就不得不问问究竟如何可以养成这般公民学生。从学习的原则看起来，事怎样做，就须怎样学。譬如游泳要在水里游，学游泳，就须在水里学。若不下水，只管在岸上读游泳的书籍，做游泳的动作，纵然学了一世，到了下水的时候，还是要沉下去的。久而久之，习惯成自然，大家应不知不觉的只会服从了。共和国要有能自治的国民，也必须使做国民的时常练习自治的道理；久而久之，习惯成自然，他们也就能够自治了。所以养成服从的人民，必须用专制的方法；养成共和的人民，必须用自治的方法。如果用专制的方法，可以养成自治的学生公民，那末，学生自治问题，还可以缓一步说；无奈自治的学生公民，只可拿自治的方法将他们陶熔出来。所以从方法这方面着想，愈觉得学生自治的需要了。这是第三点。（一）学生自治如果办得妥当有这几种好处

第一，学自治可以为修身伦理的实验。现今学行并重，不独讲究知识，而且要求所以实验知识的方法。所以学校教课当中，物理有实验，化学有实验，博物有实验，别门功课也有实习，如作文、图画、体操等，都于学识之外，加以实地的联络，使所做的学问，可以深造。修身伦理一类的学问，最应注意的，在乎实行；但是现今学校可所通行人修身伦理，很少实行的机会；即或有之，亦不过练习仪式而已。所以嘴里讲道德，耳朵听道德，而所行所为却不能合乎道理的标准，无形无影当中，把道德与行为分而为二。若想除去这种弊端，非给学生种种机会，练习道德的行为不可。共和国国民最需要的操练，就是自治[32]。自治上，他们可以养成三种主要习惯：对于公共幸福，可以养成主动的兴味；对于公共事业，可以养成担负的能力；对于公民是非，可以养成明了的判断。简单些说，自治可以养成我们对于公共事情上的愿力、智力、才力。照这样看来，学习自治若办得妥当，可算是实验的修身，实验的伦理。全校就是修身伦理的实验室。照这样办，才算是真正的修身伦理。

第二，学生自治能适应学生之需要。我们办学的人所定的规则，所办事体，不免有与学生隔膜的。有时候，我们为学生做的事体越多，越是害学生。因为为人，随便怎样精细周到，总不如人之自为，我们与学生经验不同，环境不同，所以合乎我们意的，未必合乎学生的意。勉强定下来，那适应学生需要的，或者遗漏掉；那不适应学生需要的，反而包括进去。等到颁布之后，学生不能遵守，教职员又不能不执行，却是左右为难。甚至于学

生陷于违法，规则失了效力，教职员失去信用。若是开放出去，划出一部分事体出来，让学生自己治理；大家既然都有切肤的关系，所定的办法，容或更能合乎实在情形了。这就是说，有的时候学生自己共同所立的法，比学校里所立的更加近情，更加易行，而这种法律的力量，也更加深入人心。如专制国家的人民，平日不晓得法律是什么，只到了犯法之后，才明白有所谓法律。那么，法律的力量，大都发现于犯法之后，这是很有限的。至于自己共同所立之法就不然，从始到终，心目中都有他在；平日一举一动，都为大家自立的法律所影响。所以自己所立之法的力量，大于他人所立的法；大家共同所立之法的力量，大于一人独断的法。

第三，学生自治能辅助风纪之进步。我们的行为，究竟应该对谁负责？对少数教职员负责呢，还是要对全校负责？按着旧的方法，学生有过失，都责成少数职员监察纠正。其弊病有两种：第一种是当少数教职员在的时候，就规规矩矩，不在的时候，就行无忌；第二种是学生以为既有教职员负责，我们何必多事，纵然看见同学为非，也只好严守中立。这是大多数学生所抱持的态度。所以一人司法，大家避法。我们要想大家守法，就须使各人的行为，对大家负责。换句话说，就是要共同自治。

第四，学生自治能促进学生经验之发展。我们培植儿童的时候，若拘束太过，则儿童形容枯槁；如果让他跑，让他跳，让他玩耍，他就能长得活泼有精神。身体如此，道德上的经验又何尝不然。我们德育上的发展，全靠着遇了困难问题的时候，有自己解决的机会。所以遇了一个问题，自己能够想法解决它，就长进了一层判断的经验。问题已解决得越多，则经验越丰富。若是别人代我解决问题，纵然暂时结束，经验却也被旁人拿去了。所以在保育主义之下，只能产生缺乏经验的学生，若想经验丰富，必须自行解决问题的责任。

（二）学生自治如果办得不妥当就要发生这几种弊端

第一，把学生自治当作争权的器具。大凡团体都有一种特别的势力，这种势力比个人的大得多。用得正当，就能为公众尽义务；用不得当，就能驱公众争权利。学生自治是一种团体的组织，所以用得不妥当的时候，也有这种危险。

第二，把学生自治误作治人看。这个危险是随着和第一个顺路下来的，有的时候，这也是个自然的趋势。因为有了团体，一不谨慎，就有驾驭别人的趋势。刘伯明先生说："人当为人中人，不可仅为人上人。"这句话，是我们共和国民的指南针。

第三，学生自治与学校立在对峙地位。学生自治会与学校当有一种协助精神，不可立在对峙的地位，但是办得不妥当，这种对峙的情形，也是免不掉的。不过这是一种很不幸的现象，不是师生之间所宜有的。

第四，闹意气。学生有自治的机会，就不得不多发言，多立主张，多办交涉，一不小心，大家即刻闹出意气；再由闹出意气而彼此分门别户，树立党帜，于是政客的手段，就不得不传到学校里来了。

以上所举的，不过是几种重要的弊端；至今小的弊端，一时难以尽举，总之，学生自治如果办理不善，凡共和国所发现的危险，都能在学校中发现出来。但是我们要注意，这许多弊端都是办理得不妥当的过处，并非学生自治本本上的过处。如果厉行自治的时候，大家不愿争权，而愿服务；不愿凌人，而愿治己；不愿对抗，而愿协助；不愿负气，而愿说理，那么，自治之弊便可去，自治之益便可享了。这种利害关头，凡做共和国民的都要练习。我们在学校的时候，有同学的切磋，有教师的辅助，纵因一时不慎，小有失败，究竟容易改良纠正。若在学校里不注意练习，将来到了社会当中，切磋无人，辅导无人，有了错处，只管向那错路上走，小而害己，大而害国 [34]。这都是因为做学生的时候，没有练习自治所致的。所以学生自治如果举行，可以收现在之益；纵小有失败，正所以免将来更大的失败。

学生自治的利弊，即如上所说，现在就要问学生自治有什么范围？规定学生自治的范围，应有若何标准？

（1）学生自治应以学生应该负责的事体为限。学生愿意负责，又能够负责的事体，均可列入自治范围；那不应该由学生负责的事体，就不应该列入自治的范围。因自治与责任有连带关系，别人号令而要我负责，就叫作被治；别人负责而由我号令，就叫作治人；都失了自治的本意。所以学生自治，应以学生负责的事为限。

（2）事体之愈要观察周到的，愈宜学生共同负责，愈宜学生共同自治。

（3）事体参与的人愈宜普及的，愈宜学生共同负责，愈宜学生共同自治。

（4）依据上列三种标准而定学生自治的范围时，还须参考学生的年龄、程度、经验。

三、学生自治与学校的关系

学生自治会是学校里面的一种团体，自然与学校有密切的关系。这种关系，可以分为：

权限的关系。学生自治会正式成立之后，学校里面的事体，就可分为两个部分：一部分仍旧是学校主持，一部分由学生主持。平常的时候，权限固可以分明；不过既在一个机关里面，总有些事体划不清楚的。既然划不清楚，就不能不有一种接洽的机关，使两个方面的意思，都可以发表沟通，而收圆满的效果。此外，还有临时发生而有关全校的事体，学校与学生都宜与闻，更不得不有一种接洽的机关。人数少的学校，可由校长直接担任；人数多的学校，可由校长指定教职员数人担任。学生自治会职员有事时，即可与他们接洽；而学校有事时，也由这几位和学生接洽。有这种接洽的组织，然后学校与学生声气可通，就没有隔膜的弊病了。

学问上的关系。天下不学而能的事情很少，共同自治是共和国立国的根本，非是刻苦研究，断断不能深造。我们举行学生自治的时候，也要把它当作一个学问研究。既要当一个学问研究，那就有两点要注意：一是同学的切磋；二是教员的指导。有人说，现在中国的教职员对于学生自治问题，素未研究，恐怕未必能指导。这句话诚然，但是还有些意思要注意：一是学校里所有的功课都有教员指导，独于立国根本的学生自治一门却没有指导，似乎把它太看轻了。二是若校内没有相当的人，办学的就应当赶紧物色那富有共和思想、自治精神的教员，来担任此事。三是师生本无一定的高下，教学也无十分的界限；人只知教师教授，学生学习；不晓得有的时候，教师倒从学生那里得到好多的教训。所以万一找不到相当的人才，就请教员和学生研究也好。总而言之，学生自治这个问题，不但要行，而且还要研究。研究的时候，学校不能不负指导参与的责任。

学生自治与学校既有这两种密切的关系，我们就须打破一切障碍，使师生的感情，可以化为一体，使大家用的力量，都有相成的效果。大家一举一动都接洽，有话好商量，有贡献彼此彼此，在这共和的学校当中，无论何人都不应该取那武断、强迫的、命令的、独行的态度。我们叫人做事的时候，不但要和他说"你做这件事，你应该这样做"，并且要使得他明白"为何做这件事，为何这样做"。彼此明白事之当然，和事之所以然，才能同心同德，透达那共同的目的。

四、施行学生自治应注意之要点

现在各学校对于学生自治，多愿次第举行，我悉心观察，觉得有几件最要紧的事件，必先预为注意，方能发生美满的效果。

第一，学生自治是学校中一件大事。全体学生都要以大事看待它，认真去做；学校里也须以大事看待它，认真赞助，若以为它是寻常小事，不加注意，没有不失败的。

第二，学生自治如同地方自治。地方自治之权，出于中央；学生自治之权，出自学校。所以学生自治，虽然可以由学生发动，但是学校认可一层，似乎也是应有的手续。

第三，学生自治之有无效力，要看本校对于这个问题是否有相当了解和兴味。如果大家都明白它的真意，都觉得它的需要，那么，行出来必能得到大家的赞助。所以未举行学生自治之前，必须利用演讲、辩论、谈话、作文等养成充分的舆论。

第四，法是为人立的，含糊误事，故宜清楚；须琐害事，故宜简单。

第五，推测一校学生自治的成败，一看它的领袖应知道。所以要提高学生自治的价值，就须使最好的领袖不得不出来服务。如果好的领袖洁身自好，或有好的领袖而大众不愿推举，都不是自治的好现象。

第六，学校与学生始终宜抱持一种协助贡献的精神。

第七，学校与学生对于学生自治问题，须采取一种试验态度，章程不必详尽，组织不必细密；一面试行，一面改良；虽然中途难免受到挫折，但到底必有胜利。

总之，学生自治是共和国学校里一件重要的事情。我们若想得到美满的效果，须把它当件大事做，当个学问研究，当个美术去欣赏。这两种还不够。因为自治是一种人生的美术，凡美术都有使人欣赏爱慕的能力；那不能使人欣赏的、爱慕的，便不是真美术，也就不是真的学生自治。所以学生自治，必须办到一个地位，使凡参与和旁观的人，都觉得它宝贵，都不得不欣赏它，爱慕它。办到这个地位，才算是高尚的人生美术，才算是真正的学生自治[35]。

第一节　陶行知"学生自治"思想的研究述评

结合相关国内外文献分析可以得出，目前国内对于陶行知的研究重视程度很高，不同学科的学者都在细致地挖掘陶行知生活教育理论，关于陶行知的年谱、人物简介、生平介绍汗牛充栋。但是目前国内的陶行知研究的问题也很明显：研究方向局限在教育学范围内，跨学科研究较少，在伦理学领域的研究还有很大的分析空间。首先，教育学领域内的研究侧重于课堂教学实践，但是陶行知的生活教育理论不仅作用于教学实践，更可以在广阔的社会生活中、在道德教育中发挥其效用；陶行知的一些教育观点对于指导如今的教育改革仍然很有价值，新的研究视角与问题研究意识及跨学科研究可以给陶行知生活教育理论带来活力。其次，我国的陶行知学术视角较少从陶行知思想与文化背景之间的联系入手，忽视生活教育理论与陶行知在不同年龄阶段的心理、认知、行为方式的变化，将陶行知塑造成高高在上、没有缺点的伟大人物并不能真正使生活教育理论深入人心，也违背生活教育理论追求真实的内在要求，更不利于教育影响力和感召力的实现。通过探究陶行知生活教育理论中的道德主体，回到陶行知生活教育思想的形成过程进行真实、细致的探讨，才是对主体、对理论真切的把握。

国内对于陶行知的生活教育理论研究还带有一种倾向，即希望从陶行知的教育理论中获得一套普遍有效的教育方法，这和陶行知本人的思想观点显然是相反的。陶行知的生活教育理论有特定的历史背景与要解决的历史课题。当今教育局面发生了翻天覆地的变化，陶行知关于的教育的定义并不适用于现状。但其理论中富有人文关怀的措施以及由爱而生的教育实践可以为当前的德育工作提供开阔、全面的视野，其理论中大胆而有智慧的试验精神可以为如今的德育工作提供行动的力量。道德教育不仅仅是一门关于理论的课程，更是全民教育的重要组成。伦理学指导人们获得良好的生活，但在伦理学的视角下却较少有人注意到这位提出了具有很强实践性的教育理论的教育家，陶行知生活教育理论的研究还有很大的挖掘空间。相对而言，国外学者由于研究群体的多元化，有历史学、教育学、心理学等，在对陶行知教育理论的学术研究上更有创新力。海外研究的重心正逐渐深入陶行知的动机研究，转向陶行知生活和成长的文化环境，转向研究对象具有的深层文化心理结构。国外有不少学者对其理论的哲学基础进行分析，分析的角度比较综合，但在哲学视角下的研究大都是将之与杜威比较，从中国传统儒家伦理视角对其理论进行分析的较少[36]。尽管国内学者在查找资料、语言方面具有天然优势，但是相比之下，国外学者不论是从选题角度还是理论深度、视野角度、研究法度上都略胜国内学者，尤其是日本学界的陶行知研究，研究得非常细致深入，在国际上颇具影响力，不断尝试搭建陶行知教育的理论框架。另外，日本学者的研究有非常强的实践意识，对陶行知的研究推动了日本国内的教育改革。

从伦理学角度进行的陶行知研究总体较少，对陶行知生活教育理论的伦理逻辑、伦理框架研究还有很大空间，未深入陶行知生活教育理论的内在肌理当中。当代陶行知研究将生活教育理论作为研究重心，呈现出理论与实践相互促进、国内与海外双向交流、现实与历史对比参考的积极局面。目前陶行知研究活跃状态可见其理论的丰富内涵依然具有当代价值，生活教育理论经过陶行知一生教育实践活动的检验、修改，其理论的合理内核可以为当前道德教育的困境提供可行方案；伦理学角度的研究正处于起步阶段，陶行知生活教育理论中的伦理思想研究具有较大空间与研究价值。

道德教育的目的包括两个维度：一是儿童的自我成长，即自我主体性的成长，包括自我负责的能力、自主管理的能力等；二是儿童的社会性品格的发展，个体要关心人类社会发展、要关注人类的共同利益、要关注社会中他者的利益等。在现代教育学理论中，现代教育旨在通过自由且民主的教育方式来实现儿童社会性品格的发展；而传统教育中，往往只关注社会对个体的灌输和压制，并以忽视个体意志的方式实现个体社会性品格的发展。

陶行知的学生自治理念，目的是让学校推行民主的教育方式，培养学生民主意识和自由能力发展。归根到底，学生自治的内涵是要提升学生的责任心、组织意识和自制能力，一方面，要发挥出团体的力量，以实现同一目标；另一方面，将学生的行为、精神合二为一，提高学生的主动参与感。

陶行知作为中国现代教育家，对其相关的研究已经非常丰富，但对其德育思想进行系统研究却很少见。特别是对其学生自治的德育思想进行专门系统研究的高质量文献更是匮乏。本研究以"陶行知"和"学生自治"为主题词，在中国知网文献库进行搜索，共发现相关文献144条（从1986年至今）；其中篇名中直接包含"陶行知"和"学生自治"的文献19篇。对相关文献分为三个方面综述如下：

一、陶行知"学生自治"思想的意义与价值研究

学生自治是民主教育的要求，关系到共和国的未来。陶行知说过："我终生的唯一愿望是通过教育途径来建立民主共和国，而非军事革命。目睹我们骤然出现的共和国的严重缺陷，我坚信没有真正的共和教育，就没有真正的共和国。"陆克俭等在《论陶行知"学生自治"理论与实践》认为，"学生自治"关系"共和国的根本与未来"，陶行知关于"共同自治""练习自治""自我教育""民主集中制"的主张，对于今天学校管理与学生健康成长，仍具有很高的理论价值和现实指导意义。马延朝在《陶行知论学生自治》中认为，陶行知关于学生自治问题的论述不仅是其教育民主思想的一部分，也是其生活教育论的重要组成部分，在陶行知多年的教育活动中始终贯穿着学生自治的思想。胡金平在《陶行知的学生自治观及其现实意义》中认为：陶行知的学生自治观是其民主教育思想的有机组成部分；从本质上讲，学生自治是民主社会公民养成的一种练习。从实现的思想基础来看，学生自治必须以教师、学生和教育管理者教育观念的转变为前提。学生自治不等于将学生与学校、教师处于对峙的地位，学生自治的边界是以学生应负责和能负责的事体为限。学校中学生自治的过程是一个练习自治的过程，因而也是一个自治的教育过程。学生自治的教育方法是以"教学做合一"为方法论的"生活法"。合理的学生自治与不当的学生自治分别带来不同的影响。陶行知本人在其《学生自治问题之研究》中认为，合理的学生自治可带来以下好处：第一，可为修身伦理的实验，通过自治让学生"对于公共幸福，可以养成主动的兴味；对于公共事业，可以养成担负的能力；对于公共是非，可以养成明了的判断"等习惯，促进学生社会公德的提高；第二，能适应学生发展的需要，能辅助风纪之进步；第三，能促进学生经验之发展，提高学生道德判断力。不当的自治也会带来如下弊端：第一，把学生自治当作争权的器具；第二，把学生自治误作治人看；第三，办得不妥易使学生与学校对峙；第四，由于学生之间不同的言论主张，容易导致内部闹意气。因此，陶先生认为，真正的自治不是随心所欲，而是责任义务，是一种处群生活的自治，养成处群生活的品质 [34]。

二、陶行知"学生自治"思想的内涵与操作方式研究

"学生自治"既作为学校民主管理的方式，也作为一种教育方式。

在《学生自治问题之研究》一文中，陶行知先生对学生自治的内涵和意义做了深入阐述，可看作是其关于学生自治理论研究的代表作。所谓"学生自治"，按照陶行知的说法就是让"学生结起团体来，大家学习自己管理的手续"。依这个定义说来，学生自治从内涵上讲应包含三个层面的意思：其一，学生自治，不是自由行动，乃是共同治理；其二，不是打消规则，乃是大家立法守法；其三，不是放任自流，不是和学校宣布独立，乃是练

习自治的道理。真正的自治不是随心所欲，而是责任义务，是一种处群生活的自治，养成处群生活的品质。相反，从学校方面来说，学生自治是"为学生预备种种机会，使学生能够大家组织起来，养成他们自己管理自己的能力"。可以看出，在陶行知的心目中，学生自治不仅仅是民主管理形式实践之呼应，更将其视为一种教育活动手段之需求。"学生自治"思想源自陶行知的民主社会政治理想。贾慧在《解读陶行知"学生自治"思想》中认为，陶行知"学生自治"思想蕴含着陶行知政治民主理想。在陶行知的政治构想中，民主自治的共和社会并非简单依靠制度上的变革所能完成的，也不是仅仅依靠少数精英治理所能解决，它需要全体公民具备自治能力才能实现，而自治能力的培养便是民主教育的重要任务，从这个意义上讲，教育是建立共和社会的必由之路。在团体自治中实现团体自治与个体自治，将全体公民素质的提高作为民主社会建立的根基的信念，一直是陶行知先生从事人民教育事业的动力。1927 年，陶行知在晓庄试验乡村师范学校创办伊始所做的演讲中便宣称："政治与教育原是不能分离的，二者能同时并进，同时革新，国民革命才有基础和成功的希望。"学生自治的过程是一个学生调整自我、控制自我和主动自觉的过程。叶金勇在《陶行知德育思想及其对大学生德育工作的启示》中认为：陶行知所提倡的学生自治理念实质上就是学生的自主管理，就是将全体的学生组成团体来进行学习如何自己管理自己的过程，而学校应该为学生自治创造各种可能的机会，从而使学生可以有效组织起来，培养自己管理自己的能力；陶行知强调学生的自治能力不是天赋的，而是通过开展民主自治的道德教育来获得的。因此，学生自治的过程是一个学生调整自我、控制自我和主动自觉的过程，把学校部分管理权给予学生，从而使学生从被动管理束缚中解放出来进行学生主体的自我发展和自主管理；强调学生自治不仅是促进学生能力发展和培养学生公民意识的需要，而且还是学校德育的重要组成部分，是促进学生德育主体性发展的需要。

当然，陶行知将学生自治与民主社会联系起来，并不意味着他认为每个人的自治能力都是天赋的，也不意味着学生自治是社会民主自治的简单投射。相反，他认为自治能力需要通过民主自治的生活教育来获致。正因为如此，在陶行知的心目中，学生自治并不仅仅是民主管理形式的实践，更将其视为一种教育活动，在论及学生自治的重要性和必要性时，认为学生自治不仅是促进学生公民意识和能力发展的需要，而且还是学校道德教育的一部分，是促进学生发展之需要[32]。

如何开展学生自治的教育？张治升在《试论陶行知学生自治思想》中论述道：陶行知认为既不能采取教授法，也不能采取教学法，而采取的是"行动研究法"或称"生活法"，即让自治成为一种生活方式，学生在自治的环境中时常练习自治；自治的学生只能用自治的方法养成，必须遵循"事怎样做，就须怎样学"的原则，这也体现了其生活教育论中"做中学"的原则。践行"学生自治"，要坚持教师引领与学生"自动"相结合、集体教育和个体自治相结合；要构建"载体"，开展丰富多彩的校园文化活动；要培养"干部"，提升

"学生自治"的管理水平；要建立"机制"，保证"学生自治"落到实处。学生自治也是存在边界，以学生应该且能够负责的事为限。陶行知并不是一位激进主义的宣传鼓动家和社会革命家，学校实行学生自治固然是为将来民主社会造就具有自治能力的公民服务，但学生毕竟只是处于学习阶段，学生自治不能与学校或教师对峙。学生自治的边界应该取决于事体的公共性程度以及学生的年龄、经验等。

三、陶行知"学生自治"思想的实践研究

不同的时代背景对陶行知"学生自治"思想的理解存在差异，其实践固然旨趣迥异。为了避免这种过于差异化的表达，这一部分仅仅选择陶行知自己的教育实践中对"学生自治"的探索。

晓庄试验乡村师范学校的实践：组织管理的特点

陶行知在晓庄师范的组织管理上做了独特实验。晓庄师范设校长1人，由陶行知自己担任；校内设执行部（校长兼任部长）、研究部、监察部。执行部下设置第一院（小学师范院）、第二院（幼稚师范院）。第一院由赵叔愚任院长，第二院由陈鹤琴任院长。校长、院长之下各设干事1人。乡村师范中的教师不称教员，统称指导员。学校除校长、第一院院长、第二院院长、指导员外，不设其他职员，实行师生集体治校民主管理，它的组织叫"乡村教育先锋团"。乡村教育先锋团由全校师生共同组成。校长就是团长，两院院长是副团长，全校指导员组成指导部，有指导会议。全体学生选出总队长1人。学生以4～8人为1队，每队选出队长1人。由全体师生组成团务会议。从团长到团员，全体成员都受团规约束和团务会议的制约。团设肃纪部，执行全团纪律。团长有指挥全团各种行动之权，每周举行团务会议一次，为全团最高权力机构。学校经济公开，校务公开，发表意见自由，安排个人工作自由，但必须遵守各种公约，不得妨害集体生活秩序。如果有人违反公约，通过小组生活检讨会解决，重大问题在团务会议（全体大会）上评论。造成一种既有自由又有纪律、既有民主又有集中的集体生活秩序。

山海工学团的实践

什么叫工学团？工是工作，学是科学，团是团体[28]。说得清楚些是：工以养生、学以明生、团以保生。说得更清楚些是：以大众的工作，养活大众的生命；以大众的科学，明了大众的生命；以大众团体的力量，保护大众的生命。工学团是一个小工场，一个小学校、小社会。这里面包含着生产的意义，长进的意义，平等互助自卫卫人的意义。它是将工场、学校、社会打成一片，产生一个富有生活力的新细胞。工学团设团长1人，团副1人，领导全团活动。设小工师（小先生）若干人，分管技术或文字指导。团部会议为最高机关，负责制定全团共同遵守之规约及共同进行计划。另设考核员2人，以监督全团团员

及职员的行为。每团设指导员 1 人，由导师担任。考核工学团的团员须挂绿布条徽符，上书××工学团××人。凡以一种技术或文字至少教两人者，得到绿布条上加一颗金星。其所教学生又教学生两人者，则在绿布条上加两颗金星，表示有两代学生。对小先生的考核，以小先生所教学生的成绩为依据。教会家中 1 人通读《老少通千字课》4 册，可得 4 分。跳出家庭，教邻居 1 人通读《千字课》者，可得 5 分。教的人越多，得分越高。山海工学团设指导员 5～10 人。指导员除能担任普通小学及民众学校的文化课外，还要有人能兼任无线电、电话机及电影机维护及修理的指导，兼任农事及合作社指导，兼任音乐及戏剧指导，兼任自卫指导，兼任科学及简单工艺指导。重庆育才学校学生自治的相关组织建立了学生自治会，设主席及文化、康乐正副团长及自我教育、社会卫生、劳动、服务五个干事，1940 年自治会成立校生活委员会，设生活团正副团长及五个部：自我教育部、社会工作部、服务部、卫生部、康乐部。以组为单位编为中队，设中队长及上述性质相同的五个干事。中队下编为若干分队（自治小组），自治会的所有干部都由学生民主选举。

全校学生在自治会主席及各干事的领导下，过有组织的集体生活。组内的生活则由中队长与中队干事领导。为了健全民主生活，通过民主方式制定了奖惩办法。但在方式方法上不采取简单粗暴的做法，而是采取说服、谈心、批评、表扬、介绍好的典型等方式。学生有了过失，一般均由自治会处理，教师不包办；学生自治会不能解决的，才交给教师处理，以至训导委员会或校长解决。学生如犯了重大错误，需要处分的，则先弄清事实，分析产生的原因，加以说服、启发、自我反省、有了一定认识，然后才给予适当处分，使有关的学生心悦诚服。在处分方式上废除了体罚与开除。奖惩办法规定，学生犯最严重的过失（损害老百姓的利益），必须离开学校的集体生活，也只是调换环境，分配到新的地方去锻炼，给以反省、改过的机会，或者干脆就到陶行知住的地方，由他个别教育。学生自治的实现需要学校承认其自治组织的权利，并指导其制定一定的自治规则和自治范围[34]。

陶行知学生自治思想秉承陶行知现代民主教育思想，是其道德教育思想的落脚点和建构现代社会之理想的基本出发点。即使在当今的学校教育中，陶行知所倡导的学生自治的德育思想仍具有重要的时代意义。我们要明白，陶行知所谓的学生自治包括学生的个体自治和团体自治，其中学生个体与团体的自治在成人团体自治的氛围中实现。学生团体自治是在承认学生自治个体权利基础上实施的。另外，学生个体自治能力的训练是在团体自治的过程中。学生个体的自治与学生团体的自治对应的是现代社会对自治的公民和自治的公民团体的要求。因为，教育活动，特别是制度化的学校教育活动关涉传统社会的转型和现代社会的创制，现代学校教育的核心价值观要符合现代社会的价值诉求。美国教育家杜威认为，民主是一种个体与个体之间、团体与团体联合生活的方式。陶行知作为杜威的学生，自然认为学生自治是现代社会民主的练习。教育活动作为建构现代社会的方式之一，应该将学生自治作为训练现代社会公民及其公民团体的起点。

然而，学生自治能力的训练和持续发展需要诸多的前提性条件，比如学生的自我负责能力的发展程度、学校管理中学生德育工作的价值观、学校教育过程中师生互动模式等。尽管如此，在学校教育实践中，学生自治作为一种权利已经得到学校尊重，只是作为未成年的学生的自治能力训练必须通过团体自治的过程实现。这一点需要学校教育者明白并做好对学生自治的设计和恰当引导。

第二节　陶行知"学生自治"思想的内涵与特征

学生自治关系到共和国的未来。陶行知说过："我终生的唯一愿望是通过教育途径来建立民主共和国，而非军事革命。目睹我们骤然出现的共和国的严重缺陷，我坚信没有真正的共和教育，就没有真正的共和国。"陶行知先生认为要想培养优秀的共和国公民，首先就要着力于培养学生的自治能力。专制国所需的是有被治习惯的公民，更深层次来说是需要他们有共同自治的能力。在一个共和国家之中，如果人民都心甘情愿地被统治，那这个国家尚且可以苟安，而一旦人民能够拥有自治的能力，那国家便可以真正地实现太平了。那最危险的国家就是民众不但不接受被治理，而且又无法做到自我治理。因而，在走向共和、自由之时，创造有利于民众形成自治能力的条件才是最为关键的。我们国家既然叫作共和国，那么国内的民众定然要具有可以一起进行自治的能力。只有学生形成了此项能力，那么民众才会逐渐走向自治。今后所需的民众也就是日前应当培养的学生。上学阶段是每个个体形成品质个性的关键时期，不但有教师的帮助，而且还有同窗们的激励及促进，就算不慎走错方向，也会被及时拉回来，及早改正。因而，只有从学生着手，对其进行自治练习，才会培养出具有自治能力的民众。

一、"学生自治"德育思想的主要内涵

"学生自治"既作为学校民主管理的方式，也作为一种学习自治教育方式。所谓"学生自治"，按照陶行知的说法就是让"学生结起团体来，大家学习自己管理的手续"。依这个定义说来，学生自治从内涵上讲应包含三个层面的意思：其一，学生自治，不是自由行动，乃是共同治理；其二，不是打消规则，乃是大家立法守法；其三，不是放任自流，不是和学校宣布独立，乃是练习自治的道理。可以看出，在陶行知的心目中，学生自治不仅仅是民主管理形式实践之呼应，更将其视为一种教育活动手段之需求。在自治的练习中学习自治我们既要能自治的公民，又要能自治的学生，就不得不问问究竟如何可以养成这般公民学生。从学习的原则看起来，事怎样做，就须怎样学。譬如，游泳要在水里游，学游

泳,就须在水里学。若不下水,只管在岸上读游泳的书籍,做游泳的动作,纵然学了一世,到了下水的时候,还是要沉下去的。所以专制国要有服从的顺民,必须使做百姓的时常练习服从的道理;久而久之,习惯成自然,大家就不知不觉地只会服从了。共和国要有能自治的国民,也必须使做国民的时常练习自治的道理;久而久之,习惯成自然,他们也就能够自治了。所以,养成服从的人民,必须用专制的方法;养成共和的人民,必须用自治的方法。如果用专制的方法,可以养成自治的学生公民,那么,学生自治问题,还可以缓一步说;无奈自治的学生公民,只可拿自治的方法将他们陶熔出来 [25]。从学校方面来说,学生自治是"为学生预备种种机会,使学生能够大家组织起来,养成他们自己管理自己的能力"。自治与责任相联系。陶行知本人在其《学生自治问题之研究》中认为,真正的自治不是随心所欲,而是责任义务,是一种处群生活的自治,养成处群生活的品质。责任是开展自治的关键,自治应该是自己负责的任务自己完成,而不是"人令我为"或者"人为我令"。不过要实现学生自治,需要注意以下三点:一是这里的学生应该是学生的集合,泛指学校全体学生而不是特定的某个学生;二是需要实现自我管理,由学生完成制度规范的建立、执行和监督;三是学生自治与其他自治方式的区别之处在于进行自治的学生社会阅历有限而且承担着学习的任务。基于以上三点,本文认为"学生自治"应该是把学生群体集中起来,共同完成相关内容的学习。站在学校的视角而言,即可理解成将多个有利条件供给学生,使其可以组织在一起,逐渐形成自我管理的相应能力。换句话说就是学生自治并非使其行动完全不受约束,而是一起进行治理、一同设立规制并加以遵守,并非任其自由发展,并非与学校独立,而是训练自治的道理。在团体生活中实现团体自治与个体自治将全体公民素质的提高作为民主社会建立的根基的信念,一直是陶行知先生从事人民教育事业的动力。1927 年,陶行知在晓庄试验乡村师范学校创办伊始所做的演讲中便宣称:"政治与教育原是不能分离的,二者能同时并进,同时革新,国民革命才有基础和成功的希望。"陶行知认为,"学生自治"是学生在学校的监督和引导下的一种有条件、有规范的自我治理。在陶行知的教育理念中,"团体生活"至关重要,也是学生融入社会的重要环节和奠基。在开展学生自治工作的过程中,团体生活发挥着"引擎"的作用,为学生自治提供源源不断的动力。秉持着这样的理念,陶行知先后创办了"新安旅行团""育才学校""工学团"和"晓庄师范学校"。创新总是离不开传统的基础,学生自治亦然,需要团体生活来完成推动,把团体的生活和学生的自我管理整合起来。具体原则是:在团体活动中,学生群体享有相关问题的优先处理权,如果无法解决,再由学校来辅导和指点。通过这样的方式来锻炼学生的自我意识,提高组织协调能力和道德是非观,加强他们的综合能力。

二、"学生自治"德育思想基本的操作性特征

（一）学生共同自治

既然是同学之间的自治，那么学生之间共同制定的规定和制度就需要所有的学生一起遵守。而且为了维持学生一起制作并遵守的规定和制度的绝对性和权威性，那么所有参加自治的人都要发挥自己的审查和监督作用，大家一起来监管和阻止损害了规定和制度的行为。这样做的好处很多，所有的学生都会遵守规定，并且提高了规定和制度的威严，在这个自治当中每个学生的行为都要对全部的学生负责。如若教师的控制和管理下，学生会模糊负责的对象问题，这会引发学生两种不好的行为：一种是教师在的时候遵守教师制定的规定，而一旦教师离开就会肆意妄为；另一种则认为教师是管理者，所以自己不用多管闲事，即使他们发现其他同学违反了规定，也会选择视而不见对这些行为姑息纵容。

（二）教员辅助指导

首先，值得注意的是在当今学校里几乎每门功课都有教师进行讲解和指导，但是作为其中的重中之重的学生自治却没有教师的指导和讲解，这足以见得在学校的教育实践过程中对于这一思想的忽视。其次，如果学校里没有对应的教师，那学校可以考虑富有自治和共和思想的教师来完成这一个并不算复杂的工作。最后，教师和学生原本就是平等的，教学也是无边界的，部分时候学生还会教会教师许多的东西，因而如果缺少合适的人员，也可以让教师和学生一起进行探讨和分析。整体来说，不仅要对学生自治进行落实，还应对其展开多视角的研究。学校应担起指导的重任。学生自治应当完全融合到学校发展之中，从而使学校具有共和性。在这样的校园里面，不管是谁都不能说出或者做出命令性、强制性、片面主观性的言语或者行为。取而代之的是大家都知晓为什么要做这件事情以及为什么要用这样的方法做这件事情，其价值意义何在，只有达到这样一种境地，才可以为相同的愿望和方向而努力。

（三）民主的教育生活为中心

陶行知曾说过："民主教育是教人做主人，做自己的主人，做国家的主人，做世界的主人。"陶行知一直认为把民主的教育融合到品德的教育里是实现民主教育的最主要的措施之一。正如他所倡导六大解放那样：解放学生的眼睛，让他们看到不一样的事物，让孩子们善于观察、敢于发现；解放学生的头脑，让他们能思考更多的事情，培养孩子们的发散性思维；解放学生的嘴，可以让他们能说出自己的想法，让孩子们敢于表达、学会表达；解放学生的双手，让他们能做不同的事情，让孩子们在实践中体味真知；解放学生的

时间，让他们能有时间去了解更多的事物，让孩子们充分探索、自由发现；解放学生的空间，让他们在更多的地方去实践，让孩子们开展丰富多彩的实践活动，而不仅限于课堂之中。做到这六大解放的课堂是陶行知先生在 20 世纪初提出的小先生制，由年长优秀学生教年幼学生或民众，注重"即知即传人"，即让学生成为自己的小主人。放弃教师管理让学生自治，能把学生教导为自己的主人，才能真正地达到民主教育，才能在民主教育的基础上实现学生自治。

现阶段的思想教育和政治教育均存在一个主要问题就是没有真正意义上的民主工作。传统的等级观念在某些教师的思想中仍有残余，具体表现为在品德教育中学生处于被管理和被教导的地位。学生长期在这种教育环境中，会使他们的创造能力遭到损害。陶行知先生不仅告诉我们要理解不同学生的差异，还告诉我们要尊重学生的人格。

注重学生的主体地位，对学生的自治教育需要体现学生作为主体的作用。陶行知先生在品德教育当中就很注意学生在当中的主体地位，具体表现为在学校进行的管理和教育活动当中，让学生走上台来，成为舞台的主角。对于学生自治来说，陶行知先生认为是学生组织起团体来，学生学习如何自己管理自己，成为自己的主人的主要方式。自治有一些自己制定法律自己监管自己的想法。就是在学校的思想道德教育和政治教育当中，制定自己的纪律、合理的规定和制度，也可以使用品德评价，但学生必须是在核心的位置上，而不仅仅是一个参与者[37]。

第三节　陶行知"学生自治"思想的实施方法

要想生活德育目标的有效完成，除了要遵循一些必要的原则之外，还要选择切实有效的生活德育方法。陶行知生活德育目标的有效实现，必然少不了在开展生活德育的过程中，运用切实有效的生活德育方法。本书在总结陶行知的相关著作和相关文献的基础上，把其生活德育的方法归纳为以下五种：

一、集体生活法

所谓集体生活，陶行知在《育才学校教育纲要草案》一文中曾经论述过，集体生活是用众人的力量集体创造合理的生活、进步的生活和丰富的生活；以这种丰富、进步而又合理的生活之血液来滋养儿童，以集体生活之不断的自新创造的过程来教育儿童。陶行知认为集体生活对于学生品德的形成具有极其重要的作用。第一，有利于促进儿童社会化的发展，同时可以满足儿童心理健康发展的需要；第二，有利于培养个人的集体主义精神，从而为处于抗战救国时期的中华民族提供有效药剂。因此，陶行知在实现生活德育目标的过程中多次应用了集体生活法，例如，育才学校的全盘教育基础建筑在集体生活上。并且经过多次实践探索，总结出在实现生活德育目标的过程中采用集体生活法需要注意以下三点：

第一，学校在实施集体生活法的过程中，要加强与社会发展的联系，加强与整个世界的沟通，即学校的集体生活要融入社会大集体的生活，拥有共同目的、共同认识，以及共同参加一些活动。例如，育才学校的集体生活就是与社会密切联系的，为了在抗战的熔炉中锻炼儿童，同时为了满足中华民族抗战救国之需要，育才学校会在合适的时机组织战时工作队。

第二，在集体生活下，学校要依然重视民主和个性。陶行知在《育才二周岁前夜》一文中写道：育才学校要想丰富集体生活在教育方面的意义，其集体生活必须包含三个方面的因素：为集体自治；为集体探讨；为集体创造。育才学校的集体自治采用的是民主集中制。可见，在集体生活下，育才学校依然重视民主。集体生活下的育才学校在重视民主的同时，还重视个性。育才学校的学生虽然过的是集体生活，但是学校依然照顾到他们的特殊才能，对于有特殊才能的学生给予特殊教育，如音乐、戏剧、文学……让他们的个性得到张扬和发展。我国著名的音乐家陈贻鑫就是通过育才学校的特殊教育成长起来的。可见，集体生活下的育才学校依然重视学生的个性发展。

第三，教师、校工、学生共同生活的集体生活。陶行知认为，不实行教师、校工、学生共同生活的学校会容易把校内划分为三个阶级。既然产生阶级，必然会引起不良的校风。与此同时，教师与学生不共同生活，不能及时知道学生的问题，以至于不能及时解决学生的问题，久而久之，必然会造成大问题的爆发。因此，教师、校工、学生应共同生活，这样既有助于阶级隔阂的消灭，也有助于教师与学生交友，方便了解学生的情况，及时解决学生的问题。

二、学生自治法

近世所倡的自动主义（20世纪初期盛行于中国的教育思潮之一。所谓自动教育，是以学生自动为本体，加以教师之训导。强调学生应自学、自强、自治。）有三部分：一、智育，注重自学；二、体育，注重自强；三、德育，注重自治。学生自治这个命题源于此，是对我国旧教育的保育主义、干涉主义以及严格主义的反对，对当时旧教育的改革具有极其重要的作用。处于这个时代的陶行知，深刻地知道学生自治对于学生德育的重要性。因此，其生活德育历来提倡学生自治法。所谓学生自治，就是学生结起团体来，大家学习自己管理自己的手续。

与此同时，陶行知在实施学生自治法的过程中，逐渐明确了学生自治的原则、学生自治范围的标准、实行学生自治法需要注意的事项。

学生自治的原则，就是事情怎么做，就需怎么学。

学生自治范围的标准，陶行知总结出四个方面。第一，学生自治应该是以学生该负责的事体为界限。（学生愿意负责且又能够负责的事体；学生不能越界去负责不该负责的事体。）第二，事体之愈要观察周到的，愈宜学生共同负责，愈宜学生共同自治。第三，事体参与的人愈宜普及的，愈宜学生共同负责，愈宜学生共同自治。第四，还要考虑学生的年龄、程度以及经验规定学生自治的范围。

实施学生自治法需要注意的事项：第一，学生自治应该被视为是学校中的一件大事，不能把它视为寻常小事。例如，全体学生要以其是大事的态度去看待它，认真完成其交代的任务；学校也需用其是大事的眼光去看待它，极力支持、赞助学生自治。第二，学生自治之权犹如地方自治之权。地方自治之权出自中央，同理，学生自治之权出自学校。因此，学生自治虽然可由学生发动，但还是在一定程度上要得到学校的认可。第三，施行学生自治前，要利用演讲、辩论、谈话等方式造成充分的舆论，使大家明白学生自治的作用，得到大家的支持，以至于充分发挥学生自治的效力。第四，学生自治过程中立的规则必须是清楚与简单，要通俗易懂，避免不必要的纷争与麻烦。第五，学生自治的过程必须用好的领袖进行引导，这样有助于提高学生自治的成功率。第六，学校与学生始终宜抱持一种协助奉献的精神。第七，教师与学生对学生自治都必须秉持试验的态度，边试行，边改良。

三、榜样教育法

所谓榜样教育法，即以正面人物的优秀品质和模范行为向学生施加德育影响的一种德育方法。陶行知十分重视教师在生活德育中的带头表率作用，认为教师是"学校的灵魂"与"学生的领袖"。故在开展生活德育的过程中，陶行知多次应用榜样教育法，通过教师的言谈举止去影响学生，使学生从中受到教育。陶行知在《如何引导学生努力求学》一文中论述过榜样教育法的重要性，认为当时社会存在四种学生，即天生就好学、被感染而好学、被督促而学习、被督促仍不学，同时认为生而好学与被督促仍不学的学生占少数，大多数学生通过感染和督促就好学了，并且感染的作用更为重要。因此，学校的教师必须起到榜样的作用，通过感染力使学生变得好学。1939 年，陶行知在《桂林战时民众教育工作人须知》一文中告诫民众教育工作人员时写道：假若在洞口或过桥时，看到一位老妇人抱着一个小孩和牵着一个小孩，你帮老妇人抱了一个小孩，就是教育别人和教育自己。显而易见，陶行知告诫民众教育工作人员要起到榜样教育的作用，应用了榜样教育法。同时，告诫民众工作人员通过生活的方式教育别人，并且教育的内容是为人处世。因此，毋庸置疑，陶行知在开展生活德育的过程中运用了榜样教育法。

四、因材施教法

所谓因材施教法，就是根据学生的个性心理特点及知识、能力现状采取不同的方法进行教育和教学。陶行知一向批判死板的教育，重视活的教育，在实现生活德育目标的过程中，多次应用了因材施教法[28]。

陶行知认为儿童是活的，要根据儿童的个性心理特征进行教育。例如，1922 年，陶行知在《活的教育》一文中，就大致表述过以下的内容：根据儿童的心理特性，儿童是比较喜欢合群的。有一位儿童因为一个人住在一个地方觉得寂寞而闷闷不乐，我们就需要找个别的小孩子跟他一块玩耍以解决他烦闷的心情；儿童大多数都富有好奇心，当一个小孩还不会走路和说话，但是他时常会手舞足蹈，一副跃跃欲试的样子，这是好奇心起的作用，因此我们要满足他好奇的心理需要。在满足这些儿童心理需要的同时，还要根据儿童需要力的大小为转移，并不是给予千篇一律的满足。儿童的需要力有大有小，天资高的儿童需要力就大些，天资迟钝的儿童需要力就小些。就好像吃饭一样，有些小朋友吃两碗就饱了，有些小朋友却要吃五碗才饱，那么我们不能规定吃两碗的一定要吃五碗才及格。儿童的心理需要也一样，有大有小，我们要揣摩儿童的心理，根据儿童的个性心理需要去满足，即要根据儿童的个性心理特征进行教育。

陶行知认为儿童的能力各有不同，要顺应儿童的能力去教育儿童。陶行知在《活的教育》一文中举了赛跑的例子，用以说明儿童的能力有大有小。假若规定几个人同时同地，不加限制，让他们向前前进，比赛结果必然会有人先到，有人后到。因此，可以看出儿童的能力有差异的。至于教育方面，陶行知认为要顺应儿童的能力去教育。他举了教授方面的例子进行论证，在教授的过程中，一些天资聪颖的孩子掌握知识必然比较快，一些秉性鲁笨的孩子掌握知识必然会比较慢。因此，教授在教授课文的过程中必然要根据儿童的能力进行教授，而不是对待学生千篇一律。

关于现在儿童的教育问题，需要进行针对性的教育，对于儿童需要引入陶行知的思想理论，注重人才的培育。同时，为满足当时中国抗战救国时期的生活需要，陶行知在教育过程中通过因材施教法为当时的中国培养了一批批优秀特殊的人才，那么，这必然会涉及德育的内容。可见，陶行知在生活德育过程中也必然采用了因材施教法。

五、环境熏陶法

陶行知非常重视环境因素对提高人们道德水平的作用，在开展生活德育的过程中，经常运用环境熏陶法来促进生活德育目标的实现。

首先，十分强调学校环境之优美，通过学校之美促进社会环境之美。1927年，陶行知创办的晓庄试验乡村师范学校的环境就十分优美。晓庄师范位于景色宜人的劳山脚下的田野中，依山傍水，郁郁葱葱，从远处看去犹如一幅美丽的画卷。与此同时，它的环境美不仅仅依赖于天工，也有依靠师生共同创造的人工美。例如，晓庄师范学校校门前大道两旁的树木和花草就是晓庄师范师生共同栽种的，用来点缀美丽的校园；晓庄师范学校的校舍几乎是晓庄师范师生共同努力建造的，在建造的过程中，陶行知要求所有的校舍都要新颖对称和粉刷美观。可见，陶行知非常重视学校环境之优美。1926年，陶行知在《我之学校观》一文中表述过要求学校环境之优美的原因。他认为，学校生活是社会生活的起点。远处着眼，近处着手，改造社会环境要从改造学校环境做起。毋庸置疑，陶行知用学校环境之美促进社会环境之美。

其次，运用艺术熏陶的方式来为生活德育的开展营造良好的环境氛围。陶行知创办的育才学校非常重视对学生进行艺术教育，学校特修课里设有7个专业组，其中有4个是属于艺术教育范围的，分别是音乐、绘画、戏剧、舞蹈，用艺术熏陶的方式来为生活德育的开展营造良好的环境氛围。例如，已经掌握乐曲和歌曲技巧的音乐专业组，为了满足抗战救国的需要，举办了多种形式的演奏会，以激起人们的抗战热情；陶行知为了培养绘画专业组的绘画才能，邀请了多位知名画家进行指导，如王琦、许士恺、汪刃峰等，并且开设了多门课程，如素描、水彩、漫画等。同时强调绘画组的学习绘画的宗旨是"为社会和人民服务"，学有所成的绘画组通过展示有关"爱国主义"的作品激起人们的爱国热情。

由前文可知，陶行知用学校环境之优美促进社会环境之优美，以满足社会生活的需要。同时，强调绘画组的宗旨是"为社会和人民服务"，通过绘画作品激起人们的爱国热情，以满足抗战救国生活的需要。因此，进一步证实了在开展生活德育的过程中也必然运用了环境熏陶法[29]。

第四节　陶行知"学生自治"思想剖析

结合20世纪初中国社会的现实状况，陶行知提出了学生自治的思想，并对这一问题进行深入研究，将学生自治理论付诸实践。陶行知关于学生自治的思想与实践，不仅在当时产生了积极的影响，而且对于今天大学的学生管理工作仍具有很高的理论价值和现实指导意义。

结合20世纪初中国社会的现实状况，陶行知提出了学生自治的思想，并对这一问题进行深入研究，将学生自治理论付诸实践。陶行知关于学生自治的思想与实践，不仅在当时产生了积极的影响，而且对于今天大学的学生管理工作仍具有很高的理论价值和现实指导意义。

一、学生自治的意义

笔者根据陶行知对"学生自治的需要及自治办得妥当的好处"的分析，将学生自治的意义概括为四个方面，并结合当代中国大学的实际情况阐述了学生自治思想的现实意义。

1.学生自治是培养将来自治的公民所必需的。陶行知认为，专制国所需的公民，是要他们有被治的习惯；共和国所需要的公民，是要他们有共同自治的能力。中国既号称共和国，当然要有能够共同自治的公民。况且，一国当中，人民情愿被治，尚可以苟安；人民能够自治，就可以太平。最危险的国家，就是人民既不愿被治，又不能自治。将来的公民，即今日的学生，想要有能够共同自治的公民，必先有能够自治的学生。五四运动前，我国学生长期处于听从号令、被管制的状态，个人精神得不到发挥。五四运动爆发后，在科学与民主思潮的影响下，学生都希望摆脱一切束缚，充分张扬个性，但是束缚的摆脱和个性的张扬有一个度的问题。所以当他们渴望自由的时候，我们最需要的是给他们种种机会获得自治的能力，从而使他们约束自己的欲望，控制自己的言谈举止。再者，从方法上看，自治的学生，只可拿自治的方法将他们陶熔出来。共和国要有能自治的国民，必须使国民时常做自治的练习，学生自治是培养自治公民的基础。学生自治这一思想不仅在当时产生了较大的影响，对于我国今天建设民主社会、培养公民民主政治素质也不乏借鉴之处。

2.学生自治是修身伦理的实验，是练习道德、发展道德经验的方法。陶行知认为，当时学校教课当中修身伦理一类的学问，最应注意的在于实行，但是却很少有实行的机会，即使有，也只不过是练习仪式而已，所以造成实际行为与道德标准的分离。他指出，若想除去这种弊端，非给学生种种机会练习道德行为不可。学生德育上的发展，全靠着遇到困难问题的时候，有自己解决的机会。实施道德教育，若只传授给学生千篇一律的道德知识，没有运用道德知识的环境，是违背道德发展规律的。教师应为学生创设多种有效的参与机会，让学生在现实生活中修炼自身的品德，这种机会就是学生自治。学生在自治的过程中，遇到新的道德矛盾时，若能根据所学的道德知识，做出合理的道德判断，实行适当的道德行为，那么就能使道德知识内化，增长个人道德经验。如此一来，矛盾解决得越多，经验就越丰富，从而逐渐形成个体的价值观念和判断力，使学生逐渐具备解决问题的能力，并在今后的发展中，独立地不断修炼自己的品德，实现品德的可持续发展。

3.学生自治能适应学生的需要，是基本的民主权利。陶行知认为，办学的人所定的规则、所办的事体，不免与学生有隔膜。有时，为学生办的事越多，越是害学生。因为为他人考虑得无论怎样精细，都不如他人为自己考虑周到。学校立法，未必符合学生的需要，勉强定下来，等到颁布之后，学生不能遵守，教职员又不得不执行，只能左右为难。如果划出一部分事体让学生自己共同立法，则比学校立法更加合乎情理，更加容易执行，毕竟自己所立之法的力量，大于他人所立之法；大家共同所立之法的力量，大于一人独断的法。今天的大学管理，不能事无巨细地均由学校立法，让学生遵照执行，否则会重蹈当年学生被治的覆辙；学校不应把学生视为被管制的对象，不能剥夺学生参与决定自己事务乃至学校相关事务的民主权利，应该要留有学生立法的内容。学生尤其是大学生，是具有能动性的人，他们能够思考，能够选择恰当的行为，并对自己的行为进行反思，对自己的行为承担责任，若大学给予学生参与学校事务的机会，不仅可增强事务的可行性、合理性，而且能提高学生参与事务的积极性、责任心。其他国家的大学在学生参与决定自己事务乃至学校相关事务的方面，也有类似的举措。例如，在美国，大学给学生更多的自由和机会，让学生自己管理大学生活，学生自治团体的管理功能逐渐加强，在学校事务中话语权也扩大了。又如，日本大学学生可以参与课外活动、学生福利、学习环境的改善、教育计划、教育内容和方法的改善等。所以，学生自治能适应学生的需要，保障他们基本的民主权利。

4.学生自治能辅助学校风纪的进步，共同维持学校秩序。我们的行为究竟对谁负责，是对少数教职员负责，还是对全校负责呢？陶行知认为，按照旧的方法，学生有过失，均由少数职员监察纠正，其弊端有两个：第一个是少数教职员在的时候，就规规矩矩；不在的时候，就肆行无忌；第二个是学生认为既然有教职员负责，自己就不必多事，纵然看见同学做得不对，也只是严守中立。所以一人习法，大家避法。要想大家一齐守法，就必须使个人的行为对大家负责，即要共同自治。也就是说，学生若有过错，看见的同学不应置若罔闻，持有"事不关己，高高挂起"的态度，而是有责任帮助指出过错，这才是共同自治。共同自治是建立在学生团体意识基础之上的，换而言之，学生自治可以促进学生的团体意识、团体责任意识的树立。学生自治正是利用学生团体意识与自尊自检的心理，从而起到维持校风的效果。个人平等地对团体负责任，热心为团体服务，这是现代公民必不可缺的品行。现代生活中团体合作必不可少，生活中需要分工合作、群策群力的地方很多，若一个人离群孤立是无法生存的，学生在学校务必要进行与他人合作的训练，这也是联合国教科文组织提出的教育四大支柱之一。其实，团体结合的基础不在详尽的章程，而是在团体中形成的一个共同意志，养成的一个共同精神。但凡团体里有这种精神，个体就会不知不觉地受其影响，并为之感化。没有这个精神团体的意志，就不能结合起来。团体的解散，都是从这里生出来的。在学校里面我们亦把它叫作"学风"。故学生自治办得好，还可以促进良好学风的形成。因此在学校里实行学生自治能辅助学校风纪的进步，共同维持学校秩序。

二、学生自治的范围

既然已经知晓学生自治的历史意义与现实意义，则学生自治的必要性就不言而喻了。那么学生自治的范围究竟有哪些？陶行知认为，自治与责任有连带关系，学生自治应以学生负责的事为限，学生愿意负责，又能够负责的事，均可列入自治范围。事体之愈要观察周到的，愈宜学生共同负责、共同自治。在确定自治范围时，还必须考虑到学生的年龄、程度和经验。笔者结合当代大学实际情况，将大学生自治的范围概括为以下三个方面：

1. 学习方面，注重自学。在今天的学校中，教师常会反映"现在的学生太懒惰，不好教"，学生却抱怨"教师上课内容枯燥乏味，听不进去"。这两个方面的话都有一定的道理。但是，如果只是一味地相互责备，就有逃避责任之嫌，那就糟糕了。做教师的应该责备教师，做学生的应该责备学生，不要彼此相互责备。既然本文讨论的是学生自治的问题，那就暂不考虑教师的责任，主要来讲讲学生的责任问题。学生要先对自己进行反思、进行自我批评。对于教师的教授内容，不能模模糊糊地就过去了，一定要将疑问想透彻，弄明白，否则，日复一日，疑问积少成多，定会影响日后的学习。灌进去的知识、学问是没有多大用处的，对于新知识，不能仅仅满足于听懂，课后还要下一番苦功，进行消化吸收，最终将新知识内化为自身的东西，不断完善自身的知识结构。学生尚不能止步于此，还要注重挖掘知识背后所蕴藏的精神价值，有人称之为知识的灵魂。这样掌握的知识才是内涵丰富、充满生机、不易被社会所淘汰的。受此种知识熏陶成长起来的年青一代也必定饱含科学精神、人文精神。所以，学生要经常问问自己，在学习方面，自己的责任是不是都尽了，如果自己的责任还没有尽，不要先责备他人，先责备自己才好。

2. 学术方面，重视生产文化。人类具有双重的生命——生物生命和文化生命，文化生命凸显的是人的创造性和主体性，教育观照的正是人的文化生命。因此学生自治团体，不是组织了以后，学校里不闹乱子就算满足。自治团体要有生产力。学生自治，要多产文化。多产文化的方法，就是多组织种种学术研究活动。如演说竞争会、学生讲演会、戏剧会、音乐会等，互相研究，倡导做种种事业。

3. 公共服务方面，提倡主动服务。陶行知认为，办得不妥当时，学生自治即可能成为争权的工具。团体往往都有一种特别的势力，这种势力比个人的力量大得多。用得正当，就能为公众尽义务；用得不当，就能使得公众争权夺利。所以施行自治的时候，大家不要争权，而要主动服务，才能发挥自治的功用。就公共服务方面而言，学生自治就是提倡对于团体的主动服务。主动服务，是自己愿意的，不是外界强迫的，这样的服务是长久的、尽心尽力的，也是学校、学生所需要的。当然，要求所有学生都为团体主动服务，做公益的事，是不现实的。这里的公共服务有两个方面的意思：一方面是消极的，指个人不要做对团体有害的事；另一方面是积极的，指个人对团体要做有益的事。消极方面就是自制，是消除乱源的办法；积极方面就是互助，是增进公共利益的办法。自治之中，自制和互助都是必不可少的。

陶行知认为，别人号令而要我负责，叫作被治；别人负责而要我号令，叫作治人，这两者都失去了自治的本意。学生自治如果办理不善，则会发生种种弊端。为有效施行学生自治，共享学生自治之益，我们在施行学生自治时有以下四点需要预先引起注意：

1. 学生自治必须有学校的指导。陶行知认为，应该把学生自治当作一个学问来研究，否则不能有效施行。研究学生自治的学问时注意须有教师的指导。学校里所有的功课，都有教员指导，恰恰学生自治这一立国根本无人指导，似乎把它看得太轻了。如果学校里没有相当的人，学校应赶紧物色那富于共和思想、自治精神的教员来担任此事。万一找不到合适的人，请教职员和学生共同研究也好。况且，学生是品德、智力、体能等尚未完善的人，缺乏学校指导的学生自治，其发展趋势不可避免地带有一定程度的盲目性、短视性。学校不能让学生自治放任自流，处于原始、自发的状态，必须加以指导，让学生自治发挥最大效能。

2. 在学生自治团体和学校之间成立中间接洽机构。陶行知认为，学生自治会正式成立之后，学校里的事务可分为两部分：一部分仍旧由学校主持，一部分由学生主持。但在学生自治会和学校之间应该成立一种接洽机关，可以处理那些权限划分不明确的事务，也可以处理那些临时发生的、学校与学生都宜与闻的全校性事务。人数少的学校，可由校长直接担任；人数多的学校，可由校长指定若干名教职员担任。有这种接洽的组织，学校与学生之间就没有隔膜，可以相互通气了。

3. 学生自治团体与学校应始终保持相互协助的精神，不可处于对立的状态。当学生个人行为不当时，不但学校要干涉，学生团体也应当干涉；学生团体应该欢迎学校的指导；当学生团体与学校团体发生冲突时，就得由中间接洽的组织来化解冲突。学生自治团体是学校团体中的一部分，学生个人、学生自治团体的发展与学校发展是相辅相成、相互促进的，只有相互保持协作互助的精神，才可以获得最大化发展。

4. 切忌把学生自治当作争权的工具，把学生自治当作治人看待。陶行知认为，团体往往都有一种特别的势力，这种势力比个人的力量大得多。这势力用得不当，就会驱使学生争权夺利，若不谨慎，则有驾驭别人的趋势。另外，争权夺利，还易闹意气，造成团体分裂，彼此分门别户。所以自学生自治时，大家必须不愿争权，而愿服务；不愿凌人，而愿治己；不愿负气，而愿说理。学生自治是学校中的一件大事，必须当个学问来研究。学生自治办好了，能增强学生的民主意识、主体意识与责任意识，为学生提供更多的实践机会，丰富学生的道德经验，有利于培养学生的自立能力、创新精神和团队精神。对 20 世纪 50 年代以来种种教育管理学理论进行梳理与剖析，将有助于对 21 世纪教育管理学理论的发展趋势做出分析与判断。21 世纪的教育管理学理论从以"管"为中心走向以"理"为中心，从物化、被动、孤立、唯利是图的人走向现实关系的互助体的人，学生不再是接收指令的工具，而是能动的主体的人，学校与学生之间提倡对话行动。教育管理学理论这一发展趋势与陶行知学生自治思想有惊人的相似之处 [38]。

第三章 陶行知"学生自治"思想与生活教育理论

第一节 陶行知生活德育思想形成的历史背景与渊源

一、历史背景

文化是经济和政治的反映。那么，陶行知生活德育思想的形成必然离不开陶行知所处的时代背景的影响。因此，其生活德育思想的生成必然有其相对应的国内背景和国际背景。

（一）国内背景

陶行知所处的时代正是中国教育现代化的前期阶段。那么，陶行知生活德育思想的形成必然离不开国内教育现代化的影响。目前，学术界把中国教育现代化前期分为四个阶段，每一阶段对陶行知生活德育思想的形成都影响颇深。这四个阶段是洋务运动、戊戌变法、辛亥革命以及五四运动。

在洋务运动中，以曾国藩、李鸿章为代表的洋务派提出"中学为体，西学为用"（简略为"中体西用"）的核心命题，创办了 30 余所洋务学堂，它们大致上可以分为外国语（"方言"）学堂、军事（"武备"）学堂和技术学业学堂三类，教学内容主要是"西文""西艺"；1872 年，派遣第一批官费赴美留学生，迈出了向西方学习的重要一步，紧接着还派遣留欧学生。虽然洋务运动时期的中国仍然以传统的封建教育为主体，但是洋务派创办的洋务学堂和留学教育，开辟了封建教育的另一番天地，使封建教育萌生出教育现代化的幼芽。同时，洋务运动的主要目的是"师夷长技以制夷"，这在一定程度上可以激发人们的爱国热情。

虽然洋务运动发生于陶行知的幼年时期，但是对陶行知的爱国救亡思想以及后来向西方学习的思想不无影响。

以戊戌变法为界的维新运动时期，康有为等维新派人物在教育上主张培养"新民"，注重开发民智、普及教育，在全国各地设立学堂，兴办学会，建立三级教育制度等。例如，1898 年，在中外人士的赞助下，把中国女学堂建在上海城南桂墅里，普及女子教育。虽然陶行知在这一时期还尚且幼年，但是其思想的形成必然也会受到这种教育思潮的影响。例如，这一时期著名教育实业家张謇（1853—1926）的教育思想对他影响颇深。他曾经提到过："和农民生活习惯打成一片，我是学的张謇的。"

辛亥革命后，在教育总长蔡元培的主持下进行了多次教育改革。例如，把清政府的教育宗旨（忠君、尊孔、尚公、尚武、尚实）进行了废除，并提出了新的教育宗旨（注重道德教育，以实利主义教育、军民主义教育辅之，更以美感教育完成其道德）；对学制进行了多次改革（譬如，对"癸卯学制"进行修订，并且提出了"壬子癸丑学制"）；把京师大学堂改为北京大学，等等。辛亥革命时期，陶行知正在金陵大学学习，这一时期正是他世界观形成的关键时期，因此，这一时期的教育思潮必然对陶行知思想的形成产生深刻的影响。例如，为了欢迎这场革命的到来，他参加了这场革命在其家乡徽州的地方起义，并在毕业论文《共和精义》中指出了民主教育对于民主革命的重要作用。可见，这一时期的教育思潮对其影响颇深。

五四运动时期，"新教育运动"的重要领导者——蔡元培把普通教育的宗旨倡导为：以养成健全的人格发展共和精神。他对健全人格和共和精神的相关论述对陶行知德育思想的形成产生极其重要的作用。此外，这一时期的教育家黄炎培格外重视生活教育，1913年就撰文说："青年之于学校，为生活而学，非为学校而学。"他的教育思想对陶行知生活德育思想的形成也是起到一定作用的。五四运动后，陶行知更加认识到反帝反封建的重要性，其生活德育思想也在后来反帝反封建的过程中逐渐完善。

（二）国际背景

19 世纪末至 20 世纪初的教育现代化全球蔓延，促使中国从旧教育向新教育更替。其中，欧美的教育现代化对陶行知生活德育思想的形成影响较为深刻。

1. 美国的教育现代化

19 世纪末至 20 世纪初，美国教育发展的总趋势是加速普及初等义务教育，迅速发展普通中等教育和职业技术教育，大力发展高等教育。例如，19 世纪末 20 世纪初美国初等教育学校的数量大大增加，同时为了满足广大青少年升学的需要，把初等和中等教育的八四制改为六三三制，普及初级义务教育；为了发展普通中等教育，中等教育学校数量也在大幅度增加。据统计，1890 年美国公立和私立中学 4158 所，1900 年为 7983 所，1910

年增长到 11984 所，再经 3 年猛增到 21616 所；为了促进高等教育的发展，各州投入大学的经费大大增加，1889—1890 年为 138.3 万美元，1890—1891 年为 211.8 万美元。可见，19 世纪末至 20 世纪初，美国的教育现代化迅速发展。在美国 19 世纪后期和 20 世纪上半期，杜威是对美国文化教育尤其是对技术社会美国人的需要做出反应的主要人物。其创立的生活教育理论对陶行知影响深远。

2. 英国的教育现代化

19 世纪末至 20 世纪初，英国的中等教育、女子教育、高等教育等发生了变化，促进了英国教育现代化的发展。在中等教育方面，1904 年，英国教育委员会公布的法令规定，中学要想取得享受教育委员会补助的资金，就必须向 16 岁左右的学生提供普通教育（智育、德育、体育），改变以往中等教育只重视贵族教育的局面；在女子教育方面，1868 年，英国政府迫于妇女运动和社会要求的强大压力，在《捐款学校法》中明确提出：男女享有平等的受教育权利。在学校发展方案中（1869—1874 年）规定五年内要设立 47 所女子中学和 1 所男女混合学校；19 世纪末至 20 世纪初，英国高等教育的改变主要表现为：传统大学校风的改变以及新型高等院校的涌现。例如，19 世纪中叶以前，牛津大学和剑桥大学实行的是关门主义，仅仅是上层阶级（贵族、名流、高级军官等）的子弟能入学，并且教授的内容主要是人文主义教育（以古典文学和数学为主要学科），实用学科、职业性的教育被边缘化。19 世纪末至 20 世纪初，这种境况发生了改变，牛津大学和剑桥大学的招生氛围也开始逐渐包括中下层阶级的子弟，教授范围也开始重视实用性学科。可见，19 世纪末至 20 世纪初，英国的教育现代化也在迅速发展[39]。

3. 德国的教育现代化

19 世纪中叶后，由于电动机的广泛运用，教育的中心指向职业教育，从而使职业教育犹如一匹黑马，迅猛发展。此时的德国为了满足现实情况的需要，发展了由研究型大学、工业大学以及工业学校网构成的科技教育体系，成为科技教育的中心，促进了德国教育现代化的发展。例如，据统计，至 1918 年德国已有各类大学 45 所，其中仅工业大学就有 10 所。除此之外，德国这个时期还开始重视女子教育以及中等教育。例如，1908 年，女子教育制度真正确立，规定女子中学修业 10 年，前 3 年为预科，从 4 年级开始，根据个人志趣可升入文科或理科，毕业后升入大学。可见，19 世纪末至 20 世纪初，德国的教育现代化也在迅猛发展[31]。

19 世纪末 20 世纪初，在美国和欧洲兴起的教育革新运动，促进教育现代化从欧美向全世界传播。教育现代化的全球蔓延，使旧教育的最后一道防线失守，新教育战胜了旧教育。陶行知生活德育思想就是在这种国际背景下形成的。

二、渊源

陶行知长期在国内求学，深受中国传统文化的熏陶，其生活德育思想的形成必然会受到中华传统教育思想的影响。后来美国留学师从杜威，杜威的实用主义教育思想也必然对其生活德育思想的形成有所影响。

（一）对中华传统教育思想的批判与继承

首先，对中华传统教育思想糟粕的批判。陶行知在纪念生活教育运动 12 周年时曾经说过，在生活教育运动的 12 年中，做了反洋化运动、反传统教育、在半殖民地半封建的国家开展争取自由平等教育的三件事。其中，陶行知认为反传统教育并不是全盘否定传统教育，应该取其精华，去其糟粕。他把"教授法"改为"教学法"，吸收杜威的密切联系生活实际的经验，形成生活教育的思想。国家民族的危险，需要大众去挽救，需要对他们进行现实需要的国难教育，根据生活需要的方式对全民进行国难教育。

其次，对中华传统优秀的教育思想的继承。先贤从一开始就十分重视德育，他们认为人的知义是可以通过教育习得的。《易经》中曾提到过"日新其德"、曾子提倡"每日三省吾身"。后来陶行知在每天四问（我的身体有没有进步？我的学问有没有进步？我的工作有没有进步？我的道德有没有进步？）中就继承过这种做法。曾子提倡"以友辅仁"，意思是说人是群居动物，要学会乐群，不能独立于群体之外。后辈们更是创造性地发展了他这一思想，提出"敬业乐群"[37]。陶行知在创办育才学校的时候，继承和发展了这些思想，他要求育才学校里的学生要过有共同目的、共同认识、共同参与的集体生活，不能过孤立的生活，他认为这样才有利于发挥集体的精神。除此之外，陶行知还对先贤们的其他德育思想进行了继承。荀子提倡"多闻日博，少闻日浅。多见日闲（娴、熟习），少见日陋"。荀子认为"行"是"知"的来源，渊博的知识和精湛的技艺需要通过多闻、多见的实践习得。陶行知生活德育思想的形成也沿袭了这种说法，他认为要想在社会上表现出良好的道德行为，在此之前就必须参与到社会当中去，去感悟道德的真谛，从而形成判断标准，以至于下一次在一个全新的环境里根据既有经验表现出良好的道德行为。王阳明曾提倡过："童子之情，乐嬉游而惮拘检。如草木之始萌芽，舒畅之则条达；摧挠之衰痿。"在王阳明的观点里，关于儿童的教育应该迎合儿童的特点，对其实施生动活泼的教育，避免强制性的教育。陶行知继承了王阳明这一观点，认为儿童的生活才是儿童的教育，需要把儿童从成人的桎梏中解放出来。

（二）对杜威实用主义教育思想的吸收和超越

杜威被誉为 20 世纪西方最伟大的教育家，专注实用主义教育。陶行知早年在美国哥伦比亚大学学习时师从杜威。作为杜威的弟子，其教育思想深受杜威的影响，在师承杜威教育思想的基础上，青出于蓝而胜于蓝，不断超越和创新，创造性地提出生活教育理论。鉴于当时的国情，陶行知毕生专注于德育，因此其生活教育思想在本质上是生活德育。杜威提出"教育即生活"，也就是说教育能够传递并且丰富人类积累的经验，并且有增强这些经验的能力，从而更好地适应，最终发展整个社会生活。强调教育与社会生活联系，避免脱节。陶行知的"生活即教育"是在杜威的"教育即生活"的基础上提出的，虽然陶行知的"生活即教育"的内涵（生活即教育——过什么生活，便是受到什么教育）与杜威的"教育即生活"的内涵不尽相同，但是前者继承了后者的思想——教育与社会生活联系，陶行知的"生活即教育"也是在这个基础上提出来的。杜威提出"学校即社会"，意思就是把现实生活缩小到学校中去，从而使学生在学校里就能受到现实生活的训练，以至于以后能更好地适应社会，做到社会与学校相联系。陶行知继承了杜威社会与学校相联系的观念，并对"学校即社会"进行了超越，创造性地提出了"社会即学校"（社会即学校——整个社会是学校）[39]。杜威提出"从做中学"，所谓"从做中学"就是在活动中学习，在经验中学习，反对传统教育只重视书本的原则。陶行知的"教学做合一"虽然与杜威的"从做中学"不一致，但却是从杜威的反对传统教育只重视书本的原则发展而来的。由于时代的特殊性，陶行知生活教育思想在本质上等同于生活德育思想。那么，陶行知生活德育思想的形成离不开对杜威教育思想的继承与发展。

第二节　陶行知生活教育理论德育思想的内容

陶行知生前虽没有准确阐述过生活德育的内涵，但生活德育依然有极其丰富的内容，并且形成了一套完整的体系。它由政治、法纪、劳动等多方面教育内容构成，并且其内容具有极其鲜明的特征。以下是有关陶行知生活德育思想的主要内容与特征方面的详细论述。

一、以博爱为最终目标的爱的教育

陶行知生活德育思想首先包括爱的教育。爱的教育是以博爱作为基本目标。所谓博爱指的是平等的爱，广博的爱。它不仅仅是指对朋友、家人的爱，更是指对这个世界的爱，爱身边所有的人。陶行知所认为的爱的教育是以爱自己为出发点，首先是要尊重自己、悦纳自己。他曾写道:"我有一句话奉劝办学的同志,这句话就是'待学生如亲子[40]'。"

他认为教师应该以公正平等的态度对待每一位学生,不得偏袒或歧视某位学生,同时教师应该热爱自己的教育工作,有一颗甘于奉献的心;在日常的教育教学工作中,与同学们共同体验,共同感受。爱民思想是爱生思想的延伸。他身为一名知识分子积极兴办农民教育,他一心为农民谋福利,谋发展,一心记挂人民的疾苦,处处考虑人民的利益。他说过:"人民是我们的亲人,我们是人民的亲人。"因此他认为,学生也应该树立为人民服务的思想。

其次,陶行知同样强调培育学生的爱国之情,他说:"国家是大家的,爱国是个人的本分,我觉得凡是脚站在中国土地,嘴吃中国五谷,身穿中国衣服的,无论男女老少,都应当爱中国。"陶行知始终把教育活动与国家、人民的利益联系起来。他认为爱国的表现是多种的,对于学生来讲,努力学习,拥有强健的体魄,保持良好的道德品质同样也是爱国的表现。而陶行知的爱的教育的最终目标是博爱。陶行知一直认同并宣传"爱满天下"的教育思想并且将这一思想灵活地运用于教育实践活动中。

二、以良好的纪律意识为基础的法纪教育

陶行知在他创办的育才学校中,针对教育教学以及日常生活制定了一系列的规则条例,目的在于规范教师与学生的日常行为习惯。例如,师生应按照次序领饭,不得剩饭;教师与学生日常见面应互相问候以示礼貌,在图书馆学习应遵守相应的规章制度等。陶行知运用这些规章制度在无形中培养了教师与学生的纪律规范意识。

同时陶行知也告诫青少年应远离不良娱乐活动,多参与有利于身心健康的活动。在纪律教育上,陶行知重视自主自觉意识的培养。他认为,如果学生具有自主自觉的意识,自觉地按照标准去规范自己的日常行为,那么教育的成效将会大大提高。陶行知注重将法纪教育与日常生活实践活动相结合,通过集体自治的方法对学生进行法纪教育,使学生具备自我纪律意识,树立自觉遵守法律的观念,学会自主学习,做一名优秀的学生[41]。

三、以爱国主义为重点的政治教育

政治教育同样也是极其重要的。政治教育主要是帮助学生形成优秀的品德,树立崇高的信念,引导学生朝着正确的方向发展。他同时强调爱国主义的重要性,他认为爱国主义对一个民族来说至关重要,也对历史的发展起到巨大的推动作用,他说:"国家是大家的,爱国是个人的本分。"他通过具体的教育实践活动宣传其爱国主义思想,使越来越多的人为中国振兴、民族进步而不断努力。他兴办教育的目的是推动祖国的繁荣发展,其德育目标是培养一心为人民谋发展、谋利益,愿为祖国的繁荣而不断奋斗的人。他认为学校

既要培养敢于追求真理、具备实践能力的学生又要培养勇于反抗侵略的小战士。

陶行知也通过开展运动的方式宣扬其爱国主义思想。陶行知认为教育并不仅仅是教育，它与爱国运动是密不可分的。在北伐战争期间，陶行知组织晓庄师范学院的学生自发成立了医疗救护队，救护伤员。陶行知一直致力于对人民群众进行以爱国主义为核心的政治教育。当时在他的思想影响下，涌现了许多仁人志士，他们为人民幸福、民族振兴而奋斗终生。

四、以培养学生实践能力为任务的劳动教育

陶行知认为学生通过劳动可以培养自己的动手操作能力，提高自己的社会实践能力，同时也可形成勤劳勇敢的道德品质。因此陶行知积极开展多项劳动实践活动，让学生亲身去体验，以达到培养学生道德品质的目的。

他和晓庄师范学院的师生一起开垦校园、建造校园的基础设施、种植粮食蔬菜、种植花草等，共同为建造校园而努力。他针对学生提出了五项目标："农夫的身手、科学的头脑、改造社会的精神、健康的体魄、艺术的兴趣。"晓庄学校并且将劳动课作为重要课程之一，校园内设有田园和畜牧场，而校园外有农田和荒山供师生劳作。

而在其创办的另一所学校育才学校中，陶行知将培养学生正确的三观作为首要教育目标。而育才学校的修建同样也离不开师生的共同努力，师生共同在山上种植蔬菜、开垦荒园、修整校园旁道路等。陶行知通过劳动实践活动的方式培养学生的实践能力，让学生在实际劳动中学到了丰富的知识也养成了优秀的道德品质。

陶行知生活德育思想也充分体现了教育与生活是息息相关的。生活德育的内容与模式也不是固化的，而应是随着时代而不断变化发展。陶行知的生活德育思想既注重个人道德品质的养成，也重视树立个人的道德理想。通过向学生传授生活德育思想，不仅培养学生遵纪守法的意识而且训练学生的劳动技能，将学生培养成全面发展的人才。

第三节　陶行知生活教育理论德育思想的内在结构

陶行知生活教育理论有着丰富的伦理思想基础，生活教育理论的最终目的是过上一种智慧的生活，这种生活是知情意合一的生活，它拥有"在心""在行"两个维度的要求。其理论一方面批判吸收了中国传统伦理的合理内核，重视道德功夫的修养；另一方面，实

用主义方法论使得该理论与现实社会紧密联系，道德主体也在道德实践活动中生成"真人"这个理想人格。

一、陶行知生活教育理论德育思想的伦理预设

生活德育的首要任务是"促进自觉性之启发"。生活教育理论最终要让道德主体在社会伦理共同体中过上"好的生活""智慧的生活"，行为的出发点本着道德主体的良心，道德主体是社会伦理共同体的组成要素，尽管陶行知本人并没有对"什么是智慧的生活"做理论性阐述，但不难发现他所说的智慧的生活是过德性的生活，与亚里士多德的"智慧的生活"类似，我们要结合陶行知生活教育理论的具体措施来探究"智慧的生活"的伦理学内涵。

（一）自我与良心：基于道德心理学的行动起点

从自我认知的主体方面界定，自我指自己所知觉、感受与思想的个体，从自我被认知的客体方面界定，自我包含：自己所具有的实质的认定，如人的身体容貌、衣物等，还包括人在社会中扮演的角色的认定，包括在社会中获得的认可、名利等，还包括个人的价值体系的认定，如人所具有的思想、情感等方面的意识，概括来说，自我由生理我、伦理我、心理我三部分组成 [31]。海德格尔认为我们是根据已经生成的意义，在一系列现存的可能性中，规划着我们未来的存在。为什么生活教育理论非常重视"真人"的塑造，或者说自我意识的觉醒，因为从个体跨越到社会需要解决一个关键且不可逃避的问题，即自我和善的关系问题，个体总是根据自我是什么来理解自己现存的行为，在善以及确立与它的关系中调整自己，在其他自我中获得自我性质，对自我的意识也是关于自我成长和生成的意识，所以自我意识必然有时间的深度，这种连续性贯穿生命始终 [42]。

本文所指的自我也不是纯心理学意义上的自我，这里的自我是一个社会观念，是生成的，自我在其他自我中获得自我意识，这里的自我强调的是社会性、平等性、独一无二性，强调个体之间的差异。陈嘉映认为"自我"概念的产生是平民大众对过往时代的反抗，在现代平民化背景下才可能产生的一种目标。自我是一个平民的概念，陶行知生活教育实践第一个阶段就是平民教育阶段，自我的组成部分之一是物质自我，为了自我意识的觉醒，生活教育理论后期开始了"生利"的教育，为自我的形成搭建平台。

在儒家伦理视角下的自我概念带有纯真的本性、良心表现为自我意识，自我意识或者说良心与道德行为同在。阿伦特认为"良心"是一个不断跟自己进行精神性对话的"我"，且是道德判断的前提，塑造真人的第一步是唤醒自我意识，生活教育理论的目的在于通过引导帮助道德主体构建内在自我。孟子认为是非之心，人皆有之，王阳明认为良知即是非

之心，"是非之心，不待虑而知，不待学而能，是故谓之良知……吾心之本体，自然灵昭明觉者也"。在王阳明的观点中，心之本体的至善，是一种先天的价值预设，人的本性是自觉向善的，通过这一预设，确立了人的主体性，使行为者的道德主体性充分展现，从而确保了人在经验中通过格物之功来实现知致意诚的根本可能。经验的德行，既是先天德行的表达，也是至善心体自身之充分开显的途径，通过德性的实践活动，人们将心之本体与他全部的现实世界联结为一个整体，诚意功夫至精至到，便是天下万物一体之仁在主体本身的充分实现，主体生活的世界就是以本原实在之心为运行轴心的全部生活世界，也是体现其生存之意义与价值的世界。儒家伦理包含了心与行内外两个方面的维度要求，"德行"即"在心为德，施之为行"，是"内外结合"的。中国传统伦理体现了"在心为德"的维度，并用行为者道德心理的极致状态来表达道德人格的实现。

（二）先天到后天：生活教育理论中良心概念的转变

通过"教学做合一"的生活德育培养的道德主体以良心作为道德行为的出发点，生活教育理论的实质是结合现实生活进行道德教育，其理论的价值预设来自儒家伦理。孟子提出"仁义礼智，非由外铄我也，我固有之也"。四端之心是孟子"四德"的根源，"大人者，不失其赤子之心者也"，"心"不仅是德行的本源，而且通过"心"的活动"思"——与道德认知、道德判断相关的道德心理活动——可以获得道德人格"大人"的内在转化。"夫志，气之帅也；气，体之充也。"（《孟子·公孙丑上》），"志"是"心所念虑"，催发道德行为的生成，引导道德行动的方向，是意志活动；"气"是外在道德行为，是道德意志的表现，道德意志带有积极向上的道德属性，善良的道德意志引导行为活动，所以，"心"对"德行"有决定作用，"心"决定道德人格的实现。而陶行知充分肯定了良心对于道德行为的催生作用，积极培养前进的积极的道德意志，培养真善美、仁智勇、知情意合一的真人作为生活教育理论的伦理目标。

1. 先天道德

早期陶行知的生活教育理论（1918）还没超越王阳明思想的影响，在"天—人"二分的关系中，他认为人的内在本性是由天赋予的"善"，良心是人行为良好的基础。在行知观阶段，"天—人"关系转变为"人—生活世界"的关系，在天道和现实的生活世界之间是作为历史主体的"人"，随着道德实践活动的展开，人的良知良能的觉醒，生活世界会转向"智慧的""幸福的"。道德主体"伪"的原因是其良知良能被世俗中的"名利之见"所蒙蔽，此时的陶行知认为"破除名利之见""立真去伪"，做到"养浩然之气，善致良知"，德行是人本性的自然显现，通过教育人可以根据其本性中的"善"改造自己，使得现实世界变为"善"的理想世界[43]。

早期理论将自我意识建立在儒家伦理人性本善的基础上，但是在伦理秩序的构建上，将社会和个体作为道德教育的教育，忽视了家庭这一伦理实体，使得生活教育理论的伦理构建路径缺少了一个中间环节，这个将在下一节具体论述。

陶行知生活教育理论中的"诚"不仅是一种道德品性，"诚之者，择善而固执之者也，曰明，曰择，皆智育所有事，而皆所以致其诚也"，明即明智，择指行为选择，智育要做到明智的选择，智育的目的是使人达到"诚"。《中庸》认为诚是人的道德属性和道德境界，是沟通天人、连接物我的中点，诚是天道所赋予的，也是人类本性具备的道德品性，道德功夫的运转过程，是对天道的呈现，也是人性的实现过程，它表现为成己与成物两个方面，成己是内圣，成物则是外王。周敦颐的《通书》以诚为中心概念，作为天道的诚，一方面，是圣人表现出来的最高的境界；另一方面，诚也是一切价值判断的基础，将"天道"的方向作为最高的价值。陶行知（1918）将诚作为价值来源的根本，"以诚为训育之本，亦以诚为智育之本"，诚是生活教育理论的内在伦理要求，起到了沟通物我的桥梁作用。

2. 后天工夫

经过一系列教育实践活动，后期陶行知在生活教育理论中依然构建了一个"在心为德"的道德主体，但区别在于陶行知认为促使道德主体觉醒是通过道德实践，良知良能是后天培养生成的，向善、向恶取决于人的选择，从自我能得到什么好处提升到舍己的境界，不是返回个人的良心良知就可以达到的。"良知"学说是王阳明毕生学说的提炼与概括，在王阳明那里，良知就是心之本体，是个体获得其自身存在的终极本质，也是个体借以确立其全部主体世界的本质基础，所以，良知是存在本原、德性本原、价值本原、情感本原，因为存在与价值的本原性同一，存在的真实便成为事情"应然"的规定者，个体的德性实践才可能成为存在终极还原的现实途径。但在陶行知这里，人是生成的，通过生活，我们的判断力随着经验的增多而提升。在生活教育理论中，既可以看到传统儒家重视修身养性的一方面，也可以看到对于现实生活物质需要的真切关注，道德主体对于社会正义的道德体验将伴随着工学团活动的开展而逐渐丰富和完善，使得道德主体从内心呼唤有关社会正义制度建构，这便是生活教育理论的衍生成果。

在王阳明的心学体系中，"良能"展现给"是非之心"带来的道德认知和道德判断，良知良能是先天的，但是，陶行知的道德判断以是非作为判断行为的一种符号，道德判断的能力是通过道德实践积累发展的，不是一种与生俱来的良知良能，必须通过后天的工夫，不断将潜能变为现实。正是通过道德实践，自我意识都有觉醒的可能，每个个体都有成为真人的可能，与王阳明的"人皆可以为圣贤"殊途同归。道德情感是推动道德行为发生的隐性因素。在道德意志培养上，陶行知积极宣扬主体的自强、自治、自律，寄希望于主体自觉践行美德，充分肯定了诚意功夫至精，则天下万物一体之仁就在主体充分显现的观点[43]。

（三）德行明智：好的生活的伦理意蕴

1. 好的生活

好的生活与幸福的生活的要求是一致的，陶行知认为所谓幸福包含福、禄、寿、喜四个方面的含义，具体来讲就是健康有保障，丰衣足食，拥有经济能力，安居乐业，有自由。它至少包含了两个方面的内容：第一，实现人或者生活的价值、意义；第二，通过具体计虑谋划实现了特定目的，好的生活是这两者的统一。亚里士多德认为有三种生活：衣食住行等生理需求得到满足的享受性的生活，追求权力和社会荣誉的社会性需求得到满足的政治性生活，还有运用理性追求真理使精神需求得到满足的沉思性生活。沉思性的生活是亚里士多德追求的"智慧的生活"，有智慧的生活是最令人享受和值得过的。这三种生活可以同时进行，但在一般的观念中，"仓廪实而知礼节"，沉思的生活是在前两种生活得到满足之后才可获得，真正的好的生活是物质生活得到满足、在社会中得到公平对待、精神需求得到满足的生活。

2. 德行明智

"德行"既是康德所说的"合乎律令"的行动，也可以指客观活动、结果等符合社会伦理规范要求的行为。不论是"德"或者"德行"的概念，从儒家伦理的角度来说，它都包含了实践的特性。在甲骨文中的"德"的构字结构的是没有"心"这个部分，"德"被解释为"直"。"直"的最初意义是顺从祖先神与上帝神，直到西周时期，"德"出现了"心"的部分。从构字来看，"德"从心从直，本义是正见于心，秉承天命，端正心思。"德"一开始是贵族的特权，后来逐渐成为全体社会成员的普遍道德要求。许慎在《说文解字》中对"德"的解释是"外得于人，内得于己"，就是反省自我，端正心性，使个人内心具有善的品性，还要做到用内心正直的原则指导和约束自己行为，身体力行。"德行"概念在中国古代的概念与现代社会的定义是不同的，在先秦时期，"德行"同时具有美德与善行的含义。"仁义礼智信"被称为五行，"仁形于内，谓之德之行"，"不行于内，谓之行"，也就是说只有包含内在道德品质的行为才可以被称为德行，不包含道德品质的行为被称为

"行"，君子就是"形于内"又将形于内践行于外，做到内外一致的人，强调内心修养和身体力行的统一[44]。

"明智"就是在洞察事理的基础上，经过利益权衡而做出理智的行为选择的能力。关于明智，亚里士多德对这个概念进行了详细的阐释，他将德性分为道德德性和理智德性，德性是一种适度选择的品质，通过习惯或教导养成，道德德性就是值得称赞的道德品质，理智德性又可以分为理论理性和实践理性，智慧是理论理性的德性，明智是实践理性的德性。首先，明智是德性的现实存在方式，强调了明智是一种善的生活智慧；其次，明智还是好的谋划，强调了明智的工具性、实用性能力。所以，好的生活与明智正好是呼应的，一般情况下，好的生活，智慧的生活也就是明智的生活。

智慧的生活，一方面，指运用哲理性智慧去实践，思考什么是人的本质，什么是善等问题，对概念进行形而上学的思考，但民众较少关注这方面的智慧；另一方面，智慧的生活还是运用实用性智慧去生活，实用性智慧指工作学习生活中的学习能力，生活即教育，民众是通过日常生活学习感受、认知并接受社会价值，生活教育借助生活进行教育影响，通过教育、培养民众运用实用性智慧，引导民众关注哲理性智慧，使得作为道德主体的民众可以行为适度且明智，从而过上"好的生活"。

引导道德主体将具体操作与实际道德情景结合培养出灵活的道德能力使得德行明智，生活教育理论使道德主体关注实用性智慧在人们日常道德行为选择中的作用，它试图使道德主体产生"德行有用"的观念，这让道德主体拥有了主动学习的意识，使自身行为合乎道德律令，开始思考哲理性智慧。如果说此时的道德行为还是他律的，那么，经过一系列教育实践活动而产生的生活教育理论后期的认识论转变，则使得道德主体的道德行为获得了从他律走向自律的可能，最终过上知情意合一的生活。生活教育理论的经历了理想主义的构建，终于将其理论建筑在马克思主义唯物辩证法的基础之上，从生活出发进行道德教育，最终回归生活[44]。

二、陶行知生活教育理论德育思想的伦理层次

陶行知的生活教育的伦理框架搭建在中西文化土壤上，搭建在中国传统的儒家伦理形态之上，而杜威的思想则给生活教育理论带来方法论的指导，马克思的唯物辩证法思想使该理论成为解放人类的武器。陶行知道德教育的内核搭载在传统儒家修身齐家治国平天下展开路径上，但是在方法论上则突破了传统儒家伦理的范围。

（一）自我到群体：基于儒家伦理的道德教育层次

费孝通认为中国传统社会结构是一个差序格局，伦理的"伦"就是从自己推出去的和自己发生社会关系的那一群人里所发生的一轮轮波纹的差序，儒家伦理空间以自我为起点逐渐向外延展至家、国、天下，孙彩平认为伦理作为社会空间的构成要素，在次序意义上理解"伦"具体化为现实生活中不同层次的群体，即伦理实体，如家庭、社区、民族、国家等，自我是最小的"伦"，他们都包含着不同程度的共同的价值追求，生活于儒家伦理空间中的个体都有相对应的道德要求，如"良悌、信义、忠孝、仁爱"；儒家伦理的差序格局中最高级别为天下秩序，天地是伦理追求的最高实体，其次是国家，庙堂是伦理追求的实体，再次是家庭，最后为个体。现代化的进程冲击了传统的伦理秩序，瓦解了宗族这一伦理实体，没有具体的伦理实体为依托，伦理概念体系是无法化为真正的伦理生活的。

道德是抽象的一个概念，将道德付诸实践需要明辨本末、分清层次，才能易于实施。首先，身心的修养是由内而外的，内即内心，外就是外形或者说行为表现。从行为的结构来说，本为内，末为外，就身心的修养来说，成己为内，成物为外。心理学家认为人类的行为都是出自一定动机的，内在的心理活动就是产生行为的原因。德育的主旨就是启发理性，使人们都可以表现自律，提高道德修养的境界，当人们的道德修养还没有普遍成熟时，便需要借助法律、舆论等工具作为他律的工具，迫使人们接受道德规范；同时，利用教化的力量，不断地诱导，使人们从他律走向自律，真正的良好的行为内外是一致的，"诚于中，形于外"，所以生活教育理论的道德培育的第一层次重视内心的修养，然后表达于外，构成真实坦荡的品格。于生活教育理论而言，心灵有善恶的分别，必须通过修养，存善去恶，对于善的理性必须加以存养和充实，对于"恶"必须加以省察和克制，通过"省察、克制、充实"这些修养功夫，保持一颗纯洁的心灵，以纯洁之心为基础，向外表达，言谈举止都可以表现出良好的品德。

生活教育理论的道德培育第二个层次，从个体走向群体，每个个体都是社会中的个体，道德行为在人与人的接触中产生，道德行为的本身带有群体属性。当道德教育从自我跨越到外部的生活空间，从德育的立场来看，必须倡导容忍、谦让、互助、合作、平等美德以协商人际关系，同时不断提高人民的教育和文化水平，意识到个体与群体之间的利益是一致的，只有群体健全，个体的利益才有保障，只图个人私利而不护卫公德会危害到群体利益。由小我推演为大我，破除歧视和界限，走向大同社会。

生活教育理论的道德培育第三个层次，遵从"以人合天"，逐渐走向天人合一、万物同化的最高道德境。《中庸》开篇提道："天命之谓性，率性之谓道，修道之谓教。"这句话可以理解为：教育的任务在于道德修养，道德修养的重点在于坦白表达人群的理性，这个准则就在于顺从大自然的安排。随着人的认识的发展，"天人"的观点发展为两种观点，逆来顺受、听其自然的"听天由命"观和逆天行道、违反自然的"人定胜天"观，"天人"关系是道德修养的一项指标，上述两种观点都有所偏颇，不能一味委诸天命，也不可任由欲望无限地发展，破坏自然规律的横加掠夺资源，道德修养要"以人合天"，提高人类的认知水平，合乎自然规律，适度改造自然提升生活品质，走向"天人合一"。

（二）自爱到爱天下：生活教育理论的伦理空间层次

道德教育的展开需要通过伦理实体，个体、家庭、学校、社会组织、国家、世界都是伦理实体。每一层次的伦理实体都有对应的道德规范，不同层次的伦理实体，被个体按照普遍性与重要程度顺次排序，形成了道德追求的方向，也就是查尔斯·泰勒说的与善向相关的方向感。儒家伦理的伦理实体是自我到家庭到宗族到国家，最后到天下，近代以来宗族制度的消亡使得儒家伦理的中介伦理实体——宗族消失了。

陶行知的生活教育理论中的道德情感的四个层次分别是自爱、爱民、爱国、爱天下，生活教育理论以"自爱"作为道德情感推演的起点。生活教育理论的伦理空间起点是自我，查尔斯·泰勒认为自我的定义是对我是谁这个问题的回答，为了具有我们是谁的含义，我们必须有我们是怎样生成以及我们走向何方的概念，对自我的定义依据家谱、社会空间、社会地位、亲密关系、道德和精神的方向感，我们只有进入某种问题空间的范围内，我们才是自我，尽管充分表达自我不可能，但是只有在其他自我中才是自我，因而自我只能在某种公共空间中，通过自我和他人的交往经验，才能知道愤怒、爱、焦虑等是什么。儒家伦理是以血缘为纽带的，近代以来，传统的宗族没落，以前的伦理关系统统被瓦解，同时随着自然科学的兴起，生活的世界被分割为物质世界、科学研究的领域，以及精神世界，或者叫心灵的世界。近代以来有一种转向内心的趋势，自我的概念正是在这个背景之下产生的。尽管各个时代的中外哲学家都强调成为我们自己，但都不是将全体社会公民纳入的一个概念范畴，那个自我的对象是贵族、奴隶主、统治阶级，和现在的理解是不同的，苏格拉底的认识你自己，不是去发掘自己内心，而是为了认识理性、秩序，为了达到永恒价值，并不是本书所指的自我的概念[46]。

"感受性"是近代自我概念的一个核心的内容，自爱的基础是社会身份地位的平等，生活教育理论致力于平民运动，但是陶行知的平民化探索是初步的，面对文化素质普遍低下的局面，生活教育理论只能从普及知识开始，使学生和农民共同作息，自发形成对于大众的同情、关爱的道德情感。自我以感受性作为核心的内容，感情或者感受对于行动的产生有重要作用，感情是促成行为的一种冲动，行动的世界更多的是在为感情世界服务，当道德主体行动的时候，内心便会引起不同的感受性，道德教育使人为恶感到羞愧、自责、耻辱，这种不适的情感体验使得道德主体会尽力在下一次行动中避免这种感受。

陶行知生活教育理论中的伦理实体依次是自我、学校、国家、天下。生活教育理论中的学生所涉及的对象是全体国民，着重通过学校来改造社会，以乡村学校作为改造乡村社会的着力点。值得肯定的是陶行知将学校作为一个中介性质的伦理实体，学校是由陌生人组建的社会机构，介于个体与国家社会之间的一个中介实体，是从个体善跃至公共善的重要环节，学校的核心目标关切个体利益与群体利益；其次，师生、同学、校友关系是由陌生人构成的、相对稳定的、平等的伦理关系；最后，学生和学校之间的伦理规范是共生的，学校引导学生选择更高的价值追求，将国家、世界的相关问题纳入思考、行动范围之内，不断提升伦理格局，达到天人合一或者说博爱的境界。

三、陶行知生活教育理论德育思想的终极关怀

在陶行知的生活教育思想发展过程中，中国的历史环境和知识分子的认同危机导致寻求或创造个人和民族的新的身份认同的欲望强烈又紧密地交织在一起。陶行知作为五四运动的一员，与同时代的许多知识分子一样，成长在空前的民族和文化危机中，他们对中国传统文化与中国现实状况缺乏认同感，都希望为中国构建新的个人和民族身份认同。陶行知认为道德是在个人与他人之间定夺适宜之一点，生活教育致力打破学校和社会的隔离，注重在生活中引导学生处理个体之间、个体与社会之间的关系，引导学生亲自实践、经历和体验道德教育，道德实践成为学生的日常活动，是亲知者，学生就是道德主体，教育围绕道德展开。陶行知生活教育的培养目标是"真人"，具有仁智勇、真善美品质的民主社会的主人。

（一）陶行知生活教育理论的道德主体：真人

陶行知的生活教育理论的伦理目标要培养追求真理的真人，真人是自我意识的充分显现，是做到了知情意与仁智勇合一、可以运用道德理想调控行为的道德人。要建立一个真正的社会伦理共同体，真人是基础。面对当时内忧外患的具体国情，建立一个真正的民主社会还缺少符合条件的组成要素，面对农业大国的具体国情，道德主体文化程度偏低，政治参与素养不足，所以陶行知开展了平民教育实践、普及教育实践，等时机成熟后，提出了他的民主教育实践，在此基础上建立起来的重庆社会大学的前身是 1945 年重庆市民自发地组织和进行的市民讲座，被人民大众称为"民主的堡垒"。重庆社会大学是人民大众为自觉地解放自己，力求实现政治志向的一种表现和实践。

1. 真人的对象

亚里士多德说年轻人不适合学习伦理学，因其缺乏一定的道德经验，面对中国的具体情形，国家需要道德主体的觉醒，从被奴役被压迫的境遇中，生发出自我的意识解决实际的问题，要从培养儿童开始。另外，儿童不仅是被教育者，也是教育者，陶行知生活教育理论要培养的道德主体不仅包括成年人，还包括儿童，将儿童当作社会的小主人。少年时期的道德培养对人终生的道德影响作用颇多，儿童也可以成为教育者，要大力培养儿童的创造能力，打破成人看轻儿童的认知观点，正视儿童的地位，儿童是未来的主人翁，儿童是社会的小主人，为儿童的培养进行了一系列的教育实践活动。早期陶行知创办乡村幼稚园进行儿童普及教育，而后期育才学校则为有艺术或者科学或是有特殊才干的儿童提供充分学习的机会。

2. 真人的品质

真人首先是拥有"真善美"品质的人，结合陶行知的教育实践具体来说，是德智体美劳全方位发展的人，有坚强的意志，面对困难自强不息。道德教养是对个体进行判断的首要考量细则，追求真理，反对迷信和愚昧，拥有审美的能力，对艺术有鉴赏能力。其次，"真人"除了具有自强的属性之外，还有一个特性是行动性，真人以改造社会、改造农村为自己的分内之事，具有很强的奉献意识，他们拥有清晰的自我意识，拥有自我管理能力和参与社会治理的综合能力。最后，真人的特性是自立的，他们通过劳动参与生产活动，获得生活必需的物质资料，做到经济上的自立。

生活即教育对道德教育的意义是丰富的，这种教育根植于社会生活，并且服务于培养具有现代中国所需要的道德品质的人。首先，丰富的社会生活方式确定了教育的内容和方式，使人们更好地理解道德本质。其次，人们重建社会生活的努力有助于培养奉献和利他主义的性格，这是其他教育活动所不能做到的。正如陶行知所说："我们应该在行动中追求真知识。"这种真知识不可避免地包含了生活中的道德和创造力知识，最终唤醒道德主体的觉醒，成为自强、自立、自治的个体。

3. 真人的养成

陶行知认为人不仅在走向未来中发展自己，而且是现实生活的驾驭者和主体。陶行知并没有为道德主体设定一个先验的存在于人内心的、不受时空限制的、适用于一切社会背景的道德原则，陶行知要求做"真人"，追求真理做真人，从道德认知开始即是"诚实无欺"的，生活中遇到各种各样的具体的道德情景，道德主体一次次地去处理，从而得到经验。陶行知将人的行为发展分成四个阶段：第一阶段是本能阶段；第二阶段是本能冲动受社会环境的奖惩而改变；第三阶段，自身行为取决于对社会褒贬的预期；第四阶段，道德理想调控行动，人们随自己想法行事但不会超越社会道德规范。从第三阶段向到道德发展的最高阶段提升，陶行知提出了他的伦理目标真人。个人与社会并不是对立的概念，陶行知抓住了人的发展阶段，把人视为一种有发展的潜能的存在，人在行动中遇到困难，由困难产生疑问，由疑问而产生假说，由假说寻求试验，由试验而产生断定，由断定再开始行动，人的发展与陶行知本人在认识论上的转变相结合，建立了在"个人"和"社会"的框架下的与现实"生活"进行斗争而改造"生活"本身的过程中，变革自己和"社会"的主体，将"个人"视为在于"社会"的关系中确立而解放自己、创造新的价值的主体[46]。

陶行知的生活教育理论致力于打破学校与社会之间的隔离，"社会即学校"是将学生纳入广大的社会中，直面生活的难题，并在解决问题中获得进步，将个体与社会紧紧结合起来，通过集体教育，塑造真人自立、自强、自治的品格，促使道德主体的自我觉醒，最终实现人的自由和解放。陶行知生活教育理论的道德教育目标是"真人"，是他的教育理论核心。

（二）陶行知生活教育理论的理想社会：伦理共同体

社会伦理学本身是一门关于生活实践的学问，是对实践的研究，对道德行为的研究，是为了获得自由、正义。日常生活中的道德冲突从本质上说是价值观、利益的冲突，正是出于这个原因，规范伦理学提倡的实践品格包含着巨大的生命力，在建立了基本正义的社会交往关系的基础上，才有可能建立起一个善的生活世界。研究个体道德必然会通过个人的具体的生活世界而指向社会伦理。陶行知在阐述了道德主体的理想人格"真人"之后，接着阐述了其伦理共同体的理想。

1. 伦理共同体的属性

陶行知想要通过教育建立一个伦理共同体，社会的善是个人自我价值的、目的取向的一个因素，在不同个体追求共同理想的过程中生成一个理想社会，社会的善是生成的，而这个社会也成为个体的基本要素。由"人中人"来构建一个伦理共同体社会，此共同体个体善、共同体善、生活善统一，内在善第一、生活善第一、共同体善第一。陶行知的生活教育理论积极发扬个人的自主性，宣扬个人的自由权利，更重要的是，他在历史的视野中强调生活教育的社会性，强调个体的被塑性，这种伦理共同体是个体自己的共同体，在这个伦理共同体中追求德育和智育的统一、自我价值和社会价值的统一。

早在《共和精义》中，陶行知就认识到了人民与社会之间的关系，人民愚劣，社会便不可能兴旺发达，全面发展自身是个人要对社会的发展理应承担的责任。对道德主体真人的初步设定：第一，强调个人价值，国民无论贫富贵贱，都有各自的价值。第二，唤醒个体责任，个人的价值。个体在社会中有不同的分工，个体应做到共同策划、共同行动，共同治理承担责任，寻求共同体的进步。第三，创造个体平等拥有机会的环境，反对种种妨碍个人承担其作为国民的职责的阻碍或强暴压制，使之"各尽其能"。这表明他已经试图以社会为基点，将个人与社会两个方面结合起来，是社会伦理共同体思想的雏形。

2. 在伦理共同体中走向自律

在育才学校时期，他提出"道德是做人的根本"，一个人若是没有道德，那便不能称他为一个真人，没有道德的人不会是一个合格的社会共同体成员，在个人与社会的关系上，他认为人与人之间要互帮互助，作为共同体的成员要有为他人思考的意识，任何一个人都必定生活在社会中，并且不能自由地选择自己所在的社会，因为个人无法摆脱社会历史关系和限制。陶行知将道德分成"公德"与"私德"，"私德为立身之本，公德为服务社会、国家之本"。道德修养时刻都发生在生活中，集体是否具有凝聚力、是否能得到长足的发展就在于集体的成员对待公德的方式。若集体中的每一个人都为着集体，将集体利益放在首位，那么这个集体才会兴盛。私德不讲究，就是违背道德；私德是公德的基础，最重要的私德是"廉洁"，一个人爱不爱国就看他对待共有财产的态度。个体需要社会，个体的情感归属和存在认同只有在社会中才能得以实现，陶行知理想的社会是独立、自由、平等、进步、幸福的民主社会，具体要求可以归纳为：首先，民为贵，天下为公；其次，个体要做到虚心学习；再次，社会氛围上，个体之间不论职业身份拥有平等交流的机会；最后，依据民主原则共同创造。他希望构建的伦理共同体是建立在道德主体的依托之上的，重视个体的美德与责任，这也是他将个体的道德放在基础地位的原因。

生活中经历的道德实践为道德主体提供了觉醒的条件，可以看到，生活教育理论要培养的是创造的人，他的培养的过程也体现了道德主体自我能动的养成，在生活中面对的是欲望、利益、权利、责任、义务、思想观念与情感的直接交锋，经历这样的道德实践的道德主体是历史的、现实的。在唤醒道德主体觉醒的基础上，陶行知的生活教育理论努力构建这样的一种社会，在这个社会中，德行不仅是高尚美好的，也是有用的，它有利于道德主体之间的平等和利益分配的公正，以个体善和社会正义为内核，这样的一个环境提供了公民德行生长的良好环境，从而可以过渡到一种基于道德主体内在自觉的，秩序井然又自由解放的日常生活秩序。

第四节　陶行知生活教育理论与"学生自治"思想的历史逻辑

　　生活教育因瑞士著名教育家培斯泰洛奇的提倡而被世人所知。培斯泰洛奇认为教育应促进人全面、和谐发展。19世纪末，杜威继承发展了这个学说，提出"学校即社会，教育即生活"。陶行知在考察当时国情的基础上，改造了杜威的观点，提出生活教育理论。生活教育理论是致力于德智体美劳全面发展的教育理论，德育思想是生活教育理论的重要组成部分，生活教育理论与其德育思想是随着陶行知教育实践活动的开展不断更新的，在不同的阶段，生活教育理论的内涵存在一定差异，其主要内容有继承也有扬弃，如上节所述，本节阐述的是辩证唯物主义的"行知行"观下的生活教育理论的德育思想。

　　1917年陶行知从美国归国后便致力于将杜威的教育学引入南京师范大学，然而进步的教学法和学校内部社会缩影的构思无法解决中国的问题，"教育即生活"教育的目的在教育的过程中，主张抓住一个个具体的行动，达到具体的目标，注重当前社会而不是未来生活的实际需要，没有方向性和进步性；"学校即社会"让学生了解到的是社会环境缩影，依然没有将社会现实与学校联系起来。结合中国的实际背景，陶行知投身于大众教育运动中，让教育走出学校以社会为基础，陶行知的"教学做合一"思想焕然一新，为了实现"教学做合一"，陶行知用"生活即教育""社会即学校"代替杜威的"教育即生活""学校即社会"。

一、生活教育理论中"生活"概念的历史衍化

　　"生活"是陶行知生活教育理论的基本范畴，也是理论的逻辑起点，"生活主义包含万状，凡人生一切所需皆属之。其范围之广，实与教育等"。陶行知的"生活"概念具有特定的含义，主要概括为两点：一是指生物的生存和发展活动；二是指构成社会历史主体的人类的全部实践活动。"生活"是个体行为的结果，是客体；但同时，从个体实践的角度来说，生活永远在变动，从潜在变成现实再成为过往，成为经验与记忆。这个"生活"概念，一方面，既包含生物的生长，顺应自然规律的活动；另一方面，又包含人类的各种能动的实践活动，如物质实践、精神活动、科研活动、教育活动等[47]。

　　陶行知的"生活"概念是从杜威那里借鉴而来的，但是两者又有本质的不同。杜威认为"生活就是通过对环境的行动的自我更新过程"，杜威的"生活"指生物有机体为适应环境而做出的接受刺激做出反应的过程，是个体被动面对环境刺激、现实的行为，是对现实生活的温和改良。陶行知给"生活"赋予了新的内涵，着重指出了生活的实践含义，"所

谓'做'是包含广泛意味的生活实践的意思"。是指社会的、积极的、能动的实践，是创造健康的、劳动的、科学的、艺术的、社会的生活，也是争取民主自由平等的生活。通过实践可以"生利"，而"利"在人们之间被分享就成为"美德"或"善"，人们努力改革现实社会以更加靠近理想中的社会。陶行知的"生活"和"社会"的概念是人们认识到"善"或"仁"的一种实践，是面向美好未来的改造。

在马克思主义哲学的影响下，生活教育理论成为改造社会的利器。"人们为了能够'创造历史'，必须能够生活。但是为了生活，首先就需要吃喝住穿以及其他一些东西。因此第一个历史活动就是生产满足这些需要的资料，即生产物质生活本身。"生产"吃喝住穿"所需的物质资料即生产物质生活本身，马克思主义哲学的第一重意蕴是现实的生活，人类的认知是无限循环上升的过程，而实践是认知的来源和动力，在此基础上，生活的历史也是生活的再创造。生活教育理论中面向生活，其生活概念不单指生物的生长，更加侧重人类的全部实践活动，将生产、生活、教育紧紧结合，更加突出生活的"创造"内涵，教学做合一即是说：实践的过程就是生活的过程，同样也是接受生活改造的过程，他们的生活都包含了物质生产的方面。其次，"生产生活就是类生活。这是产生生命的活动。一个种的全部特性、种的类特性就在于生活活动的性质，而人的类特性恰恰就是自由的有意识的活动"。马克思认为人的生活特质是有意识的生产自身生命的活动，生活教育理论要唤醒人的自我意识、创造大同世界，这两种理论都是在生产物质资料的基础上，一个是通过社会革命，一个是通过教育，通过两种不同形式的实践去唤醒自我意识，最终获得大众的解放，最终实现培养"真人"德育的目标。道德教育蕴藏在生活过程中，充满了革命性与力量，"生活"的概念不仅指生产实践，更包含人类的创造性、革命性、道德性的活动。

二、生活教育理论中"教育"概念的历史衍化

"教育"的概念与"生活"的概念密切联系，"教育必须是生活的，一切教育必须通过生活才有效"。陶行知的"教育"大致有两层含义：一是培养人的活动，教人做好人，做好国民，引人向上向前生活；二教育就是力的表现或变化，教育使民众自己从"心里"发出一种力量来团结，通过教育培养人民的集体意识，解决民族危机。陶行知认为当时中国危机四伏的原因之一是山穷水尽的传统教育，读书与生活脱节，教育要让人做到用脑指挥手，手来变化脑，改造社会生活，最终实现民族解放、大众解放和人类解放，带有明显的实用主义色彩。

陶行知的"教育"概念也借鉴了杜威的观点，在"行知"观阶段，陶行知还没有超越杜威的影响，随着对"生活"概念的逐渐深入，陶行知的教育概念发生了改变，形成了自己的风格。杜威认为"教育并不是生活的准备，教育就是生活"。"教育是经验的改造或改组，教育要成为儿童的生活经验的一部分"。另外，受教育的个人是社会的个人，而社会

是个人的有机结合，个体须明白教育不仅影响他本人也会作用于他所在的社会群体，教育要产生形成更多的共同利益的趋势，否则，社会将被分割成具有明显标记的不同阶级，削弱了社会中的相互交流。从"行知"观阶段往后，陶行知逐渐意识到杜威理论的不足，改造了杜威的"教育"范畴，将教育与人类的生活实践，尤其是工人农民的生活、生产劳动结合起来，"教育是教人发明工具，制造工具，运用工具"。将教育视为社会改造和民族、大众、人类解放的重要工具，具有鲜明的革命性。

三、从生活教育到生活德育

陶行知认为有生活就有教育，生活教育的含义要从三个层面解释：第一个层面，生活教育是生活所原有的，是构建在已经存在的社会制度之上的，真正的生活教育是以好的社会制度为基础。当时有人对陶行知的观点质疑，认为教育获得成效是建立在好的社会制度之上的，那么似乎生活教育构成了一种循环，在不完善的社会制度里面提倡生活教育是不可能的。陶行知（1939）从解释"生活"的概念入手回应这种循环论的质疑，他认为以上的看法是机械的、静态的，"生活"既是过往事件造成的现实的存在，从个体实践的角度来说，生活又是永远在变动在生成的未来，生活教育在实践中提出新的问题，做出新的行动，积累经验，向着更好的生活前进。生活教育的第二个层面内容是生活教育是生活所自营的，通过生活影响生活教育，陶行知的"生活"概念属于"应然"的价值层面，也就是更倾向好的、积极的生活，教育意味着对生活经验的积极改造，用好的生活改造坏的生活，用前进的生活改造落后的生活，从这一层面说，生活教育的实践培养良好的思维品质与行动意识。生活教育的第三个层面是生活教育是生活必需的教育，具体而言，从生活教育的特质来说，生活教育是有历史联系的，要将历史的教训和个人或者集团的生活联系起来，吸收通过现实生活的"过滤"的历史教训。另外，生活教育面向现实生活，有它担负的历史使命，即教育大众联合起来解决困难，争取大众的解放；从生活教育的终极关怀来说，大众的生活是平等的、民主的，个体自由发展，他也是存在于民众之中的"人中人"；就社会而言，通过生活教育构建机会平等的民主社会，消除阶层隔阂，在集体生活中实现充满"爱""善"与"仁"的伦理共同体，这个理想的实现需要通过生活教育的指导，因此，生活教育是生活必需的。

生活教育的概念包含三层含义：第一层从本体论的角度解说生活决定教育，通过生活进行教育，教育的过程是随着生活的变化动态构建的。第二层内包含了从潜能向现实的转化，即蒙昧无知到明智状态，从明智的思维状态到善的道德行为的转变，是道德主体不断觉醒的过程，最高的价值追求是人民幸福。生活教育的第三层是目的论层面，晚年陶行知对生活教育的目的做了归纳：提高生活水平，启发警觉性，培养创造力，教育不是让人成为书呆子，而要能让人过上好的生活；教育要唤醒人的主体性，能保护自己正当的利益，成为独立的公民，做国家的主人。教育是为了生活，而不是生活为了教育，现实的生活包含消极、丑陋的方面也有积极、美好的方面，生活中的教育直面现实，引导追求幸福生活，它指向了确定的个人和社会目标，培养真人以及形成一个伦理共同体社会，因此可以说，生活教育就是生活德育[48]。

第五节 陶行知生活教育理论与"学生自治"思想的理论逻辑

陶行知批判继承杜威的思想，结合其亲身体验，形成了生活教育理论。生活教育理论的核心原则可以归纳为三点：生活即教育，社会即学校，教学做合一。生活即教育是生活教育理论的主体，社会即学校是生活教育的场所，教学做合一是生活德育的方法。

一、生活即教育

生活即教育是生活教育思想的主体，生活无时不变就包含了生活无时不含有教育的意义，处处是生活，处处是教育，生活和教育经历着同一过程。主要包含三层基本含义：

（一）生活决定教育

陶行知明确表示"过什么生活，便是受什么教育。过好的生活，便是受好的教育；过坏的生活，便是受坏的教育；过有目的的生活，便是受有目的的教育"。因此，生活的性质和内容决定了教育的性质和内容，将生活与教育紧紧联系在一起，不同时期有不同表现，要过读书识字的生活便有了平民教育，要过科学的生活便有了普及教育，要过民主的生活便有了民主教育，要过上道德生活便需要道德教育，实践的需要就是教育的方向。

（二）教育改造生活

教育对生活产生各种影响，教育为生活服务，给生活带来积极影响提升生活质量。生活决定教育，但是教育不是消极地适应生活，教育具有改造的意义，教育给民众传授各种知识、科学的方法。关于农事的教育可以带来物质生活的满足，道德教育可以带来思想水平的提高，科学教育使人拥有科学的生活，关于美的教育使人过上审美的生活，道德教育为道德的生活铺垫。教育和生活不是同步发展的，教育会在更高的水平上指导生活，人民大众接受先进的教育，向着幸福的水平前进，只有为着生活向前向上而进行的教育才算得上是促进生活的教育。

（三）教育和生活是同一过程

主体有生命，便有生活，不同的生命状态呈现不同的生活方式，有生活就有教育，在这一层面上说，将教育与生活紧密联系起来，生活和教育是同一过程，克服了教育与大众脱离，与社会实际脱离的弊病，使得教育的概念嵌入生活概念之中。

在生活教育理论中，生活与教育是一个现象的两个名称，生活与教育经历同一过程，教育不能脱离生活，生活也不能脱离教育，但是"未必是生活，即未必是教育"的说法有些夸大生活和教育之间的相同点，而忽略了两者之间的特质。若要真正践行"生活即教育"的理念，就要保持活到老学到老的态度，有生活就要有教育，正是如此，陶行知提出了终身教学的观念。

二、社会即学校

早期陶行知接受了杜威的"学校即社会"思想，但是经过一段时间后发现是行不通的，针对传统教育和洋化教育的弊端，从推广平民教育的目的出发，提出了更加符合中国实际的"社会即学校"的思想。主要包含三层含义：

（一）社会是接受道德教育的场所

根据"生活即教育"进一步提出："到处都是生活，即到处都是学校；整个的社会是生活的场所，亦即教育之场所。"生活教育借助学校教育，将家庭教育和社会教育结合起来，社会具有学校的意义。陶行知认为传统教育的最大弊病是脱离社会生活实际，不论是老八股还是照搬西方模式建立起来的学校，都是将学生与社会生活隔离起来的，与人民大众的生活实际无关，仅仅服务于少爷、小姐、政客等的特殊学校，是小众教育，社会即学校就是主张将学校与乡村、城市、国家、世界、宇宙相联系，与人民大众的实际生活联系，将小众教育变为大众教育。陶行知为了普及教育创建了"小先生制"，让"儿童"成为知识的传播者，即知即传，打破了没有教育场地的限制。

（二）学校是社会改造的中心

学校要了解社会需求，与社会生活紧密结合，为社会改造和发展服务。陶行知建立了很多新型学校，如晓庄师范、工学团、育才学校、社会大学等，在这些学校中，学校与社会生活建立了密切的联系。陶行知坚信学校应该是社会改造的中心，他非常重视学校的社会功能，学校要吸收社会力量谋求进步，学校不是学术的象牙塔，它面对社会生活中真实的需求与难题，社会要吸收学校的力量意图改造，没有理论指导的行动是盲目的行动，社会改造过程中要借助学校提供丰富的理论支持，学校与社会双向互动，相辅相成。

（三）学校与社会相互促进

从学校和社会关系说，社会与学校是相互影响、共同进步的，通过社会的力量，使学校进步，不能动用社会力量的教育是无能的教育。社会要吸收学校的力量意图改造，没有理论指导的行动是盲目的行动，社会改造过程中要借助学校提供丰富的理论支持，学校与社会双向互动，相辅相成。动员学校的力量，学校成为民主的温床，学校培养的人才是建设社会的主力，帮助社会进步，将丰富多彩的社会生活与学校教育连通，把社会当作学校，运用社会力量解决社会需求，教育不再是单向灌输知识，可以"起而行"，在道德实践中获得道德能力，教育培养的不是书呆子，而是实干家。

三、教学做合一

教学做合一是在陶行知批判传统教育、不断进行教育改革的过程中形成的，教学做合一是生活法也是教育法。教与学都以"做"为中心，使得生活教育理论呈现出以行动为导向的特质[48]：

（一）在劳力上劳心

陶行知认为，传统教育下读书人只"劳心"，没有实际用处，不能进行物质生产活动，普通的百姓只关注技艺活动，对知识不感兴趣，以致故步自封，以致不能自保其利益。"教学做合一是建设在二元哲学的二亲原则上的"，人们生活的环境有两重属性，一类是自然的，一类是社会的，为了应付两重环境，真切地得到知识，要做到"亲事"与"亲物"，"做"就是两者之间的桥梁。陶行知对"做"下的定义是在劳力上劳心，也就是将行动和思想结合在一起才能取得真知，同时包含思想与行动一致的道德要求，一边行动，一边思考，使得自身德行一致。陶行知的教育哲学认知论是建立在"实践第一"的理论上的，离开了"做"获得的知识是"伪知识"，通过教学做合一培养能灵活进行道德判断，有行动能力、有创造力、有道德的新人。

（二）有教先学和有教有学

有教先学就是教人者自己先将知识理解透彻，教人者要有为教而学的意识，努力将知识理解透彻，扩充自己的知识储备，而不是将过时的、陈旧的知识当成唯一的教学内容。有教有学指"即知即传"，会者教人学，能者教人做。陶行知认为传统教育机械灌输知识、手脑分离，学生没有积极性，教师是整个教学过程的主体，学生成为教学过程的附属品，学习就是在课堂中接受知识的灌输。"教学做合一"强调教育以社会实际生活中的需要作为"做"的内容，将教学的过程与实际操作过程相结合，获得"亲知"。加强劳动与教育、理论与实际的联系，培养学生手脑并用，促进德智体美劳全面发展。

第六节　陶行知生活教育理论与"学生自治"思想的实践逻辑

在道德最宽泛的意义上来说，道德即教育，生活教育的过程是不断前进、积极的生活改造落后、退步的生活。陶行知本人将教育定义为解放人类的武器，生活教育的过程就是道德主体从道德的潜在状态过渡到德行的显现状态的过程，所以，生活教育的过程和道德的过程是一致的。在这个意义上，生活教育理论中的"行知精神"，这里的"行"与"知"，不单是教学、科学实践和科学知识，而是以道德行为和道德知识为基调的行为与知识。

一、生活教育理论德育思想的实践性

在陶行知的生活教育理论中，生活是变动的，人是塑造生成的，道德不再被视为一种先在的绝对的永恒的真理性准则，道德是在个人与他人之间获得一种平衡，是权衡为人为己两个方面，道德是人格长城的基础。

首先，道德作为社会交往的宽松地带，立足于生活实践，所以道德判断也要因人事、时势而变动，强调与时俱进的时代性。通过教育实践活动，陶行知逐渐认识到良知良能不是先天的，从道德行为和道德认知的培养来讲，道德判断是在日常生活中发展而来的一种能力，道德的内在价值精神和规范要求是否合理要在日常生活中检验，道德判断是通过后天经历获得的能力。一种充满生命力的道德价值精神和规范要求，必然可以普遍提升民众的精神面貌，改善人的生活品质，更加接近智慧的生活。

其次，陶行知的道德观站在大众立场上，强调为人民服务的人民性，一切为了人民。陶行知认为大众道德有三：觉悟、联合、争取解放。通过教育要将此三种行动都成为道德主体责任范围的事，将个体的道德责任与现实生活结合起来。道德经验越多，关于道德判断能力便越强，在不同境遇中体验不同的道德情感，其层次也越多元，道德意志向善的意愿更强，道德意志力越坚毅，不仅关注他人的利益是否适宜，还会关注到他人的情感体验，在集体生活中培养个体的道德认知和道德行为的过程，也是培养道德情感和同理心的过程，道德行为更加适宜，这正是生活教育理论中道德概念的实践性。

后期陶行知（1943）追求知情意合一、创造的教育，要培养真善美、仁智勇合一的真人，知情意合一指知识、情感、意志合一的教育，注重知识的系统性，强调知识教育与情感教育并不是对立的。知识可以粗略地分为道德知识、艺术知识和科学知识，情感教育主要培养追求真理的感情，他认为知识的教育要引起学生对社会的兴趣和行动的意志，情感教育的目的是引导学生对真理的热爱之情，便也是知识教育，努力奉行这种情感便是意志教育，意志教育要培养出合于社会和历史发展的意志，生活教育要办知情意、真善美合一的教育，将陶行知的生活教育理论从道德认知模式、道德情感推演、道德意志培养、道德行为养成四个方面批判性整理，为如今的教育寻找一种更合理有效的道德教育逻辑。

二、生活教育理论德育思想的实践演变

陶行知在扬弃中继承杜威的教育思想：第一继承了教育的革新精神。第二表现在教育改造社会的功能上，针对当时中国落后的条件与环境，陶行知将杜威的"教育即生活，学校就是社会"改造为"生活即教育，社会即学校"。第三是教育的方法路径，杜威认为教育过程要以学生为中心，强调"做中学"，这个教育原则启发了陶行知，形成了他教学做合一的教育思想。

（一）以智启蒙

生活教育理论的第一层指让教育回归生活中，在生活中获得经验的积累。观念来自生活，是对生活的理解和体悟，所以观念一开始是一种亲身经历，知识是亲知的观念，但是知识和观念都可以脱离人的生活经历，成为间接经验。陶行知的"伪知识"指的便是那类"好听而正确"、将思维和行动僵化联系起来的知识。《墨辩》提到有三种知识，分别是亲知、闻知、说知，陶行知认为在传统教育制度的背景下，亲知几乎是被忽略的，行是知之始，亲知是一切知识的根本，是直接从实践活动中获得的；闻知是通过间接的方式，如阅读、口授而得到的知识；说知是推演出来的知识。由于缺乏相应经历，没有道德情感参与其中，伪知识和人的内心几乎没有联系，成为被动接受的、麻木的同意。让生活者与生活起摩擦，让各种事、物、人交流，在劳力上劳心，生活者能意识到问题，提出问题，从而解决问题，这就是真知识、真观念的生成路径。陶行知并不是否定间接经验的作用，只是面对教育与社会脱节的局面，着重唤起人们对于道德体验、道德行动的重视。

陶行知师承杜威，非常重视实用主义的"思考方法"，认为培养公民理性的重要环节是科学的思考。陶行知改造了杜威的五步思维法，提出"行动，困难、疑问、假设、试验、行动"的思考六步骤。世界上的认知对象数量不计其数，在他看来，行动产生困难，在走不通的道路中呈现的困难才是活生生的困难，这也是最迫切需要认知的，这里就行

动所在的真实语境形成了思考的开端，生活中的实际道德情景构成了我们认知的对象。陶行知在道德实践过程中具有强烈的问题意识，他的道德实践活动针对实际国情，发展了"格物致知"的含义，在具体措施方面，实施"小先生制"，将知识即知即传人，不再做守知奴，教师要教学生教人。以及后来通过的"传递先生"传递知识，从而将大众从迷信和蒙昧的状态下摆脱出来，谋求主体大众化，前期以开展普及教育，唤醒民众主体意识为主。

陶行知主张通过教育实现温和的改良，但是温和的改良要把握适宜的程度。陶行知（1913）认为"趑趄其行，应前不前"。也就是"因循"背离了中庸之道，危害非常大，对个人而言，导致民心不振，对政府而言，导致国力衰退，人若自爱便不能"因循"，若是爱国，也不能"因循"，因为"因循"会带来失去时机、增长惰怠之情、损毁名誉、引导他人因循、妨害他人进步的后果。在分析了"因循"的原因与结果之后，陶行知提出如果想要远离因循，便要做到专注于自身的全面发展和去除畏惧、懒惰、自满、自私、沉溺享受的惰怠之情。早期陶行知意识到个体与社会之间的联系，但更注重的是个体美德修养对他人、对社会的单向的付出，抛开社会积贫积弱与内忧外患的背景，将国家振兴的希望寄托于个体的努力，去除"畏、惰、自满、自私、安逸享受"，此时陶行知是一个理想主义者，还没有找到道德行为养成的路径。

（二）以义统利

在"工学团"时期（1934），个体逐渐意识到"生活"，成员"个人自主相互结合起来，也预期由于"生活"和"生活"相互进行摩擦而实现不断改进，并且在这种"集团"里"个人"把劳动和生产视为自我之物，自己保障自己发展；同时，在与他人的关系中认识到自己对他人的认识，也通过他人认识到自己的本质；最后，按照这个本质将自己与他人的关系重组为一个新的、可以表现自己本质的关系，主体个人的本质变为群体共有的本质，"千万不要空谈教育，千万不要空谈生活"，这个新的关系结构表现为"利"。这个"利"被群体共同检验和占有，只谈道德不谈利益的社会将是道德败坏的社会，考虑社会成员的个人利益的社会尽管不一定是道德的，但却是公平的，这与陶行知在承认个人正当欲望的前提下"奉公"的观念依然吻合。在确保自身正当利益不会被无故占有的前提下，人们会获得一种心理上的安全感，如果说德行有用是从他律的角度推动道德行为的发生，那么以"利"连接的社会伦理共同体则推动了道德主体从他律走向自律。

三、生活教育理论德育的条件性与必要性

当时的社会不具备实现该理论的伦理理想的道德主体条件和社会环境条件，在集体生

活的教育中培养学生的知情意,只能让道德行为获得他律的力量。创设道德自律的环境需要社会环境的支持,在伦理共同体中,对于共同价值的追求使得道德主体获得了自律的可能。在现代社会已经出现了区别于经济组织和政府组织行为的,以社会整体利益为基础,以社会和谐伦理的构筑为目标,具有行为意识的特定性、行为方式的团体性、行为过程的组织性和行为效应的显著性的社会组织道德行为,这构成了自律机制发生作用的背景。集体的重要性不言而喻,当今学校教育虽然呈现了集体教育的形式,但是往往忽视集体的精神价值的培养,科学知识的学习并不能真正带来有凝聚力的集体,集体的养成需要道德教育,而陶行知的生活教育理论为如何形成一个真正的集体、从道德他律走向道德自律提供了一套思路。如何将知识教育、意志教育、情感教育结合起来也是当今学校教育研究的一个重要课题。

在生活教育理论中,陶行知没有专门论述道德教育,不是因为轻视道德教育,生活教育中的一切都或多或少和道德有直接和间接的关系,陶行知认为教育的最终目的在于主体的自我觉醒,也就是塑造真人,生活教育理论的一切措施都是朝着这个目标前进的,道德教育是生活教育的内在要求。陶行知提倡的生活教育在本质上就是一种道德教育,道德的目的普遍地存在于生活教育中,生活教育理论和生活教育理论的德育思想是一体的。

第四章 陶行知"学生自治"思想与新课程改革

第一节 陶行知"学生自治"思想是当代课程改革的教育理念

生活教育理论是陶行知一生智慧的结晶，是其教育思想的核心部分，它是陶行知在改造中国教育的实践中，并在批判吸收中外教育理论的基础上提出来的。它由"生活即教育""社会即学校""教学做合一"三个基本原理共同构成了其理论体系。陶行知的生活教育理论不仅是当时特定历史条件下的一套新型的、进步的、科学的教育理论，成为改革脱离生活、脱离大众的旧教育，探索具有中国特色教育制度的理论体系和行动指南，发挥了不可磨灭的重要作用，而且它也符合当前中国教育改革和世界教育潮流的发展趋势，具有旺盛的生命力，能给我们许多启示、借鉴。

目前，我国及世界范围内都在积极探索课程改革的新路子，我国出台了《课程改革纲要》，新课程已经在各实验区全面推开。我们在学习新课程的同时，不难发现陶行知的生活教育理论与当前新课程改革中所提倡的教育理念有着相通的地方，这有利于我们构建新课程的教育理念[49]。

本次课程改革的主题是为了每一个学生的发展，要确立以人为本的教学理念，使课程的功能从单纯的注重传授知识转变为体现引导学生学会学习、学会生存、学会做人，在注重知识技能传授的同时更重视学习过程和方法、情感态度和价值观的培养，要为学生的终身发展打下基础。在这一点上，陶行知先生是有远见卓识的，他始终坚持以人为本的思想，从培养适应时代需要的"现代人"这个高度来审视、构建培养目标。所谓"现代人"，陶行知先生认为是"创造自己、创造新中国、创造新世界"的开创型人才，他主张从现代社会生活出发，通过普遍的"生活即教育"去培养"现代人"致力于构建多层次、多形式、开放型的现代大教育体系，促进学生和谐、持续的发展，促进学生学会学习、学会生存。这个"生活"，指的是社会实践，强调了教育与生活的密切联系，在生活中进行教育，在教育中促进人和社会的发展，这种以发展为宗旨的教育理念正是新课程所倡导的。在生活教育理论中，陶行知先生指出"生活教育，与生同来，与生同去，出世便是破蒙，进棺材才算毕业"，他把终身教育作为一种教育追求。陶行知的这种教育理念，无疑会给我们当前的课程改革以启示、借鉴。

培养学生的创新意识和实践能力，是全教会上指出的教育改革的两个基本点，也是这次课程改革的一个核心目标，我们要站在民族复兴的高度来认识。习近平总书记说："惟创新者进，惟创新者强，惟创新者胜。"在基础教育阶段，要使学生具备初步的创新意识和实践能力，新课程加上了综合实践活动内容，正是为了突出这一点，最大限度地拓展学生的学习空间，强调让学生通过实践来增强创新意识和实践能力。新课程的这种目标导向以及对课程结构的调整，也正是陶行知先生毕生所推崇和实践的。陶行知先生主张"行动"是中国教育的开始，"创造"是中国教育的完成，他提出的"教学做合一"，其实就是培养创新意识和实践能力的基本教学原则和方法。"教学做合一"中的"做"是一种以行动为基础、思想为指导、创造为目的的实践活动，"教学做合一"的观点强调教学必须以实际生活为中心，要在"必有事焉"上下手，以创造作为"做"的最高境界，这是生活教育理论的精髓，这对我们今天的教育改革是不无启示的[46]。

一、借鉴陶行知生活教育思想，构建新课程背景下的教学原则

在生活教育理论的指导下，我们更加深刻地理解了新课程背景下的教育教学理念。如何将这些先进的理念落实到我们的教育教学实践中去，我们还需要构建一定的原则，使教育教学改革有章可循。在学习的过程中，我们觉得借鉴陶行知生活教育思想，同样可以构建符合新课程理念的若干教学原则：

（一）整体性原则

所谓"整体性原则"，就是在教学过程中，充分考虑到各种教学要素及相互联系和影响，把各要素加以整合，以发挥其最高的效能，前新课程背景下教学改革的一大趋势。"教学做合一"就是体现了这个整体性，"整个的生活要有整个的教育"，"智识与品行分不开，思想与行为分不开，课内与课外分不开，做人与做事分不开"，这些方面都是统一的，必须整合起来。陶行知这个思想与新课程所倡导和要求的知识和能力、过程与方法、情感态度与价值观这三个维度的课程目标是一致的。我们在教学过程中重要强调整体优化，在教学内容上由分化趋向综合，注重本门学科与其他学科的整合，在教学方法上要注重"手脑合一"，拓展学生学习的自控，促进学生整体和谐发展。

（二）民主性原则

这个原则在教学中的表现，就是在教学过程中师生平等，教育者和受教育者没有严格的界限，要做到"互学互教"，形成一个真正的"学习共同体"。陶行知先生有着强烈的民主意识，他认为师生应该是平等的，教学也是相互的，教师最重要的是"以人教人""以人化人"。从大教育观点来说，相教相学是人生的普遍现象。从某种意义上说，他的"即知即传""小先生制""以教人者教己""艺友制"等都是体现了这种民主性原则。传统的教师角色将在新一轮课改中发生深刻的变化，教师要由课堂的主宰、权威变为学生学习的合作者、引导者和参与者，由居高临下成为"平等中的首席"，在教学中始终与学生"打成一片"，互教互学，教学相长。正如陶行知所说的师生在教学中"各尽所能、各学所需、各教所知，使大家各得其所"。

（三）实践性原则

这是指在教学中，教师要引导学生将理论知识学习与加强实践活动结合起来。在实践中学习理论，在理论的指导下实践，培养学生应用的意识，提高分析问题、解决问题的能力，为将来适应复杂多变的社会生活打下坚实的基础。陶行知生活教育理论就是十分注重实践性原则的，他认为"行是知之始，知是行之成""做是学的中心，也是教的中心，生活教育必是教学做合一的"，始终把"行""做"，把实践活动作为主线，强调以实践为中心，强调教学与实践、教育与生活联系起来，在实践中求知。新课程特别设置了综合实践活动这一块内容，体现了对实践能力和创新能力培养的紧迫性。我们不仅要在增设的这门课程中要注重实践性原则，更重要的是在各门功课的教学中都要注重实践性活动的开展，真正体现出生活与教育的本质，实现教育的真正价值。

（四）创造性原则

创造是人类的最高本质，是人类社会发展的动力。通过创造性的教育，培养具有创造精神和能力的学生，是当今世界范围内各国各学科教育的最高价值趋向。陶行知生活教育的重要目标就是要培养人们的创造力，可以说创造是其生活教育的出发点和归宿。他提出的"六大解放"及针对某些偏见提出的"处处是创造之地、人人是创造之人"的科学论断，是我们开展创造性教学的重要依据和行动指南。在新课程背景下，我们必须改变传统的教学管理，追求新的教育价值目标取向，实施创造性的教学，在实践中增长学生的真才实学，培养学生的创造力。

二、运用陶行知生活教育思想，促进新课程背景下的教学改革

在陶行知思想的指引下，我们对新课程的教育理念有了进一步认识，形成了正确的价值观和目标导向，同时也明晰了教学中应该遵循的基本原则。课程改革的重头戏是课堂教学的改革，课堂是课程改革的主阵地和基本途径。先进的教学理念和原则，只有付诸实践，加以落实，才能体现出其先进性。因此我们一线的教师要活学活用陶行知生活教育思想，努力促进课堂教学改革。我们认为课堂教学改革的深化，要努力实现以下四个变革：

（一）教学内容的变革

"生活即教育""社会即学校"。陶行知的生活教育理论，始终把教育教学同人类的社会生活紧密地结合起来，认为"是为了生活向上而实施教育"，从促进人和社会发展的角度来实施教育认为"教育的根本变化是生活之变化""主张人生需要什么，我们就教什么。人生需要面包，我们就得过面包的生活，受面包的教育"，以十分形象的语言说明生活与教育的关系。因此我们课堂教学的内容应该是与人类社会的实际生活紧密结合的，要使课堂教学的内容做到生活化，应该采用学生喜闻乐见的生活情景来向学生展示生活中的具体问题。这样通过教学内容的生活化趋向，来激发学生学习探究的兴趣，感受到学习探究这样的材料是有意义的，于是在学习探究的过程中既获得了知识技能的培养，又获得了情感态度等的培养。在教学内容发生变革的同时，也引起了教学场所、时间上的变化，课堂教学由学校由向社会、家庭延伸，由课内向课外延续，促使小课堂与大社会的沟通，为学生的发展打下基础。

（二）教学策略的变革

在陶行知生活教育思想的启示下，我们的课堂教学策略要实现以下三点变革：首先，要确立由重知识传授向重学生发展转变、由重"教"向重"学"转变、由重结果向重过程转变的课堂教学目标意识。陶行知先生在《教学合一》一文中提出三项主张："一、先生的责任在教学生学；二、先生教的法子必须根据学生学的法子；三、先生许一面教一面学。"因此我们要重视自主学习，要教会学生自己学，主动地"探知识的本源，求知识的归宿"，注重学生自主学习的过程，这样才能让学生适应未来社会的发展。其次，要努力构建师生、生生互动交往的新型师生关系。陶行知运用民主的理念，继承和发扬了教学相长的传统，指出教学过程是"师生合作、相互促进、共同提高"的过程。教学过程的实质是交往，交往的双方有师与生、生与生，他们都是活动的主体，是完全平等的，交往是互动的，也是互惠的，在平等交往中实现师生、生生互动，并相互沟通、相互影响、相互补充。最后，要努力追求差异性教学。这是针对传统的统一规格式的教育提出的，"人生天

地间，各自有禀赋"，学生与学生之间的个体差异是客观存在的，我们不能视而不见，在教学过程中要根据学生的具体情况，提出不同的要求，体现差异性教学。

（三）学习方式的变革

学习方式的转变是新课程改革的显著特征。改变原有的单纯接受式的学习方式，建立和形成旨在充分调动发挥学生主体性的自主性、探究性、合作性的学习方式，成了课堂教学改革的核心任务。"教学做合一"这个命题能指引我们实现学习方式的变革。"做"是一种实践，一种探究，是"在劳力上劳心"，是让学生在教师的指引下，在与同学的合作中，发现新知识、掌握新本领的一个过程。同时，陶行知先生在杜威的"五步思维法"上再加上一步"行动"，成为"行动生困难，困难生疑问，疑问生假设，假设生试验，试验生断语，断语又生了行动"这六步思维法，这种学习方式正是我们所需要的探究性的学习方式。传统教学以接受式学习为主，不利于培养学生的创新精神和实践能力，因此在新课程改革中，我们要积极引导学生从事探究式学习，以"做"为中心，进行实验、实践活动，培养学生乐于动手、善于思考、勤于实践的意识和习惯。

（四）教学评价的变革

陶行知先生曾大声疾呼"停止那毁灭生活力之文字会考，发动那培养生活力之创造的考成"。如今新课程改革响亮地提出并大力倡导发展性评价，突出评价促进发展的功能。因此，我们在教学评价时，应保护学生的自尊心、自信心，体现对学生的尊重和爱护，注重学生个体的发展与变化，在关注知识技能的同时，更要关注学生学习情感态度的发展以及学习的过程，以先进的教育理念来指导评价，让学生在教师的评价中获得自我发展的信心和动力。

总之，陶行知先生的生活教育思想是一种与时俱进的现代教育思想，具有强大的生命力和重要的现实意义。我们要紧密结合新课程的实施，创造性地运用陶行知教育思想来指导教育教学工作，在新的历史时期继承陶行知教育思想，发展陶行知教育思想，积极投身教育改革，为真正实现陶行知先生所期望的中华民族的伟大复兴而努力工作。

第二节　陶行知"学生自治"思想是当代课程改革的教育原则

陶行知生活德育目标的实现取得一定的成就，为处于半殖民地半封建的中国争取自由平等做出了重要的贡献。同时，陶行知生活德育的目标在实现的过程中，必然会遵循一些原则。本文在结合陶行知的相关著作以及相关文献的基础上，把陶行知生活德育的基本原则概括为生活即德育、社会即学校、教学做合一。

一、生活即德育

正如生活德育一样，陶行知一生没有提及过生活即德育，但是陶行知一生提及过多次"生活即教育"。然而，从前文可知，陶行知生前希望后人发展其生活教育思想，所以，以此类推，可以对生活即教育进行发挥。1929 年，陶行知在晓庄学校主办的乡村教师讨论会上说道：是哪样的生活，就是哪样的教育。例如，是康健的生活，就是康健的教育；是劳动的生活，就是劳动的教育；是艺术的生活，就是艺术的教育。那么，以此类推，是抗战建国的生活，就是抗战救国的教育；是为人民服务的生活，就是为人民服务的教育；是奉献社会的生活，就是奉献社会的教育；是道德的生活，就是道德的教育。1934 年，陶行知又在《生活教育》一文中提出：过什么生活，便是受到什么教育。譬如，过好的生活，便是受好的教育；过坏的生活，便是受坏的教育。换而言之，过的是少爷生活，虽天天读劳动的书籍，不算是受着劳动教育；过的是自私自利的生活，虽天天接受奉献社会的知识，不算是受着奉献社会的教育。因此，要想达成生活教育的目标，必须遵循"生活即教育"的原则。为此，"生活即教育"是陶行知生活教育思想需要遵循的原则之一。那么，以此类推，要想达成生活德育的目标，其生活德育也需要遵循"道德"的生活即德育的原则[49]。

二、社会即学校

基于前文可知，陶行知提倡的"社会即学校"是从杜威提出的"学校即社会"发展而来的，是陶行知生活德育又一个需要遵循的原则。陶行知在演讲和文章中多次提及生活教育需要遵循社会即学校的原则。1930 年，陶行知在晓庄学校主办的乡村教师讨论会上把"学校即社会"与"社会即学校"各打了一个比方，用以说明生活教育需要遵循社会即学校的原则。他把"学校即社会"比喻成一个把活泼小鸟关在里面的鸟笼，并且强调这个鸟笼是仿自然界的鸟笼。但是鸟笼毕竟还是鸟笼，无论它怎样模仿自然界，它还是鸟笼，给不了小鸟真正大自然的感觉。同理，一个小的学校要把社会上所有的东西吸收进来让学生学习，是行不通的，在这个过程中，它容易把社会上真正的知识弄假，学生容易学到假的知识。"社会即学校"则不然，它好像把活泼的小鸟放到天空中，让它自由飞翔，接触到大自然真正的一切。同理，"社会即学校"就是把社会当作学校，让学生过真实的社会生活，在生活中真实地学习，接受真正的知识。故生活教育需要遵循"社会即学校"的原则。同时，陶行知时代的中国处于抗战救国时期，炮火连连。陶行知的生活教育如果遵循"学校即社会"的原则 (本质上还是遵循传统的学校观，即四面围墙的学校)，学校被炸，先生散了，学生散了，学校就不存在了。但是如果遵循"社会即学校"的原则，那么这样的学校是炸不掉的，除非把先生和学生都炸死。因此，生活教育需要遵循"社会即学校"的原则。

众所周知，他所处的时代是抗战救国的时代，那么，他的生活教育的任务主要与抗战救国相关，而抗战救国的内容属于德育的一部分内容，因此，这一时期陶行知的生活教育思想在本质上就是陶行知的生活德育思想。那么，陶行知的生活德育同样要遵循"社会即学校"的原则。

三、教学做合一

"教学做合一"这个命题是陶行知在批判旧教育的"教授法"以及批判与继承杜威的"从做中学"的基础上发展而来的，用以挽救当时中国的"死教育"。其生活教育在遵循"教学做合一"的原则上，很大程度上把中国的"死教育"变成"活教育"，为抗战救国时期的中国培养了一大批仁人志士。那么，何谓"教学做合一"？应该怎样遵循"教学做合一"的原则呢？关于"教学做合一"的定义，陶行知在 1927 年的演讲中曾经论述过，即事情怎样做就怎样学，怎样学就怎样教；教的法子要根据学的法子，学的法子要根据教的法子[50]。

要注意以下两点：

"教学做"是合在一起的，是同一件事，不是三件事。先生要在做上教，学生要在做上学。例如，种田是在田里做的，那么先生须在田里教，学生须在田里学。而不是先生在课堂上教授种田的知识，学生在课堂上接受种田的知识，先生通过布置课外作业的形式锻炼学生种田的实践能力。因为后者是生活与课程离婚的宣言，也是教学做分家的现象。再如，游泳是水里做的事，那么先生就须在水里教，学生就须在水里学。

"教学做合一"中的"做"是"教"与"学"的中心，并且"教学做合一"中的"做"需要在劳力上劳心。从"教学做合一"这个定义可知，教的法子要根据学的法子，学的法子要根据做的法子。毋庸置疑，在该原则中，"学"以"做"为中心。1927 年，陶行知在做"教学做合一"的演讲中说道，关于种稻的讲解，不是为了讲解而讲解，而是为了种稻而讲解。可见，"教学做合一"中的"教"也是以"做"为中心。既然，"教学做合一"中的"做"是"教"与"学"的中心，那么，有必要探寻什么是真正的"做"？真正的"做"不是盲行盲动的，也不是胡思乱想的，而是手到心到的，即劳力上劳心的做。为此，他还作了一首关于手脑相长的歌：人生两个宝，双手与大脑。用脑不用手，快要被打倒。用手不用脑，饭都吃不饱。手脑都会用，才算是开天辟地的大好佬。鉴于前文可知，抗战救国时代的生活教育在本质上是生活德育，那么，陶行知生活德育在实现目标的过程中同样要遵循这一原则。

第三节　陶行知"学生自治"思想是当代课程改革的实践指导

伟大的人民教育家陶行知先生毕生致力于改革教育与教学工作，尤其是先生的生活教育理论、教人求真的思想以及晓庄师范、育才学校创办的实践经验，都是指导我们当前实施课程改革的宝贵的精神财富。

一、陶行知教书育人思想指导我们树立正确的课改理念

新一轮的基础教育课程改革是我们民族发展史上的一项开创性的实验，对所有参与课程改革实施的教师、学生和有关人员都要求首先要树立正确的课改理念。

（一）千教万教，教人求真；千学万学，学做真人

古今中外的许多教育家都曾强调过这样一个观点，即对受教育者的培养首先是要成人，然后才可能成为人才。所以说要明白教育的本质，首先是教会学生做人。陶行知先生在当年创办晓庄师范和育才学校时，就旗帜鲜明地提出："千教万教，教人求真；千学万学，学做真人。"新一轮的课程改革不仅要加强德育课程建设，而且所有任教的教师在担负各门课程教学任务时，都应自觉地渗透德育内容，要树立培养每一个学生成为真人的理念。要在各门课程的教学中渗透爱国主义、集体主义、社会主义的世界观、人生观、价值观及科学精神、方法、态度方面的教育 [51]，培养学生的爱国主义精神和具备诚实守信、处事实在、待人真诚的美德，引导和激励学生树立正确的人生观、价值观，为将来成为可靠的接班人奠定稳固的思想基础。

（二）创造主未完成之工作，让我们接过来，继续创造

长期以来，传统教育逐渐产生了一些弊端，尤其是以传授知识只注重结果而忽略了过程，只强调学生对知识要牢牢记住而忽略了学生的真正理解和研究。在实施新课改之前，教师教学的依据是教学大纲，"以纲为纲，以本为本"是教师对学生传授知识的信条和法宝。现在的新一轮课程改革用课程标准取代了教学大纲，还教学活动的本来面目，科学客

观地面对教学过程中出现的形形色色的不确定因素。因此，新教材在设计时为教师施教留有较大的发挥和创造的空间，使教师有较大的自主性，可以摆脱传统教学的束缚而进行创造性的教学工作。

陶行知先生在半个多世纪前就提出了创造教育思想，他曾在《创造宣言》中指出："教师的成功是创造值得自己崇拜的人，先生之最大的快乐是创造出值得自己崇拜的学生。"这对于我们今天强调首先要解决换脑筋、更新教育理念的问题，毫无疑问是具有前瞻性、方向性和重要现实指导意义的。

（三）论起名字来，居然是学校；讲起实在来，却又像教校

陶行知先生当年针对教师只顾埋头教书的不良倾向，曾一针见血地指出："现在的人叫在学校里做先生的为教员，叫他所做的事体为教书，叫他所用的法子为教授法，好像先生是专门教学生些书本知识的人。"今天担负着新课改任务的全体教师和教育工作者，都要从先生的教诲中得到启迪，要转换教学理念，要立足于"为了每一个学生都能得到充分的发展""为学生的终身学习和发展打基础"的价值取向。改变过去教学过于注重书本知识传授的倾向，真正变"教校"为学校，让新一轮课教改实现师生互动，互为主、客体。促使学生在受教育的过程中主动地、富有个性地在学校里学习，促进每个学生都尽可能地得到充分的发展。

二、陶行知生活教育理论指导课程改革的推进

陶行知先生提出的"生活即教育""社会即学校""教学做合一"的生活教育，其精神实质同我们当前正在深入开展的课程改革指导思想是一致的。当前要认真地学习、继承先生给我们留下的宝贵精神财富，必将会推动新一轮课改的顺利实施。

（一）"生活即教育"启迪我们实施课改要与生活实践紧密结合

课程改革的目标是围绕着人的发展目标来设计和确定的。国家课程标准（实验稿）力求改变课程过于注重知识传授的倾向，力求加强课程内容与学生生活实际的联系，关注学生掌握的知识在生活实际中得到实践和应用，激励学生充满信心地学习自己终身必备的基础知识和基本技能。

陶行知先生当年在指导生活教育实践活动开展时指出："生活教育的要求是：整个的生活要有整个的教育。每个活动都要有目标、有计划、有方法、有工具、有指导、有考核。"我们今天在实施课程改革时，应借鉴先生的理论与实践经验，一是围绕书本知识的学习要寻找与学生生活实际相合的准确目标；二是根据目标要制订行动计划；三是要有专

任教师负责，指导学生运用一定的工具在力所能及的生产劳动或公益活动中去体验学过的知识；四是让参加实践活动的每位同学都要受到必要的考核，可以用写日记、问卷调查、一事一议、一题多答等形式作为对学生在理论联系实际的生活教育过程中的考核记录，将来可以装入学生的素质教育成长记录袋，这对新一代人的成长是有现实意义的。

（二）"社会即教育"保证了课改的发展方向

陶行知先生曾经指出："整个社会的活动，就是我们教育的范围，不消谈什么联络而它的血脉是自然流通的。"在我们各级实验区，党和政府领导同志的重视和全社会的关心、支持，雄辩地证实了陶先生的论断是完全正确的。

今年暑假天气格外炎热，安庆市和县（市、区）的政府、教育部门领导同志不仅兼任课改领导小组的负责人，而且出席课改知识培训的会议，和广大教师一道听报告受教育，各级领导还千方百计设法解决经费投入问题，为准备持证上岗的教师接受培训提供经费保证。教育部门的领导和课改专家组有关人员还奔赴市区和乡村学校进行新课程教学、教研的视导工作，帮助学校和教师现场解决课改中存在的问题，使课改工作在我市形成了一种自上而下的、坚实的支撑力量。同时，广大的家长和社会各界有识之士也对新课程给予关注、支持和理解，他们当中的许多热心人还给我们提出了要求和建议。安庆的新闻媒体(一报四台) 也都积极宣传课程改革，一种参与、呼应课程改革的社会氛围已经形成。

（三）"教学做合一"是课改必须遵循的教学原则

传统的课堂教学主要是坚持教师、教材和课堂教学为中心，学生在填鸭式的教学过程中，掌握知识的方法主要靠"听中学"和"看中学"。学生主要是听教师的讲解，看教师提供的板书、教具、图片或录像，在听和看的过程中思考记忆，然后利用课内的有限时间和课外大量的时间采取做习题或背诵等形式接受知识。新课程改革强调改变学生的学习方式，就应该遵照陶行知先生倡导的"教学做是一件事，不是三件事。我们要在做上教，在做上学。在做上教的是先生，在做上学的是学生"的原则精神，将"教学做合一"认真贯彻、落实到课改的教学行动中。

目前，许多负担课改任务的实验学校领导和教师正在采取多种形式，鼓励学生在有意义的活动中，在操作实验或深入实际生活的过程中去学习，让学生从自己的亲自实践或直接经验中学习，也可以通过探究别人的间接经验后再通过自己观察、模仿后继续开展"做中学"。随着课改的深入，我们发现新教材是一个有待开发的资源库，广大教师应敢于教学创新，要善于联系学生实际改造或充实教材，使知识更贴近学生的生活实际，更有利于"教学做合一"的原则在课改中发挥重要的作用。

三、陶行知普及教育思想指导课程改革需要的师训工作

60 多年前，陶行知先生在谈到普及幼稚教育时，强调指出："普及教育的最大难关是教师的训练，……这是一个最难的问题。"现在的课程改革实施过程中，同样遇到这样一个最难的问题。如何解决这个问题呢？关键是要坚持开展"学陶师陶"活动，采取有效措施抓好教师的培训工作。

（一）课程改革需要教师自觉"充电"

据实验区的不少教师反映，对新教材的熟练驾驭有一定的难度，问题出现的实质是教师的知识结构和知识储备不适应课改的需要。因此，实施课改必须鼓励和支持教师自觉"充电"。当务之急是参加有组织的岗位培训，提高参与课改的教师队伍的整体素质。

广大教师要牢记陶行知先生当年的教诲，"做先生的，应该一面教一面学，并不是贩买些知识来，就可以终身卖不尽的。现在教育界的通病，就是各人拿从前所学的抄袭过来，传给学生"。陶先生切中时弊的实话实说，听起来似乎不顺耳，但对指导当前的师训工作却有很强的针对性。在教师培训部门和学校领导的组织带领下，每一位教师都应主动地、持久地、创造性地参加有关继续教育方面的培训活动，凭着强烈的敬业奉献精神和高尚的师德，抓紧时间对自己进行"充电"。在新一轮课改的征途上，时刻把握好教育原则和教育方向，站在当今世界教育科学发展的前沿，尽可能地把学生带进最佳的求知境界，指导、激励学生掌握科学的学习方法，以不断增强对未来的适应、生存和发展的能力。

（二）要坚持实行不同内容、不同形式的培训

在课程改革试验区，加强对教师培训内容和培训形式的研究显得很有必要。陶行知先生高瞻远瞩，他在半个多世纪前就曾指出："我们要晓得受教的人在生长历程中之能力需要，然后才能晓得要教他什么和怎样教他。晓得了要教他什么和怎样教他，然后才能晓得如何去训练教他的先生。"这段论述对当前妥善安排教师培训的内容和形式有着重要的指导意义。

在教师培训内容的安排时要注重实践性和针对性。重点选择课堂组织艺术、课程教学技能、现代教育技术运用能力、心理教育能力、教育科研能力、听课评课能力、口头和书面表达能力、协作共进能力和班主任工作方法九个方面的内容。这些内容都是围绕实施课程改革，必须增强教师素质这个主题而确定的。

在教师培训的形式方面，由所在的学校负责组织安排，可采取课堂培训、教研组或备课组培训、以会代训等多种形式，保证形式多样的且生动活泼的校本培训既有吸引力又有实效性。

第四节　陶行知"学生自治"思想对当代课程改革具有重大意义

一、陶行知生活教育理论发展脉络及其核心观点

陶行知在南京金陵大学文科以第一名的成绩毕业后，远赴美国留学，最初攻读市政，后进入哥伦比亚大学师范学院主攻教育；在哥大学习期间，受到杜威实用主义教育学说的影响。陶行知回国后，进行了大量的调查研究和一系列的教育实践活动，发现中国的当时的教育存在脱离实际、脱离劳动、脱离民众的弊端，严重阻碍了社会的进步。因此，陶行知根据自己对中国社会的认知与时代的需求，于1927年创办晓庄师范学校并担任校长。在此次实践的基础上，他把杜威的教育理论加以改造，形成了自己的"生活即教育""社会即学校""教学做合一"的生活教育理论。20世纪30年代，陶行知在上海创办山海工学团，期待全面实践生活教育理论，真正推动普及教育运动。为了更好地开展教育实践特别是普及教育[52]，陶行知提出了"小先生制"，把"小先生制"作为推行生活教育理论的理想途径，将学校和社会更好地联系起来。20世纪30年代末至40年代中后期，陶行知先后创办了重庆育才学校、社会大学，在育才学校的生活教育实践标志着陶行知生活教育理论和实践发展到一个新的阶段。

陶行知生活教育理论的核心观点为："生活即教育""社会即学校""教学做合一"。然而，如何理解和把握陶行知生活教育理论的基本观点，本文尝试从与杜威经验主义教育哲学基本观点进行比较的基础上做进一步的阐释。

二、与杜威教育理论比较视角下理解生活教育理论

（一）从"教育即生活"理解"生活即教育"

"教育即生活"是杜威经验主义教育学说的一个基本原理。这一思想是杜威针对20世纪初美国学校教育沿袭欧洲精英取向的教育传统严重脱离社会转型期对产业工人的需求并忽视外来移民的教育需求的背景下提出的。杜威的实验主义哲学认为，人类的教育活动是个体或人类群体对自我经验持续不断的传递、改组和改造过程。而"生活"是人类个体或群体为适应外在环境，利用外在环境与自我的互动过程，不断进行调适进化的过程。在"生活"的过程中，人类个体或群体的经验是对外在环境开放的、彼此是开放并持续不断

地交流互动的。在此意义上，杜威认为教育活动本身就是生活的一部分，而不是作为未来生活的准备。特别是在当时政治极权化的国际背景下，杜威认为民主不仅作为人类社会政治生活方式，也应该是一切生活的基本方式，所以又提出教育生活是民主生活的一部分，并且作为维护民主生活的基本方式。

然而，由于杜威提出"教育即生活"的政治经济文化背景与陶行知先生1917年回国后面临的当时中国的政治经济文化背景存在很大差异，陶行知经过一番体验之后，从"教育即生活"的信奉者转变为批判者，针锋相对地提出"生活即教育"的主张。他曾讲过：我可以说"教育即生活"是杜威先生的理论，也是现代教育的主流。我从民国六年起便陪着这个思潮到中国来。八年的经验告诉我："此路不通。"在山穷水尽的时候才悟到教学做合一的道理，所以教学做合一是实行"教育即生活"碰到了墙壁把头碰痛时所找出来的新路。"教育即生活"的理论至此乃翻了个筋斗……没有"教育即生活"理论在前，绝产生不出"教学做合一"的理论。但到了"教学做合一"的理论形成的时候，整个教育便根本改变了方向。这个方向是"生活即教育"。

陶行知所倡导的"生活即教育"思想中的"生活"的基本含义有两点：第一，"有生命的东西，在一个环境里生生不已就是生活"；第二，人类的全部生活实践，包括个人生活实践和社会生活实践，物质生产实践和精神生活实践。"生活即教育"思想中的"教育"的基本含义有两层意思：第一，教育就是教人化人，教人做人，使人天天改造，天天进步，天天往好的路上走，是引人向上向前生活；第二，教育就是生活的改造，是民族解放、大众解放、人类解放之武器。整体来讲，"生活即教育"说的就是，首先，人类的生命生活实践及其需要赋予教育实践一切意义，"教育的根本意义是生活之变化，教育是改造提升人类整体或个体的生活无时不变即生活无时不含有教育的意义"；其次，打破教育局限于学校教育的狭隘性，提倡用生活来教育、在生活中受教育、在教育中改造生活。当然，这样理解陶行知的"生活即教育"思想，是充分考虑时代背景及在该背景下的学校教育弊端。陶行知批判传统学校教育和洋化教育把文字当教育、把读书当教育，"以文字之外别无教育"，殊不知文字、书本只是教育的工具，不能死读书、读死书，强调从生活实践的需要开展教育活动。

（二）从"学校即社会"理解"社会即学校"

"学校即社会"是杜威经验主义教育学说的第二个基本原理。杜威认为，学校是一个重要的专门的社会机构，其存在的意义是传递人类文明所积累的社会遗产即经验体系。学校具有三种特殊功能：第一，学校将复杂的社会生活简单化，为学生提供一个净化的环境，使青少年将分成若干部分的复杂文化，逐步地、分阶段地吸收；第二，学校能尽量排除现存环境中无价值的东西，不让其影响儿童的心理习惯；第三，为每个学生提供一个不受社会团体限制的社会，为学生创造一个新的、广阔的学习环境。因此，杜威批判与世隔绝的经院主义的传统学校，要求学校教育富有民主社会的生活气息，并且打通学校教育与社会生活的相互封闭，学校教育生活要成为民主社会生活的一部分。学校教育要向联合的民主社会的经验开放，并将其作为课程内容，比如杜威在其实验学校里开设了与职业相关的经验课程。

陶行知作为杜威的弟子，显然是赞同杜威"学校即社会"教育思想的现代意义。但是，经过一些探索之后发现，用"学校即社会"这一教育理论武器，无法改变当时中国的学校教育现实。因为当时的中国和美国公共教育发展状况不同。中国公共教育不发达，能够进入学校接受正规教育的学生毕竟属于少数，广大平民阶层子弟无法进入学校接受教育，特别是当时中国的乡村农民子弟。在杜威"学校即社会"教育理论创新的基础上，陶行知提出了符合当时中国公共教育发展不足这一背景的"社会即学校"教育理论。当然，这一理论与陶行知的平民教育活动密切关联。1923 年 5 月，陶行知等发起中华平民教育促进会，并作为中华教育改进社下设分会。1923 年 7 月陶行知辞去东南大学教职，全身心投入中华教育改进社相关事务。显然，平民教育活动与学校教育活动是存在显著差异的。平民教育更注重对成人进行基础识字能力、谋生能力甚至是社会组织能力的教育，学校教育更注重对儿童进行系统性的知识教育。以山海工学团为例，"工是工作，学是科学，团是团体；工以养生，学以明生，团以保生"。"工学团是一个小工场，一个小学校，一个小社会……它是将工场、学校、社会打成一片，产生一个富有生活力的新细胞"。通过平民教育活动的探索与实践，陶行知"社会即学校"理论与"生活即教育"理论的生活实践取向更加契合。

基于此，"社会即教育"思想可以这样理解，提倡通过改造社会个体的组织性，在社会生活实践中提升平民及其子弟的基本生活能力和职业谋生能力的教育思想。

（三）从"做中学"理解"教学做合一"

作为一种经验主义教育哲学的教育家，杜威强调直接经验对学生成长的重要性，因此在学校教育中提出经验课程。在教学方法上，强调以儿童为中心的"做中学"。受杜威经验主义教育哲学影响甚深的进步主义教育运动中学校，因为倡导儿童为中心的"做中学"等教学方法，导致学生的学业水平下降，而饱受诟病。显然，以儿童为中心的"做中学"教学方式产生良好的教学效果是需要一系列条件的。首先，它并不是适合所有课程，它只适用于与动手实践关联的经验课程。因为学校教育本质上以传授间接经验为主。其次，做中学等课程的评价是需要具有个体差异标准的，需要教师耗费大量精力。然而，真实的学校教育是有成本的。

显然，陶行知也学习吸收了杜威"做中学"教学思想。他回国后，将中国当时学校流行的"教授法"改为"教学法"，将传统教育中的教学过程的教师单一主体改为教师和学生的双主体，并在此基础上提出，根据学的方法来确定教的方法，而根据做的方法确定学的方法，教与学都以"做"为中心。这里的"学的方法"与"做的方法"就有直接经验的意味。而"做"的含义是"在劳力上劳心"，通过真正的做的实践来判断教育教学的效果。因此，从教育教学理论上讲，教学做合一无论在学校教育中还是社会教育中更具普遍意义，也更能实现陶行知生活教育理论的本义。

三、生活教育理论的当代意义

陶行知曾一针见血地指出，"没有生活做中心的教育是死教育，没有生活做中心的学校是死学校，没有生活做中心的书本是死书本"。这振聋发聩的声音恰恰指向了我们当下教育的弊端，也使得我们不得不重新审视生活教育的实践价值。反对"读死书、死读书、读书死"，将学政治、学经济、学文化相结合，陶行知这种独特的教学主张批判了传统教育只重视理论知识不重视社会生活实际的弊病，加强教育和生活的联系，使教育更好地满足社会的需要[53]。我们目前的基础教育也是具有浓厚的书本倾向的，陶行知的"生活教育论"可弥补其不足，活力、学习力、自治力、创造力以及日常技能，它们都是以生活为旨归，指向的都是培育人的各个方面素养能力。所以，无论是历史还是当前，它们都可以成为破解教育难题的一个有效选项。

任何一个教育家的思想和实践都有其历史局限性，因此，陶行知教育思想的某些具体方法也许在如今的教育体系中缺乏可操作性，但他的许多理论知识仍值得今人细细品读。我们可以从实际出发，借鉴学习，创造性地加以运用，依据当代新的情况加以取舍、发展和创造，只有这样，才符合陶行知教育的初心：通过教育实践推动人类文明社会的发展。

第五章　陶行知"学生自治"思想与学校德育工作

第一节　当代学校德育工作的内容和特点概述

陶行知由于深受中国旧教育与杜威实用主义教育思想的影响，在开展生活德育的过程中，始终坚持实践性、民主性以及灵活性。

一、实践性

在"行是知之始，知是行之成"这种观点的影响下，陶行知在开展生活德育的过程中特别强调实践性。刚开始的时候，陶行知主张王阳明"知是行之始，行是知之成"的观点，后来，经过多年的教育实践和反思，认为王阳明的观点并不正确，他认为小孩必须被火烫过手才知道火是热的，必须被冰冰过手才知道雪是冷的，必须吃过甜的东西才知道抽象的甜，必须吃过苦的东西才知道抽象的苦，必须接触过硬的东西才能知道抽象的硬。凡此种种，他认为无一不证明必须经过亲身的实践，才能获得真知。于是把王阳明的观点颠倒过来，主张"行是知之始，知是行之成"，把实践放在极其重要的位置。因此，在这种世界观的指导下，陶行知在开展生活德育的过程中特别强调实践性，他认为学生的道德修养必须在生活中通过实行才能养成[46]。例如，1919 年，陶行知在《学生自治问题之研究》一文强调修身伦理这一类学问最应该重视实行，而不是仅仅是嘴里讲着道德，耳朵听着道德，应该在生活实践中练习道德。因此，育才学校通过施行学生自治法，让学生在生活实践中练习修身伦理的知识；1939 年，陶行知在《育才学校教育纲要草案》一文中强调，为了在抗战的生活中培养儿童的抗战救国精神，育才学校会在适合的时机把学生组织成战时工作队去参与抗战工作。可见，陶行知在开展生活德育的过程中特别强调实践性。

二、普及性

早在 1922 年，陶行知就指出中国教育最大的毛病是不能普及。可见，他很早就意识到教育普及的重要性。所以，在其后来的教育实践中一直争取实现中国教育的普及。1939

年，他又在育才学校创办旨趣的演讲中提出实现教育普及的原因，指出现在中国处在伟大的抗战救国中，必须用教育来动员全国民众觉悟起来，在抗战救国纲领之下，担任这重大的工作，所以普及教育，实为今天所急需。

可见，教育普及性实质上就是生活德育思想的普及。那么，陶行知在开展生活德育的过程中必然会凸显出普及性。结合陶行知的相关著作和文献，可以得出生活德育的普及性蕴含在其推行的平民教育、大众教育等运动中。

首先，陶行知生活德育的普及性体现在其推行的平民教育中。他为了全力推行平民教育，一方面，编写了《平民千字课》，编辑了《平民周刊》，以及创办了平民学校和多个平民读书处；另一方面，他亲自深入安徽、河南、上海等地的学校、旅馆、监狱、寺庙等开展平民教育。在陶行知不畏艰苦、全心全力的宣传下，平民教育取得了可喜的成效。1924年，陶行知在《平民教育概论》中强调：10月开始推行，离现在为时不过九个月，已推行到20个省区，读本会《平民千字课》的人民已有50万人。可见，当时的平民教育使教育得到一定的普及。而在1923年，为了满足当时抗战救国的需要，陶行知就曾指出，平民教育的目的是使平民读点书的同时得一点做人做国民的精神[47]。因此，平民教育在使教育普及获得成效的同时，也使生活德育思想得到普及，即在平民教育中体现出陶行知生活德育思想的普及性。

其次，陶行知生活德育思想的普及性体现在其推行的大众教育中。1936—1945年是中国人民英勇抗击日本帝国主义的时期，陶行知针对当时的状况，适时地提出国难教育和战时教育。至于国难教育，1936年，陶行知在《上海文化界救国会国难教育方案》一文中指出：教育大众联合起来解除国难。那么，挽救处于水深火热之中的中国，需要实施大众教育。大众教育是与小众教育相对的，是大众自己的教育，而不是类似于少爷小姐那些的小众教育。大众教育在实行的过程中，为了大范围地普及，采用了"社会即学校""即知即知"两条原则行教。毋庸置疑，大众教育具有普及性。鉴于当时的国情，大众教育的目的是让大众通过教育联合起来解除国难，争取中华民族之解放，那么，大众教育的普及实质上就是生活德育思想的普及。因此，在大众教育中体现出陶行知生活德育思想的普及性。

故言之，陶行知生活德育思想具有普及性。

三、灵活性

陶行知向来批判旧教育的死板，没有灵活性，只会把学生教成书呆子。主张教育是活的，不是死的，在教育的过程中，应该注重教育的灵活性，把学生教活。鉴于当时抗战救国的国情，教育的目的是使大众醒悟，争取中华民族之解放。那么，那个时期对大众的教育，在本质上相当于德育。而那时的德育又是满足抗战救国生活需要的，那么，那个时期对大众的教育，在本质上就是生活德育。那么，陶行知在开展生活德育的过程中，必然会注重灵活性，而其灵活性主要体现在以下两个方面：

其一，陶行知在开展生活德育的过程中，注重生活德育内容的灵活性。陶行知生活德育的内容并不是一成不变的，而是根据"有什么样的生活，就该有什么样教育"的观点适时地提出相应的德育内容。一二·九运动后，国难当头，陶行知根据"有什么样的生活，就该有什么样教育"的观点，及时提出国难教育。七七事件爆发后，全国进入抗战时期，陶行知生活德育的内容为了迎合抗战生活的需要，及时把国难教育改为战时教育。1938年，进入全面抗战时期，陶行知就及时提出关于抗战的全面教育。1945年，抗战胜利后，"要和平、争民主"成为当时时代的主题，为了满足当时时代发展的需要，陶行知极力提倡开展民主教育运动。可见，陶行知在开展生活德育的过程中，关于生活德育的内容并不是一成不变的，具有灵活性。

其二，陶行知在开展生活德育的过程中，注重生活德育方法与生活德育材料的灵活性。首先，陶行知在开展生活德育的过程中，批判旧教育不考虑学生现状的填鸭式教育，强调生活德育方法的灵活性，主张因材施教法，要根据儿童的个性心理特征和能力进行德育，从而完成生活德育的目标。前文已对此进行详细论述，此处不再赘述[53]。同时，还主张用于教育(也包括生活德育)的材料要有灵活性。例如，他主张教授儿童花草的知识，可以把真的花草解剖开，和儿童一起探究其中的奥妙，而不是仅仅通过关于花草知识的书籍进行教授。那么，要教授学生有关爱国主义的知识，不仅仅是通过有关爱国主义知识的书籍进行教授，而是让学生过抗战救国的生活，从中受到教育。

因此，陶行知生活德育思想具有灵活性。

生活德育目标的有效实现，还有赖于生活德育内容的合理选择。陶行知生活德育思想的内容十分丰富，主要包含了世界观教育、人生观教育、政治观教育、道德观教育以及职业观教育。

（一）以先行后知为原则的世界观教育

所谓世界观，就是人们对整个世界的总的看法和根本的观点，是人们对世界本质、人与周围世界的关系、人在世界中的地位和生存价值等一系列观点的总和。

陶行知主张以先行后知为原则的世界观教育。陶行知在《行是知之始》一文中指出，富兰克林经历过放风筝才知道电可以用一条线由天空引到地上；瓦特通过烧火后发现蒸汽可以推动壶盖才发明了蒸汽推动机器；伽利略通过在比萨斜塔的实验，才得出两个轻重不同的球是同时落地的……可见，在他的观点里，遵循"行"是知之始，知是行之成。正是在这种观点的影响下，陶行知推行以先行后知为原则的世界观教育。1934年，他在《生活教育》一文中指出，过什么生活，便受什么教育，并举了几个例子进行佐证。例如，过好的生活，便受好的教育；过坏的生活，便受坏的生活；过有目的的生活，便受有目的的教育；过稀里糊涂的生活，便受稀里糊涂的教育；过少爷的生活，虽然天天读劳动的书籍，不算是受着劳动教育……可见，陶行知主张"过什么生活，便受什么教育"的这个观点，事实上是遵循了"行是知之始，知是行之成"的观点。因为过生活本身就是一种行动、实践，而"行是知之始，知是行之成"的观点则是说明需要通过过生活这种行动、实践，才能从中获得知识，受到教育。毋庸置疑，陶行知主张以先行后知为原则的世界观教育和政治行为。陶行知曾在晓庄试验乡村师范学校创校的演讲中就明确指出，政治与教育是不能分离的。通过教育可以唤起人们的政治革命热情，为中国培养英勇的革命人才。通过教育可以唤起人们的抗战热情，为中国培养抗战救国的英勇斗士。因此，陶行知生活德育思想的内容必然少不了政治观教育。陶行知创办的晓庄乡村师范、育才等学校都非常重视政治观教育。由于当时的时代背景，晓庄乡村师范学校与育才学校的集体生活实质上就是政治生活。例如，1930 年，陶行知在《护校宣言》中写道：晓庄乡村师范学校的教育是迎合时代革命的革命教育。故晓庄乡村师范学校与育才学校的学生过的是政治生活，受的必然是政治观教育。因此，陶行知生活德育思想的内容包含政治观教育。

并且，鉴于当时抗战救国的时代背景，爱国主义教育是其政治观教育的核心内容，其政治观教育以爱国主义为主旋律展开。陶行知生长在半殖民地半封建的旧中国，他目睹了国家的难处，历来具有强烈的爱国主义精神，少年时期便立下了"我是中国人，我要为中国出力"的豪言壮语。正是具备这种爱国主义精神，陶行知在政治观教育中多次强调爱国主义的重要性。例如，1924 年，在回复吴立邦小朋友的信中写道："国家是大家的。爱国是个人的本分。顾亭林先生说得好：'天下兴亡，匹夫有责。'我觉得凡是脚站在中国土地，嘴吃中国五谷，身穿中国衣服，无论男女老少，都应该爱中国"；1930 年，陶行知在《晓庄三岁敬告同志书》一文中写道：因为爱人类，所以爱人类最多数而又最不幸的中华民族。

（二）坚持天下为公，做个人中人的人生观教育

人生观是指人们在实践中形成的对于人生目的和意义的根本看法和总的态度。陶行知的一生是在国家多难、生灵涂炭的境况中度过的，清楚地明白国家的难处和民生的疾苦，时时刻刻都关心国家的命运和人民的幸福。正是这种情怀，他向来主张天下为公、做个人中人的人生观教育[54]。

首先，陶行知主张天下为公的人生观教育。陶行知在多首诗歌中劝告人们要坚持天下为公的人生观。例如，他在《敬赠政治协商会议代表》的诗歌中写道：民之所好好之，民之所恶恶之。为人民代表者，不许天下为私。用以劝告政治协商会议代表者要天下为公，不许天下为私；为了培养育才学校的师生要有天下。

（三）以爱国主义为主旋律的政治观教育

所谓政治观教育，就是教育者通过教育活动，把社会主义核心价值体系融入大学生思想政治教育，必须以马克思主义作为指导思想，以中国特色社会主义共同理想作为核心内容，以爱国主义为核心的民族精神作为主旋律，以改革创新为核心的时代精神作为现实要求，以社会主义荣辱观作为道德准则，才能全面提高大学生的思想政治素质。

其次，陶行知主张做个人中人的人生观教育。陶行知的一生是在生灵涂炭的境况中度过的，能深深地体会到民生的疾苦，一生都为了人民的幸福而奔波劳碌，所以他必然会要求人们坚持做个人中人的人生观。例如，1933 年，陶行知在与山海少年工学团的谈话中说道：工学团之所以办在乡村，是因为工学团完全为农人服务的，而不是到乡村来做绅士、隐士以及少爷小姐，而是到乡村来帮助农人解除痛苦，增进幸福。显而易见，陶行知要求工学团要坚持做个人中人的人生观；为了培养小先生要有做个人中人的人生观，《我们是武训的队伍》中有一句歌词是：我们是中国的小先生，提着文化为公的花篮，要献给四万万五千万。只要是为老百姓造福，我们吃草也干！试图通过美育的熏陶，使他们逐渐养成做个人中人的人生观。毋庸置疑，陶行知生活德育思想中必然也包含了坚持做个人中人的人生观教育。

简言之，陶行知生活德育思想中既包含了坚持天下为公的人生观教育，也包含了坚持做个人中人的人生观教育。

（四）以建筑人格长城为根本的道德观教育

所谓道德教育，就是为使人们践行某种道德义务，而对人们有组织有计划地施加系统的道德影响的活动。陶行知历来重视道德的作用。1913 年，陶行知在《为考试事敬告全国学子》的文章中写道：败德之人，不得志害身家，得志害天下。言外之意，一个人成功与否，都必须是一个有道德的人，否则害己、害人、害国家，而道德教育是人们成为有道德的人的重要途径，因此，其生活德育思想中必然包含了道德教育。

同时，陶行知把道德分为公德和私德两个部分。公德主要指公共道德，一个集体的内部分子是否顾及、维护公德，是衡量这个集体稳固和兴盛的重要因素。假若一个集体内部的每一个分子都以公德为前提，随时随地都关注自己的行为是否妨碍到公德，是否有助于公德；假若妨碍到公德的，坚决不做，假若有助于公德的，全心协力去做，这个集体必然会日益稳固、日益兴盛。否则，这个集体必然会日益衰败。私德主要是指个人的道德修养和文明行为。陶行知认为，私德是公德的根本，一个不重视私德的人，通常情况下也会成为妨碍公德的人，因此，一个人必须重视私德。

陶行知并指出公德和私德是建筑人格长城的基础。建筑好人格长城，能起到"人格防"

的作用，能抵御一切不道德、伪道德的侵袭。因此，一个真正有道德的人，能建筑好人格长城。那么，道德教育应该以建筑人格长城为根本，通过道德教育，把人们培养成一个既有公德又有私德的人，从而逐步搭建好人们的人格长城。因此，陶行知生活德育思想中包含了以建筑人格长城为根本的道德观教育。

（五）以"生利主义"为核心的职业观教育

第一次世界大战后，洋货对于中国的供应量减少，实业界人士想自造国货满足当时市场的需要，但是当时国民的文化水平极其低下，中学毕业生升学率也不高于十分之一，以至于缺乏有关技术人员自造国货，因此我国当时亟须开创职业教育事业。面对这种境况，我国教育界不少人士都极力提倡职业教育，处于这个时代的陶行知必然也会包括在内。1916年，远在哥伦比亚大学求学的陶行知给黄炎培写信说道：国内青年，学成无用，中学毕业就学者仅十分之一，此为国内最亟须解决之问题。解决方法，一在提倡职业教育，一在使普通教材与训练方针，皆能适合于实用。可见，陶行知生活德育思想必然会包含职业观教育。

同时，陶行知生活德育思想中的职业观教育是以"生利主义"为核心的。陶行知在《生利主义之职业教育》一文中指出，职业教育既不是以生活为主义，也不是以衣食为主义，而是以生利为主义。何谓生利？生利有两种：一种是生有利之物，如生产农作物、工制品等；另外一种是生有利之事，如医生治病等。生有利之物和生有利之事虽然生产的事物不同，但是目的都是一样的，都是为了给群体带来利益。陶行知认为凡是生利之人，都可谓之职业界的人士，凡不是生利之人，都不可谓之职业界的人士。凡是把人培养成生利之人的教育皆可谓之职业教育，否则，不可谓之职业教育。因此，陶行知提倡的职业教育是以"生利主义"为核心的。那么，陶行知生活德育思想必然包含了以"生利主义"为核心的职业观教育。

第二节　陶行知"学生自治"思想是学校德育工作的指导思想

指导思想：学习并贯彻落实《陶行知"学生自治"思想》精神，根据精神指示，紧紧围绕学校工作中心，以培养良好品德和行为习惯为目标，重点抓好爱国主义教育、民族精神教育、法制教育、心理健康教育、环境教育。在精细上做文章、在落实上下功夫，强调理论和实践、思想教育和严格管理的有机结合，发挥学生的主体意识和创新精神，努力提高学生的整体素质，使德育工作更加规范化、科学化、特色化。

一、明确方向

学校德育工作的好坏关系到学校的教风，学生的学风和学生良好习惯、道德品质的形成。学校的德育工作不仅仅是学校德育领导或班主任的事情，应该是全体教师的事情，我们把德育渗透在每个学科中，全体教职工树立起"人人是德育工作者"的意识。

二、加强两支队伍建设

（一）加强德育领导小组建设

进一步加强德育领导小组建设，每个成员能主动地学习，形成合力，努力探讨德育工作新途径。

（二）加强班主任队伍建设

班主任是德育教育中的直接实施者，我们要进一步加强班主任队伍建设，开展形式多样的培训和学习活动，提高班主任教师的师德修养。

1. 正确把握"以人为本"的师德内涵

教育教学工作中要确立以人为本、以学生的发展为本的理念，对学生尊重信任与严格要求并举，建立有效的激励机制，激发学生的内在动力。教师要提升自己道德情感的感召力度，实施情感关怀工程，因为"情感是道德信念、原则性及精神力量的核心和血肉，没有情感，道德就会变成枯燥无味的空话"。教师要加强正面引导，严禁体罚和变相体罚[55]。

2. 坚持文明班集体的创建及常规管理考评与班主任考评相结合

班集体常规管理考评涉及班级管理的方方面面，班级管理要做到精心、细心、耐心，从小事开始提要求、抓落实。习惯的培养需要恒心和毅力，作为班级的经营者班主任，对自己的班级管理要做到心中有方，通过各种途径培养良好的班风和学风。要加强对班级卫生工作的检查评比力度，文明监督岗的检查员要坚持将每日所进行的评分材料及时汇总，及时公布。

三、完善三个德育基地建设

（一）布置好少先队活动室，让少先队活动室成为大队部工作的场所、队知识学习的场所、大队委员商量议事的场所。

（二）成立红领巾广播站，健全组织，落实具体负责的教师和学生，正常开展广播活动。让学生自己成为该活动的主角，让学生自我教育，培养学生自我管理的能力和创新意识。

（三）建立少先队种植园。在校园内植物园开辟一个花卉种植基地，作为学生劳动实践基地。定期为学生开放，让学生自己劳动，体验劳动的艰辛和收获的快乐，培养学生的实践能力。

四、抓好五项重点工作

（一）学生良好习惯的养成

1. 继续抓好学生的日常行为规范

坚持学好、执行好《中小学生日常行为规范》。教育学生，真正敬业的人，只有把每一件小事都做好，才有机会成就大事。从坚持讲普通话、使用文明用语、进校门敬队礼、扫好地、做好操、排齐队、不乱扔废弃物、不乱涂画、乱追打等小事抓起，创最美的学习环境、最优的课间秩序，培养学生良好的日常行为规范。

继续完善学生行为规范七项竞赛，坚持每天一检查、每周一小结、每学期一总结。并在此基础上，把每周的竞赛成绩公示在行为习惯竞赛黑板上，把竞赛成绩作为文明班评比的一个重要指标，以竞赛推动良好班集体的形成，以竞赛促良好行为规范的内化，逐步内化成为学生的自觉行为。

2. 努力培养学生良好的学习习惯

要培养学生良好学习习惯：（1）学会说话；（2）学会倾听；（3）学会读书；（4）学会写字。学会说普通话，通过国旗下的讲话、晨会班会教育让学生明确讲普通话的意义，要求学生课前、课间都讲普通话，把普通话作为校园语言。学会倾听是让学生在别人讲话时安静地听别人讲话，学会听懂别人的话，能理解别人话的意思。学会读书是让学生会读课本上的课文外，还要学会阅读课外的知识。本学期将开展读书活动，主要利用中午时间进行课外阅读，丰富学生的知识面。教育学生诚诚实实做人，认认真真写字。利用写字课开展写字教育，通过写字比赛促进学生认真写字。

3. 加强对学生的心理健康教育

继续开展有关学生心理健康课题研究活动，做好个案的积累和研究工作。通过班会课开展系列活动,密切关注学生心理素质的发展,挖掘学生的潜能,帮助学生形成健全的人格,培养承受挫折的能力、超越自我的勇气,具备良好的心理品质。尤其要重视离异家庭、特困家庭学生的教育,建立帮教档案。

(二)营造浓郁的校园文化

黑板报、校报校刊、每班教室外的墙面都是育人的好场所,都可以熏陶、感染学生。将重点把教室外面的墙面作为宣传教育的主要阵地,每月展出一个主题,把学生的各项才能展示出来,培养学生的各种能力,树立学生的信心。让学校的宣传橱窗成为学校的一道亮丽的风景线,关注天下大事,及时宣传学校生活的精彩,树立身边典型,挖掘典型蕴含,昭示全体学生,以弘扬正气,激励先进,鞭策全体师生共同进步。

(三)环保教育

环保是一个热门的话题,也是一个迫在眉睫的话题。环保教育通过主题班会设计活动,让学生知道我们面临的环境问题有哪些。

1. 环境污染

了解环境污染的各种表现及产生原因,学生分别举出生活中的相应例子。使学生认识到环境污染的严重性、环境污染对人类生存和发展的危害,明确目前环境污染无处不在的危机现状。

2. 生态系统破坏

由于人类不合理的砍伐、耕作,使森林减少,生物物种灭绝,植被受到破坏,生态环境恶化,土地荒漠化。请学生举出生活中人类破坏生态系统的行为。教师总结归纳:地球生物圈是全人类赖以生存和发展的共同家园,世界是一个不可分割的整体,空间上的距离和国家的边界对环境灾难是没有约束力的。环境问题没有国界,是全球性问题,各国的环境问题可以相互影响、相互作用。

3. 节约用水

水是生命之源,人类的文明之舟自古依水而行。人类对水的依赖,就像婴儿之于乳汁。河流被称为大地的动脉,湖泊被誉为大地的明珠。河流和湖泊提供了丰富的淡水资源,塑造了富饶的冲积平原,滋润了土地,哺育了人民,成为人类文明发展的摇篮。我们每天节约一滴水，就为地球添加了一分绿色。我们可以做到的。

第三节　建构"学生自治"机制是促进学生全面发展的必然要求

学生自治是"以人为本"科学发展观在高等教育中的重要体现，也是实现大学生全面发展的有效途径。学生在自治中能够最大限度地发挥主观能动性，充分调动内在智慧和才能，有利于自律、自强、自信和奉献精神的形成。通过转变管理理念，明确"以学生为本"，确立学生的主体地位，同时增强大学生的自治意识，培养大学生的自治能力，扩大自治范围，完善自治方式，发挥学生组织和社团自我管理的社会职能，让大学生在自我教育和自我管理中达到自我发展的目的。

一、学生发展理论

学生发展理论是人的发展理论在高等教育领域里的运用和发展。根据全面发展的人的界定，全面发展的学生指的是学生身心的全面发展、认识能力和实践能力的全面发展、个体和社会的协调统一与全面发展。

学生发展理论最早产生于美国，是 20 世纪早期随着学生发展运动的兴起应运而生的。美国大学的就业指导运动一般认为是学生发展理论的最早应用。当时美国的高等教育迅猛发展，学生规模不断扩大，"学生来源的复杂性和学生需要的多样性使得学生对职业指导等非传统项目的需求日益增强"。就业指导运动的工作重点是为了帮助对职业选择有困难的学生，通过分析自身的个性特点，找到最适合自己的职业领域并为能胜任这份工作而做好准备。同时，学生发展理论的推广也离不开美国教育理事会的支持。该理事会于1937 年和 1949 年两次发表了以"学生人事观点"为主题的报告，以文件的形式提出：高等教育机构不仅要研究和传授知识，还承担着促进学生发展的责任。报告详细列举了学生全面发展应包括认知能力的培养、职业技能的准备、价值观的发展、学生参与民主过程及承担公民责任能力的培养。除此之外，专业学会、一些心理学家和社会学家都开始关注大学生成长发展的研究，为学生发展理论的形成创造了条件。

学生发展理论是把大学生当作完整的人来看，高等教育要以大学生的学习和发展为中心，既要关注学生的共性发展，又要考虑到个性发展的多样性和社会需求的多样性，达到两者之间的和谐，创造有利于大学生全面发展的校园环境。学生发展理论对我国高等教育管理具有重要的指导意义。当前我国已经进入了高等教育大众化阶段，越来越多不同年龄和家庭背景的学生接受高等教育，由于不同的个体发展会表现出不同的发展模式，再加上多元化社会对大学生的要求已不仅仅局限于对知识的掌握，更重视各个方面能力的培养，因此传统的学生管理模式已不适应时代的要求，有必要与时俱进，改变传统的学生管理观念，变"管"学生为"育"学生。学生发展理论关注的正是学校所提供的教育、管理、服务项目能否促进学生发展，体现了大学对学生群体的关注，也进一步加深了人们对高等教育目标的重新认识。大学不仅是研究高深学问的地方，更是促进学生全面发展的地方，如何才能培养学生全面发展的能力，学生自治是关键。通过学生自治，增强大学生的主体性地位，调动学生学习和生活的积极性，锻炼学生的自治能力，让学生在真正意义上成长起来，形成独立自主、团结负责的品格，这才是促进学生学习和自身发展的最佳途径。因此，学生发展理论为学生自治的推行奠定了基础，也为学生自治指明了方向，即学生自治的目的不是单纯地脱离学校管理者的管束，而是通过自我管理、自我约束和自我服务来达到自我发展的效果。通过学生自治，尊重学生个性的发挥，不拘一格地培养人才，让学生充分深入地了解自己的特点和长处，鼓励学生勇于探索、勇于创新，引导学生开发内在潜力。

二、学生自治的内涵

（一）大学自治

大学自治在西方通常又叫作学术自治，是指大学独立地决定自身的发展目标和计划，并将其付诸实施。将大学自治正式作为一种大学理念加以确定的是德国学者洪堡。洪堡在柏林大学筹建期间就撰文提倡大学自治。洪堡认为："大学自治就是要使大学按照自身的逻辑发展而不受外部力量的控制和制约，以充分保障学术自由，具体措施主要是学生自治和教授治校。"[2] 为了使大学自治这一理念真正确立，他成立了以讲座教授为主体的教授会议，实行教授治校。正是由于洪堡在柏林大学确立了"大学自治"的经典理念，德国大学的发展中才出现了著名的"洪堡时代"。而后各国大学在发展过程中纷纷取法德国，最终确立了"大学自治"这一理念的历史地位，成为高等教育发展的基本理念之一。

（二）学生自治

学生自治是大学自治的一种内部表现，借鉴大学自治的含义，我们认为学生自治应该是指学生在法律规范许可的范围内[35]，在不违反学校规章制度的前提下，学生对于自己的学习和生活能够最大限度地发挥主观能动性，在学校和教师的支持与监督下有权选择学习的内容和方式。有权参与到学校的日常管理中，对涉及学生利益的事务享有知情权、建议权及适当的决策权，并且能够对自己的行为负责；同学之间互相帮助、互相勉励、互相监督，从而取得共同进步。学生自治强调的重点是自我教育、自我管理和自我服务。简而言之，学生自治包含三个方面内容：学习自由，日常生活的自我管理和自我服务，民主参与。保障学生学习自由，增强学生自我管理能力，完善学生参与高等教育管理机制，对促进学生全面发展具有重要的现实意义。

三、学生自治的途径

（一）树立"以学生为本"的高等教育管理理念

"以人为本"是现代教育发展的必然逻辑。"以人为本"的理念反映在高等教育中就是要"以学生为本"。要相信学生、尊重学生、依靠学生、发展学生、尊重学生身心成长的规律和合理的需要，以学生的发展为教育及管理之根本。教育是人性不断自我完善的过程，教育管理的重点是"育"，而不是"管"。学校的教育管理应有助于学生个性的开展和全面发展。我国的大学应该符合服务型大学的发展趋势，重新理解其服务的对象，从"以教师和科研为中心"的研究型大学转变为"以学生和知识的最终使用者为中心"的服务型大学。尊重学生的主体地位，发挥学生的主观能动性，努力为学生创造有利于全面发展和表现的平台。

（二）激发学生自治意识

培养学生自治能力。从目前的情况来看，学生自治不能得到有效实施，主要是因为学生缺乏自治意识，有较强的依赖思想。加之受传统教育思想的影响，学生习惯了听从师命，不敢有独立的行为。因此，当务之急是增强学生的自治意识。培养学生的责任心，让学生把自己当成学校的主人，把学校当成自己的家。学生自治是以学生为主体所展开的一系列行为，这种主体地位不仅是由学校所赋予的，更重要的是学生自己主动争取，如何才有资格成为自治的主体，则需要学生自身具有自治的能力，因此培养学生自治的能力是关键。培养学生自治能力的前提是培养学生独立自主的自律精神。有了高度的自律精神，人们就能在他律所不能包括的情况下做到自我约束，也正是学生自治能够成功的最终保障。让学生在自我管理中学会自律，这本身就是一种非常好的教育。

（三）完善参与机制，畅通大学生参与学校管理的渠道

首先，大学信息的公开化是学生参与管理的前提和基础，学生只有在最大限度地获取学校的信息动态、运行状况的前提下，才能有效地参与学校管理。为此，大学需要建立一个完善的信息沟通系统。尽可能地通过各种途径让学生及时获取学校的教育管理信息。例如，大学可以通过校园网的信息发布系统、BBS 学校论坛、电子邮件系统、校园广播、校报等多种形式向学生传递信息，逐步提高教育管理工作的透明度。其次，应该在学校与学生之间建立民主协商制度。在学校公共政策的制定过程中，学生、教师和行政管理人员在自由、平等的基础上广泛参与讨论、对话和协商并形成决策。这样既可以弥补立法机关和行政机关提供的规则的不足，增强其合法性，又可以在实施中得到学生的理解和配合。可以定期以学生代表大会、学生参议会、民主商谈会等形式就某些政策咨询学生代表的意见，并找出解决共同关心问题的方法，以求达成共识。还可以加强学生参与大学管理的组织建设，如在学校委员会中加入学生代表，或者在学校委员会的召开过程中允许学生代表参加。这些学生代表可以以自荐或推荐的形式经同学选举讨论产生，可以班级为单位，也可以专业为单位，按照一定的比例选举产生，人数不应太多，但一定要具有代表性。一旦有了学生参与的氛围和环境，就必定能调动学生参与的积极性，提高学生的参与能力，那么就能为学生自治奠定基础。参与是迈向学生自治的重要一步。

（四）发挥学生组织和社团自我管理的社会职能

学生组织不仅是锻炼学生工作能力的场所，而且是学生能够有效参与学校管理的重要保证，更是学生活动得以开展的组织形式。只有学生组成一个团体才能进行自我规划、自我调节、自我教育和自我管理。所以，学生组织和社团的建设十分重要。要发挥学生组织的自治作用，首先要培养学生干部。学生干部是学生组织的核心和关键，他们的个人素质、业务水平直接决定学生组织在同学心目中的形象，影响学生组织的建设和发展，也就自然影响学生自治管理模式的实施和落实。抓好优秀学生干部队伍建设，可以说是实施学生自治管理模式的一个重要环节。只有组织、教育好这些团体组织中的学生干部，使他们成为学生自治的骨干，在各项活动中发挥积极作用、表率作用、核心作用，使他们能认真贯彻学校的要求，又能正确反映同学的呼声，积极维护同学的正当利益，承上启下地增进学校和同学之间的相互理解，才能真正使学生自治管理工作落到实处，保障学生自治管理模式的切实实施。在改进学生会组织结构方面，可以组建多种形式的学生自治管理委员会，如监督委员会、评议委员会、申诉委员会、学生权益维护中心、学生事务仲裁委员会

等，逐步实现学生自治职能的专门化、专业化。

第四节　陶行知"学生自治"思想给学校德育工作带来哪种启示

人民教育家陶行知先生"捧着一颗心来，不带半根草去"的肺腑之言反映出他将自己的一生无私奉献于中国教育的精神，感化和教育中国一代又一代人。他提出：要使人人受到教育，必须到民间去，到乡间去。这也和当前希望工程扶助困难学生的目的相一致，"再穷不能穷教育，再苦不能苦孩子"，要使全国人民在接受教育中受益。

陶行知先生知识渊博，他用他的才华和毕生精力为中华民族教育事业而奋斗终生。他虽然同我们生活的年代不同，但他创造的教育理论和教育思想仍然值得我们学习和借鉴。陶行知的教育思想给我们的启示有如下三个方面：

一、因材施教，效果显著

陶行知先生曾说过"需要因材施教"，他曾给因材施教以形象的比喻："培养创造力要像园丁一样，首先要认识他们，发现他们的特点，而予以适宜之肥料、水分、太阳光，并须除害虫，这样他们才能欣欣向荣，否则不能免于枯萎。"他还说过："松树和牡丹花需要的肥料不同，你用松树的肥料培养牡丹，牡丹会瘦死；反之，你用牡丹的肥料培养松树，松树受不了，会被烧死。"我们现代的教育也必须和陶行知所说的一样，要有各级各类不同层次的教育，培养出各种各样、分门别类的人才。

俗话说"三百六十行，行行出状元"。现代的教育应该向三百六十行培养和输送合格人才，使其最终成为三百六十行中的状元。当然要使他们成为状元，一是要有丰富的文化科学知识；二是要有适应行业的特点、技术和技能。每一个学生的脾气、性格、爱好、家庭教育等都各有不同，所以我们在教育和教学工作中，对待每个学生都要仔细观察、了解他们，使他们在学校能受到良好的有针对性的教育，并从中受益。比如，有的学生在学习中有主动性和积极性，应该给予鼓励和鞭策，引导他们采用科学的学习方法，使他们学有所乐、学有所得、学有所成。采用不同的教育教学方式就会取得不同的教学效果。有些学生只要教师指出缺点错误就能改正。有些学生，特别是在家受父母过于宠爱的学生，你如果对他们态度暴躁、方法简单、言语粗俗,教育效果会适得其反。耐心、细致、多方配合的教育方式是必不可少的。"一分耕耘,一分收获",对学生教育教学的时间与成效是成正比的。联想对各年级学生教育教学,我们就运用了因材施教的原则。根据学生基础知识扎实、素质高的特点,我们就引入适合学生学习的教法来满足学生的求知欲望。如教学中,我们克服传统教学中存在的教师"满堂灌""一言堂"的弊端,除了采用直观启发式教学外,还适当地把电化教学、多媒体教学广泛引入课堂,让学生动手操作,通过生动、活泼、形象的教学形式,在承认学生的个体差异,相信每个学生都有发展潜能的基础上,为每个学生提供理想的教学,提供均等的机会,让基础好的学生"吃饱",基础一般的学生"吃好",基础差的学生"吃够"。还通过开设形式多样的第二课堂,成立各类课外兴趣小组,使每个学生的个性特长、兴趣爱好得到充分发展,这更加激发了学生的学习热情。

在对学生的教育方式上,陶行知先生更加具体地说:"跟学生学,你要教你的学生做你的先生。如果你不肯向你的学生虚心请教,你便不知道他的能力,不知道他的需要,那么你就有天大的本事也不能教导他。"陶行知先生的话字里行间揭示着教育教学规律,如果教育教学工作者不去充分了解教育教学对象,那么你就无法使学生听从你的教诲;如果你不了解学生的特点,你就不会知道如何发挥他们的长处,也不能弥补他们的不足。就像针灸医生给病人针灸一样,要根据病人的病情,找出其有效穴位,才能针到病除。好的教师在充分了解学生之后,找出有效的教育方法,充分调动学生的学习热情,发挥其主观能动性,那么他们的学习效果将会更加显著[46]。

二、手脑并用,注重实践

"教学做合一"的核心是"做"字,陶行知先生曾说过,"行是知之始,知是行之成","做是学的中心,也是教的中心"。例如,爱迪生发明电灯,不是从前的人告诉他的,而是玩把戏偶然发现的,所以他提倡"行动的教育""手脑并用"。他说:"手和脑在一块儿干,是创造教育的开始;手脑双全,是创造教育的目的。"注重实践是陶行知先生"教学做合一"的真谛,我们要从培养目标出发,坚持理论联系实际的原则,加强学生动手训练,培养学生的创新能力。

课堂教学是教学活动的中心环节,是学生获取知识、培养能力、发展智力、接受思想教育的根本途径。为了使学生不仅能掌握知识,同时能将知识转化为能力,教师在讲完课堂知识后,就趁热打铁,在全班开展小制作活动,利用实践课时间,让学生从设计、准备材料、加工,一直到自己运用所学知识去完成。结果,学生忙得热火朝天,当学生看到自己的作品展现在讲台上时，激动得手舞足蹈，教师也为他们的进步感到无比自豪。要使学生学到真本领，教学内容必须尽可能体现"实用性"，一定要坚持手脑并用，把学知识与动手操作贯穿于教学全过程。如今，科学技术突飞猛进，电子信息技术已普遍应用于社会生活的各个领域，这就要求我们教师必须站在时代前沿，不断接受新知识、新信息，不断探索新的教学方法。正如陶行知先生所说："要想学生好学，必须先生好学，唯有学而不厌的先生，才能教出学而不厌的学生。""我们做教师的人，必须天天学习，天天进行再教育，才能有教学之乐而无教学之苦。"在知识爆炸，高度信息化的今天，社会需要的已不再是那些"高分低能儿"，而是具有创新精神的高素质人才。因此，我们专业课教师在培养学生专业技能的同时，一定要注重创新能力的培养[46]。这就要求我们在教学中，一方面，教师本人必须具备创新精神和创新意识，不断了解当今电子信息技术发展的最新成果，更新教育观念，提高现代教育技术的应用水平，激发学生的求知欲；另一方面，要为学生创造一个自由、宽松的环境，鼓励多样性，使学生充分发挥自己的想象，敢于标新立异，展示自己的个性。

三、情感交流，爱心相助

情感交流中，教师要充分理解学生的情感。陶行知先生说过："要革除体罚，注意启发，使小孩接受教育的时候，有求学之乐趣，而无不必要之恐怖与烦恼。"教师在处理事情时，应注意控制自己的情绪，不迁怒、不急躁，切忌使用训斥、惩罚等违反心理规律和伤害学生自尊心的方法和手段。对待学生应以鼓励和表扬为主。尤其对后进生不仅不能歧视，反而要加倍小心地保护他们的自尊心；在对学生进行思想教育时，不仅要向学生提出具体的目标和要求，还要同时考虑学生提出的合理要求。为他们的合理要求创造各种机会，让他们获得成功，并让这种成功成为众所周知的乐事，以便鼓起他们的自信心和学习热情。教师要面向全体学生，把这种成功教育化为"春风风人，夏雨雨人"一样，人人有沾湿的机会。

情感交流中，教师应积极主动参与学生的日常活动。只有通过与学生的接触，才能充分了解每一个学生的全面情况。才能将教师的思想工作教育的目的、要求和内容融入学生的日常行为中去。情感交流能够消除年龄、地位的差异，产生出诚挚的师生友谊。使学生视教师课堂为严师，课后为朋友，有话愿对教师说，对教师的意见乐于接受。记得有位数学教师曾经提到：他在讲到分数应用题这部分时，要求学生画图来表示题意。在一次作业中，却发现这样一种现象：有部分学生随手一画就成了一条线段，弯弯曲曲的实在不美观，于是就要求这部分学生重做作业，并严格要求画线段一定要用直尺来画，这时一个学生突然冒出一句:教师,你怎么不早说。于是教师就用眼瞅了他一下,只见他满脸通红地坐下了。第二天,数学教师又仔细地批阅着学生的作业,心里暗暗思忖:看来,学生总归是学生,他们需要教师的再三叮咛和不断督促,然后才有进步。不经意间从作业本中掉下一张小字条,上面这样写道:我亲爱的教师,您是我最喜欢的教师,我也希望您同样也喜欢我,可也许因为今天下午我说的不礼貌的话,使您不会再喜欢我,我不会因为您不喜欢我而怎么样,只求您能大人不计小人过,原谅我吧。就算您不喜欢我了,但只要您能原谅我的过错,我会很感动的。教师,我诚恳地对您说一声对不起,请不要生我的气,要不然我会内疚的。

陶行知(1891—1946),本名陶文濬,安徽歙县人,人民教育家和教育思想家,坚定的民主主义战士和爱国者,是中国民主同盟和中国人民救国会的重要创始人和主要领导人之一。他一生致力于教育,曾先后担任南京高等师范学校教务主任和中华教育改进社总干事,并且亲自创办晓庄学校(现南京晓庄学院)、育才学校(现重庆育才中学),为我国培养出许多优秀的德智体全面发展的人才,为我国的新民主主义革命做出了巨大贡献。他是我国近代德育教育的积极提倡者和实践者,其德育思想是其教育思想体系中的一个重要组成部分,本书拟进一步发掘陶行知先生的重要德育理论、教育实践和现实意义,以便发挥其对当前高校德育工作的促进作用。

(一)陶行知德育思想的形成

陶行知先生生活在多灾多难的旧中国,深切感受着广大人民群众所经历的深重灾难,他坚持一切从实际出发的教育原则,在分别对西方传统道德教育和中国传统道德教育进行深层次思考的基础上,在道德教育出发点的问题上坚持人的社会化发展应该和其个性化发展相互作用的辩证统一观,其观点具有继往开来的重要意义。陶行知认为,在中国古代大都是以社会本位观来指导个体的道德修养,主要目的在于加强和巩固封建社会的集权统治,其结果必然导致损害个人合理的利益诉求和窒息个人多元的个性发展[1]。因此,陶行知深入批判中国传统道德教育是以"天理"压制人性,使个人的才能无法得到充分的发展,而西方国家的传统道德教育则过于片面追求人的个性发展,忽视了个人和社会、他人的整体协调,很容易使个人走上社会的对立面。因此,他也明确提出应排除人本主义的不良影响。当然,陶行知强调要发展人的社会化,并不是完全否定和限制人的个性发展,而是认为学校应该通过引导学生处理好个人和社会的关系,正确认识个人在社会上的应有地位,从而可以更好地发挥自己的力量,为国家民族的发展做出应有之贡献。陶行知以马克思主义为指导,不仅批判地继承了中华民族道德教育的优秀思想,而且还吸收整合了西方现代德育的诸多有益思想，在日常教育实践中创立了富有中国特色且符合社会实际发展的德育思想理论。他的德育理论虽然萌芽于新民主主义革命时期，但时至今日仍然具有十分强大的生命力，具有重要的借鉴价值和指导意义。

（二）陶行知德育思想的内容体系

1.陶行知德育思想的目标

"培养什么人"是德育工作的根本问题。陶行知根据自身教育实践和社会的需要，明确提出了德育目标是要培养"真善美的人"。"真善美"是陶行知先生执着提倡的德育目标，也是教育永恒的基本功能。求真是陶行知德育目标的核心问题。首先，陶行知认为必须求真知不说假话。1941年，他在写给其子陶晓光的信中就说"我们必须坚持宁为真白丁，不做假秀才"，而且要敢于在追求真理时不可轻易妥协，要有不辞辛苦、不怕失败的追求真理的精神。其次，陶行知强调做真人的根本在于道德，一再强调重视个人道德品质的养成。他主张道德品质是做人的根本，如果根本一坏，有再好的本领和高深的学问，也无法发挥正确的作用。而且如果没有道德而有很好的学问和本领，反而有可能为非作恶愈大。因此，陶行知主张大家都需要构筑好自己的"人格防线"。强调必须讲私德顾公德，把道德作为人格的根本基础和做人的基本原则。最后，"教人求真"是教师的任务和"学做真人"是学生的目标，是"做真人"在德育教育中的具体化。陶行知先生认为教师"千教万教"的根本任务在于"教人求真"，而学生"千学万学"的根本目的在于"学做真人"。这是学校教育的目标，也是学校实施德育的主要指导思想。求善是陶行知德育目标的根本。陶行知认为"善"是有良知良能之人追求的人生道德主要目标，是做人之根本。陶行知强调"真即是善"，求真就必须求善，也就是要树立良好的道德观。"真"是形成"善"的重要基础，人们要正确区分善恶，就必然要懂得分清是非和辨别真假。因此，所谓的求善就是要养成高尚的道德观，可以依据真善美的要求，从客观规律的内在要求来选择和发展自身的道德行为，从而使自己的日常行为和道德思想有利于社会的发展。求美是陶行知德育目标的最高境界。一个人对美的追求是其一生的最高追求，陶行知不仅道德上追求至真、至善，而且也没有放弃对至美的追求。他认为"真即善，真即美，真善美合一"。这在陶行知教育实践中得到很好的体现，他指出健全人格须包含优美和乐之感情，应通过美感教育来完善和发展道德。因此，陶行知提倡应实行"真善美统一"的教育理念，从而培养出具有健全人格的学生。

2. 陶行知德育思想的方法

德育必须以社会实践为立足点。陶行知强烈地批评学校传统德育理论严重脱离于社会实践的问题，他认为这种德育模式没有办法培养学生形成符合社会需求的道德标准。而要解决这种理论脱节于实践的弊端，就必须给学生以实践的机会来养成道德。所以，陶行知提倡"社会即学校"，从而大大丰富了学校德育的材料、工具、环境和途径。强调学校德育必须与社会生活息息相通，反对将学生关在学校这个笼子里死读书。陶行知主张学校德育应从社会实际出发，根据不同的学生在不同的时间做到有的放矢，从而实现"教学做合一"。所以，学校应该给学生提供社会实践的机会，使学生将所学的德育知识运用到日常实际生活中，在社会实践活动中学生主动地实现自身品德的完善和发展[7]。自主管理是学生道德发展的重要动力。陶行知所提倡的学生自治理念实质上就是学生的自主管理。他将"学生自治"解释为：是全体的学生组成团体来进行学习如何自己管理自己的过程。而学校应该为学生自治创造各种可能的机会，从而使学生可以有效组织起来，培养自己管理自己的能力，他强调学生的自治能力不是天生的，而是通过开展民主自治的道德教育来获得的。陶行知认为学生自治的过程是一个学生调整自我、控制自我和主动自觉的过程，把学校部分管理权赋予学生，从而使学生从被动管理束缚中解放出来进行学生主体的自我发展和自主管理，强调学生自治不仅是促进学生能力发展和培养学生公民意识的需要，而且还是学校德育的重要组成部分，是促进学生德育主体性发展的需要。师生互学是切实可行的学校德育方法。陶行知认为师生互学才是真正的教育，因此他一再主张教师和学生应该共同学习、共同做事、共同修养。而平等的"相师互学"的师生关系也是一个切实可行的德育途径。教师应主动放下"教师爷"的架子，与学生平等相处，甘苦共尝，共学共事，以便发现学生的思想状况和德育需求，从而根据发现的问题制订切实可行的德育方案。教师躬亲共学，为人师表，与学生共修养，也有助于形成良好的尊师爱生风气和遵纪守法风尚。

3. 陶行知德育思想的内容

陶行知德育思想的内容主要包括人格教育、理想主义教育、集体主义教育、劳动教育和爱国主义教育。陶行知在德育实践中尤为重视开展人格教育，指出我们需要的是"智、仁、勇"兼备的"真人"，呼吁学校应重视和完善学生人格修养。陶行知认为理想是一种个体积极向上的发展欲望，他多次鼓励青年学生要珍惜短暂的人生，要从小立大志并在实践中成就大业，进而以此为自己人生的最高理想。陶行知先生也重视开展集体主义教育。陶行知提出，中华民族只有像拧结的一股绳般紧密团结在一起，才有可能保持民族尊严，从而使中华民族屹立于世界民族之林。陶行知认为集体主义是集体思想、集体生活和集体行动的有机融合，有利于培养学生的集体精神。他认为只要学习时手脑并用，就可以将生产和教育、劳动和教育有效结合起来。他明确反对和强烈批判传统封建教育脱离劳动、拒绝生产的不良做法，在他创办的各种学校里极为重视培养学生的劳动生产吃苦精神[48]。陶行知的德育思想也包含明确的爱国主义内容，陶行知曾教育学生，国家是每一个人的，爱国是大学生应尽的本分。在他看来，个人利益与国家利益是密不可分的，个人是国家的重要组成部分，无论男女老少，都应该热爱自己的国家。

（三）陶行知的德育思想对我国大学生德育工作的现实启示

1. 重视开展大学生社会实践活动

陶行知强烈地批评学校传统德育理论严重脱离于社会实践的问题，他认为这种德育模式没有办法培养学生形成符合社会需求的道德标准。而要解决这种理论脱节于实践的弊端，就必须要给学生以实践的机会来养成道德。因此，新时期的德育工作不能仅仅局限于课堂教学，而应该让当代大学生主动走进社会，融入生活，积极参加各种不同的社会实践活动，让学生通过体验丰富多彩的社会生活道德情境，在实践中提高自己的道德选择力和判断力。但是，在大学生群体中开展的社会实践活动应该采用科学有效且喜闻乐见的形式，而不是那些虚有其表、过过场子、华而不实的社会活动。以喜闻乐见的社会实践活动为主要载体，进而在活动中逐渐渗透德育，有利于大学生提高思想道德修养，也有利于大学生德育工作的进一步深入开展。

2. 将大学生德育渗透到整个校园生活

陶行知先生提倡"生活即教育"。他认为"教育的根本意义是生活之变化。生活无时不变，即生活无时不含有教育的意义"。这都说明德育教育方法和覆盖范围上应该都是广泛的，无处不在、无时不有。目前，大多数高校的大学生德育主要通过"两课"开展教育，很容易将德育孤立起来，从教育整体中抽离出来。高校道德教育应该渗透到大学教育的每一个环节中，只有这样才有利于大学生德育工作扎根于良好的氛围和坚实的土壤之中，进而发挥出协同教育的效力，获得永久的生命力。因此，高校应重视大学生德育渗透到整个校园生活，强化学科课程教学的德育意识，将大学生德育工作贯穿于学校各科课程教学实践中，构建"三位一体"高校育人机制。高校教师应该在教学实践中有意识地、有技巧地渗透和发掘学校德育的作用，潜移默化地促进大学生道德的形成、发展和完善。

3. 坚持不懈实施大学生爱国主义教育

陶行知的德育思想中强调爱国主义教育。笔者以为，在当下，陶行知的爱国主义教育对于大学生德育具有重要意义。基于对爱国主义教育作用的重视，陶行知始终将教育与挽救国家危亡，振兴国家民族的目的结合起来。在陶行知担任晓庄学校校长时，就积极提倡应将培养学生爱国主义作为学校道德教育的一个重要组成部分。在陶行知后来的教育实践中都坚持不懈地重视对青年学生进行爱国主义教育和宣传，这对当时青年学生的思想产生了潜移默化的作用。中共中央颁布的《公民道德建设实施纲要》明确将"爱国"列为公民道德的第一位。因此，在新的形势下开展大学生德育工作仍然需要注重坚持不懈实施大学生爱国主义教育，通过各种有效途径提高大学生的爱国主义精神，使大学生形成正确的爱国主义道德观念，进而将其爱国情感升华为最基本的道德观念。

4. 坚持师生共学、共事、共修养的德育原则

陶行知认为师生互学才是真正的教育，曾经讲过："我们最注重师生接近，最注重以人教人。"因此，陶行知一再主张教师和学生应该共同学习、共同做事、共同修养。在教育学生时，他时常要求教师："要学生做的事，教职员躬亲共做；要学生学的知识，教职员躬亲共学；要学生守的规矩，教职员躬亲共守。"他深信这种师生"共学、共事、共修养"的德育方法才是真正的德育。而要在教育过程中做到"相师互学"的话，学校必须做到和学生"共甘苦，共生活，共造校风，共守校规"，从而在师生之间形成一种相亲相爱的关系，进而消除师生之间的隔阂，从而实现心灵上的真实对话，才会取得有效的道德教育效果。因此，新形势下要有效提高大学生德育工作水平，就必须重视发挥教师的引导作用。首先，教师必须重视提高自身综合素质，紧跟时代步伐，平等对待学生并与其和谐相处，在和学生共同学习生活过程中发挥榜样作用，使自己成为大学生健康成长的引导者；其次，教师应该根据不同学生的特点开展有针对性的道德教育，对其进行耐心的沟通和引导，在真心实意的交流沟通中获得学生的尊重和信赖，使其可以自觉接受来自教师的帮助和教育，从而提高大学生道德教育实效性。

第六章　陶行知"学生自治"思想校本化实践的当代价值

第一节　陶行知"学生自治"思想校本化实践的必然性

一、课题研究的背景和意义

（一）课题提出的背景

运用陶行知生活教育理论这一传统优秀教育理论来优化小学数学教学，让小学数学教学改革推开一扇新的窗，带来一股清新的空气，增添一分教学活力。之所以提出此课题，其背景主要在于：

1. 贯彻党的教育方针的需要

在当今教育中，优先发展教育已成为大家的共识。党的教育方针的全面贯彻，需要教师坚持育人为本，坚持实施素质教育，培养全面发展的社会主义建设者和接班人。而要达到这一目标，教育要对学生负责，要对教育未来负责，尤其是对学生的素质提升和发展负责。在小学数学教学中，教师既要让学生学到数学知识，又要培养学生的数学思想和数学精神，既要让学生对数学知识进行探究，又要让学生对自身的个性和品德进行反思和修正，既要让学生重视数学知识的学习，又要让学生学有兴趣，学得轻松，学得快乐[49]。这需要借鉴陶行知生活教育的优秀传统理论为小学数学教学的现代化教育服务，以提升小学数学教学的有效性。

2. 实施新课程标准的需要

《数学课程标准》中明确指出："义务教育阶段的数学课程，其基本出发点是促进学生全面持续和谐地发展"。强调从学生已有的生活经验出发，让学生亲身经历将实际问题抽象成数学模型并进行解释与应用的过程。在《标准》的基本理念中指出："使数学教育面向全体学生，实现：人人学有价值的数学；人人能获得必需的数学；不同的人在数学上得到不同的发展。"在《标准》的总体目标中也指出："初步学会运用数学思维方式去观察、分析现实社会，去解决日常生活中和其他学科学习中的问题，增强应用数学的意识。""体会数学与自然及人类社会的密切联系，了解数学的价值，增进对数学的理解和学好数学的信心。"新课程标准这些要求，都是强调数学与生活的密切关系，而陶行知的生活教育理论对小学数学教育无疑具有指导性和必要性，有利于更好地促进小学数学教学改革，有利于贯彻落实新课程标准。

3. 把握教材编排特点的需要

在小学数学教学中，重视学生的生活经验，使学生在已有知识和经验基础上学习新的知识，已成为当前国际数学课程和教学改革的基本共识。在小学数学教材编排上，非常重视学生的生活实际，注重数学和现实的关联，注重联系学生的已有经验，让学生在探究过程中学习数学，理解数学和应用数学。教材编排从学生经验出发，设计了许多学生生活中感兴趣、有数学价值的情境，展现了数学知识的产生和应用过程，并形成"问题情境—建立模型—解释与应用"的基本叙述模式，从这一模式中关注学生情感体验，发展学生的学习兴趣和信心，促进学生自主参与和探究交流。这一教材编排特点，需要教师正确处理好教材"生活味"和"数学味"二者之间的关系，而这一关系处理，有必要去借鉴和运用陶行知的生活教育理论，使二者之间不偏颇、不混淆、不颠倒，从而更好地运用教材，以提高教学的效率，达到教学的目的 [49]。

4. 改变新课程改革不良现状的需要

小学数学教学随着课程的实施注入了教学活力，带来了蓬勃生机，但不须讳言小学数学教学存在着不可忽视的不良现状：在教学中情境创设，其有效性过低；过于讲究数学生活化，缺少数学味，缺乏数学思想和数学精神的培养；过于追求数学活动形式，缺少对数学问题的探究和思考；过于注重数学教学的知识性效果，缺乏对学生的情感和道德的培养，过于强调获得数学知识的本身，缺乏对学生的思维锻炼和对学生"智慧"的发展。造成这些现象的原因不一而足，但对数学与生活的关系认识不清是其重要原因，基于这种现状，借鉴和运用陶行知的生活教育理论为小学数学教学改革服务是十分必要的。

（二）课题研究意义

通过本课题研究，其意义在于：通过陶行知生活教育理论在小学数学教学的实践研究，改善小学数学教学的方式，为学生提供生动、充满情趣的学习环境，将生活和数学教学紧密联系起来，将课程与生活紧密联系起来，注重从贴近学生的生活实际出发，把数学教学与现实生活有机地结合起来，用生活教育理论来修建学生学习数学的"跑道"，促进学生转变学习方式，让学生在生活教育理论指导下，体验感悟、自主探究、合作交流，从而探索出生活教育理论在小学数学中的实践目标、内容方法和策略及途径，建构学生学习数学的模式，以促进小学数学教学改革不断深入。

二、课题研究理论依据

（一）有效教学理论

没有效果的教学是没有价值的教学，甚至是有害的教学，有效教学理念主要体现在以下三个方面：（1）促进学生的学习和发展是有效教学的根本目的，也是衡量教学有效性的唯一标准；（2）激发和调动学生学习的主动性、积极性和自觉性是有效教学的出发点和基础；（3）提供和创设适宜的教学条件，促进学生形成有效的学习是有效教学的实质和核心。

（二）建构主义认识论

知识不是完全通过教师传授得到，而是学习者在一定的具体情境下借助自己的努力，以及其他人（包括教师和学习伙伴）或利用必要的学习资料的帮助，通过意义建构的方式而获得。在建构知识的过程中，教师只是学习活动的创设者、组织者、引导者，学习是学生自觉主动参与的过程，知识经由学生自己的科学方法检验后获得，经由学习者的自我尝试错误后进行同化，再经认知冲突即自我调适后才获得。学习是主动的建构及目标取向的过程，它的特征是"由内向外发展的学习"。

（三）有意义的学习理论

学习的过程即新旧知识相互联系、相互作用的过程。有意义的学习是一种以思维为核心的理解性学习，其特点是学生全面地投入，包括身与心、认知与情感、逻辑与直觉等都和谐统一起来，其结果既是认识和能力的发展，又是情感和人格的完善，同时有意义学习的结果能得到自我确认。

三、课题名称的界定和解读

（一）课题界定

生活教育理论：这是陶行知贯穿其教育思想的核心，它包括三大部分："生活即教育"是本论，"社会即学校"是领域论，"教学做合一"是方法论。生活教育理论包括四个方面的含义：

（1）"生活即教育"就是受实的教育，受活的教育，在实际生活中受教育，使教育从书本到人生的，从狭隘到广阔的，从字面的到手脑相长的，从耳目到身心全顾的，是拿全新的生活去做教育的对象，要求生活与教育统一，反对与生活脱离的传统教育。

（2）在改造生活中受教育。"生活即教育"不能简单理解为只是在生活中受教育，而应理解为把教育带到生活中，使生活发生向前向上的变化，使他们毕业后"可以单独或共同去征服自然，改造社会"。

（3）生活的变化就是教育的变化，要求教育"与时俱进"，要求人们"过现代的生活，就要受现代的教育"，取得现代的知识，学会现代技能，感受现代的问题，并以现代的方法发挥每个人的力量。

（4）从当时当地不同对象的生活实际出发，决定教育内容和方法，他认为书是生活的符号，是生活的工具，把书本知识和当时当地生活联系起来加以活用，才有意义。

（二）课题名称的解读

生活教育理论与小学数学教学的关系：生活教育是内容，小学数学教学是载体，把生活教育理论有机渗透和融合在小学数学课程教育教学活动中，促进小学数学改革，纠正小学数学教学中关于"生活化"和"数学化"的偏颇、倾向，促进学生更好地学习数学，促进小学数学教学有效性的提升。

四、国内外课题研究现状及趋势

陶行知是伟大的人民教育家，被列为世界近代八大教育家之一，1991年被评为世界近代四大文化名人，是中国现代教育的先驱，郭沫若评价其为"二千年前孔仲尼，二千年后陶行知"。陶行知一生从事教学实践活动，形成诸多的教学理论和教育思想，如生活教育理论、平民教育理论、民主教育理论、晋级教育理论、女子教育思想、创造教育思想等。李庚靖在《中国陶行知研究80年概述》（广西师范学报2000年1月第23卷第1期）中说："中国陶行知研究经历了探索研讨、纪念评价、批判沉寂、争鸣复兴、实验发展五个阶段：20世纪在海外陶行知研究成果丰硕，日本学者倾向于教育价值的借鉴，美国的研究更具有学术性，欧洲研究者多立足于宏观考察，而21世纪对陶行知的研究呈现出关注主体思想，在不同语境下建构模式和理论阐释多元化等研究趋势，反映了研究思维的生成性特点[49]。

陶行知教育思想系列研究被列为国家教育科研"七五"期间重点项目，全国各地"师陶研陶"的活动不断向纵深发展。在福建陶行知研究会"十一五"课题成果展示中就着重研究陶行知教育思想与校园建设、学科课堂、教师教育、学生成长、幼儿教育等方面，并取得较大的成果。

基于目前对于陶行知的思想理论的研究，目前整体系统已经对于陶行知的思想体系有了全面的阐述，并且已经可以成熟地应用到现实的学校管理应用中。但大都偏重于理论性的探究，偏重于从理论上探讨陶行知教育思想的含义、特点及历史定位。但用陶行知的教育思想来指导具体的教学实践以及对小学学科教学的建构研究还不多。本课题基于以上现状提出在小学数学中运用陶行知生活教育理论优化小学数学教学的实践研究，旨在为小学数学教学改革做出一些积极尝试和探讨。

五、课题研究的目标及内容

（一）课题研究目标

1.通过本课题研究，对小学数学教学中的学生角色进行再定位。

陶行知生活教育理论，强调了学生主动学习、主动发展的理念，提出对儿童"六大解放"的主张，通过对小学生在小学数学教学中的思维、行为、心理、个性等研究，对小学生在小学数学教学中的角色进行重新准确的定位。

2.通过本课题研究，对小学数学教学的"数学生活化"和"生活数学化"的内涵进行再定位。

陶行知的生活教育理论准确阐述了生活教育的含义、范围、作用，通过实践研究，对小学数学的"生活情境""活动形式""思维发展""情感探究"等研究，正确处理"生活化"和"数学化"的关系，准确把握"数学生活化"和"生活数学化"的内涵。

3.通过本课题研究，构建小学数学教学的新教学观。

陶行知的生活教育理论给小学数学教学导引了教学方向，通过实践研究，在小学数学教学中，树立新的教学观，在对学生"六大解放"中创新、提升，正确处理好"教书"与"育人"的关系。

4.通过本课题研究，初步构建一个在新课题背景下具有科学性、实效性的小学数学教学体系。

（二）课题研究内容

1.对生活教育理论在小学数学教学中的内涵、特征和价值的研究；
2.对生活教育理论与小学数学的课程内容相融合的梳理和整合研究；

3. 对小学数学教学中，落实生活教育理念的教学策略与方法的研究；

4. 对小学数学教学"数学化"和"生活化"的辩证统一关系的方式和策略的研究。

六、课题研究参与对象及方法

（一）研究参与对象：本校 4 ～ 6 年级学生

（二）课题研究的方法

1. 文献研究法：通过搜集、整理和应用国内外与本课题相关的教育教学理论，查阅和理解教育行政部门的文献资料，为课题研究提供真实准确的理论依据。

2. 调查研究法：定向定量地开展社会和学校的问卷调查，掌握充实而丰富的第一手材料，制订相关计划、相应措施，提高课题的有效性和针对性。

3. 行为研究法：坚持理论与实践相结合，结合日常与实践展开研究，解决在教学中所遇到的问题，探究在教学中的具体实施，教育理论的有效方法和可行性策略。

4. 经验总结法：组织课题组成员及时总结在教学中实施生活教育理论的做法和效果，用叙事案例、论文的形式，总结物化研究中的经验与成果。

七、课题研究的过程与周期

（一）准备阶段（2015 年 5—6 月）

1. 填报课题申报表、申报课题、提交申报研究方案；

2. 拟订课题计划，完成课题方案的开题。

（二）实施阶段（2015 年 6 月—2016 年 9 月）

1. 确定研究和承担的相关内容、形式、目标、成果等；

2. 在实施过程中请专家指导，纠偏纠错，促进课题研究正常开展；

3. 成员分工合作，开展课题的实践研究工作；

4. 总结经验，及时调整实践研究工作。

（三）经验总结阶段（2016 年 10—11 月）

1. 搜集、整理资料；

2. 根据研究情况在理论和实际操作方面做进一步深化研究，形成最后的研究成果；

3. 将研究成果转化，撰写实践研究结果的论文等。

八、课题预期研究成果及呈现

（一）理论研究成果

1. 通过本课题研究，探索陶行知生活教育理论对小学数学教学中的指导意义；

2. 建构具有实践操作性的小学数学教学的有效模式，树立新的小学数学教学观；

3. 通过本课题的研究，初步构建小学数学教学具有科学性和可操作性的评价体系。

（二）成果呈现形式

1. 课题结题报告；

2. 课题研究相关报告（指导纲要、实验报告、调查报告）；

3. 教师个案；

4. 论文、案例汇编；

5. 课题研究活动的记录、图片。

九、课题研究保障措施及人员分工

（一）课题研究保障措施

1. 时间、组织保障

每半个月至少集中一次，召开例会，进行交流讨论，合理分工，明确任务，加强责任观念，保证高效完成该课题的研究任务。

2. 技术保障

（1）领导重视并大力支持；

（2）成员科研能力强，组成结构合理；

（3）教育专家指导；

（4）图书资料、电教设备保证。

3. 经费保证

本校对该课题从经费上和物力上给予大力支持。

（二）成员分工

课题组成员均毕业于正规院校，具有本科学历，成员中有富有教育教学管理经验的校领导，又有专业知识扎实、年富力强的青年教师，也有善于做教育工作的优秀班主任，他们敬业爱岗、热爱教育事业，潜心于教育教学研究，具有较高的业务素质和政治素质，且都曾参与过课题研究，有多篇论文在市、县评比中获奖，这是一支素质高、基础扎实的研究队伍。

课题组组长：范根兰，负责课题规划和组织实施，参与课题研究、研究报告的撰写与课题成果编写工作。

课题组副组长：盛秋红，承担课题研究和实验，承担课题理论研究任务和结题报告及成果的编写等工作。

课题组成员：李秋苹，承担课题研究和实验，参与课题研究过程管理、课题研究成果汇总等任务。

课题组成员：李静，承担课题研究和实验，参与课题研究过程管理、课题研究成果汇总等任务。

课题组成员：陈仙芳，承担课题研究和实验，参与课题研究过程管理、课题研究成果汇总等任务。

第二节　陶行知"学生自治"思想校本化实践的策略与意义

伟大的教育家陶行知先生提出了"学生自治教育"，彰显的是学生的主体地位，突出的是学生的主动参与，培养的是学生自己管理自己的能力。新时代、新时期的"学生自治教育"具有时代的特色。本节从学生自治教育的实践意义以及实施策略等方面进行了阐述，实践不断丰富"学生自治"的内涵，实施策略也随之发生变化。

学生自治教育，换言之，就是教育学生自治。在中国近代教育史上，最早提出学生自治教育的当推 20 世纪初期的教育家陶行知先生。他针对当时学校教育中无序的教育状态，从学校的办学目标、学生的心理特点、教育的客观规律出发，标新立异地提出"学生自治"这个严肃的课题。他认为，学生自治是学生结起团体来，大家学习自己管理自己。从学校这头来说，就是"为学生预备种种机会，使学生能够组织起来，养成他们自己管理自己的能力"。这是从教与学的角度，提出了学生自治的意义与方法。"自己管理自己"，管理什么？管理的是生活、学习以及未来的发展。"自己管理自己"，不是天然所成，而是凭借教师的教育智慧，营造氛围，巧设架梯，即"预备种种机会"。从辩证法的原理考量，事物变化的根本是内因，外因通过内因而起作用，学生的成长离不开教育；从教育规律来看，教师为主导，学生为主体，教师的导向作用决定着学生成长的轨迹；从社会的需求来思考，学生的成长与发展关系到社会的兴衰。可见，"自己管理自己"不只是管束自己，而是发展自我；不只是关乎自身，而且关乎民族的命运。从这一意义上来说，"学生自治"，旨在培养学生独立自理的习惯、自强自立的独立人格、积极向上的奋斗精神。历史的车轮滚滚向前，教育领域虽几经变革，但倡导学生自治仍具有无限生命力。特别是进入新时代，社会对教育的要求更高，公众对人才培养的期盼更强，"学生自治"的内涵也就更为丰富[56]。

一、学生自治教育的实践意义

（一）有利于开启学生幽闭的心扉

小学是基础教育的基础。"学生自治教育"要从基础教育抓起。其主要原因是：（1）相对来说，小学生年龄偏低，可塑性强；（2）从认知规律来看，从低级到高级，从不自觉到自觉，需要一个漫长的变化过程；（3）从儿童的心理特点来看，只要是他们能做的事，就不喜欢别人多加管束，他们渴望的是自理、自立，总是希望得到教师或同学的赞赏。但由于家庭环境、家长素养、个性天赋的差异，因此，在启蒙教育阶段，教师要根据儿童生理特点与心理特点，积极引导学生自己的事自己做，集体的事大家做，他人的事选择做。学生只有在不断的实践中，才会形成独立自理的能力。这里必须指出，学生自治，不是学生自由行动，而是要遵循一定的规则，用规则来约束自己。这个规则，既要符合伦理道德标准，又要切合学生的意愿。

对此，陶行知认为，学生自治不是自由行动，乃是共同治理；不是打消规则，乃是大家立法守法；不是放任，不是和学校宣布独立，乃是练习自治的道理。这里强调了"共同治理""练习自治""大家立法守法"三个关键点。"共同治理"，就是要培养学生的集体意识，或者说团队协作精神。"学生自治"置身于集体之中，受到他人的监督，又得到他人的帮助。"大家立法守法"，讲的是立法要大家立，规矩要大家守。"练习自治"，是讲学生自治有一个学习和训练的过程，这个过程是一个不断内化的过程。可见，"学生自治教育"

有利于开启学生幽闭的心扉，唤醒学生沉睡的潜能。

（二）有利于促进学生实现知识与能力的双重转化

长期以来，由于传统教育观念的束缚，重知识轻能力的现象犹如一条绳索，始终缠绕着师生的手脚。因而，导致学生的知识与能力不能得到协调发展，甚至错失了能力培养的最佳时机。学生只会跟着教师亦步亦趋，学习缺少主动精神，思维缺乏沉稳与灵动，生活缺少自理与自主。显然，这种教育状况与新时代的要求格格不入。新时代需要的是知识与能力二者得兼的人才。这种人才应该具有如下品质：（1）具有主动的进取精神，不满足于现状；（2）具有竞争心理，不甘落后；（3）具有正确的学习方法，形成符合自身特点的学习策略；（4）具有团队协作精神，善于吸取他人的经验，乐于帮助他人，共同进步。而这些品质是在长期的学习活动中形成的，其精神支柱是自理、自立、自强。

其实，早在20世纪初期，陶行知先生就谆谆告诫我们："从学习的原则看起来，事怎么做，就须怎样学。譬如，游泳要在水里游，学游泳就须在水里学；若不下水，只管在岸上读游泳的书籍，做游泳的动作，纵然学了一世，到了下水的时候，还要沉下去的。"可见，具备了一定的知识，不等于具备了一定的能力。从知识到能力，这里有一个转化的过程。这个过程就是将知识运用到实践中去的过程。可见，实践是知识转化为能力的"催化剂"。经验表明：学生主动参与、积极实践是能力培养的关键。主要表现在：（1）具有主动参与的积极性，不是听"学问"，而是做"学问"；（2）具有质疑与反思的思维习惯，就是平时所说的"学贵有疑"的道理；（3）具有克服困难的顽强的意志，及时调节自己的学习策略。只有如此，才能在学习知识的同时，实现知识向能力的转化，进而实现知识与能力的双重转化。可见，重视学生自治教育，就是重视学生个性的张扬，重视学生能力的发挥。

（三）有利于创设新的学习情景

我们正处于一个伟大的新时代。新时代对教育提出新的要求，那就是培养创新型人才。这个创新是在继承基础上的创新，是在学习他人经验基础上的创新，是在一定目标引导下的创新。而创新素质的形成有赖于个体积极性的发挥，有赖于集体的智慧及自强不息的奋斗精神。学生只有具备了自强自立的独立人格，具备了厚实的知识基础，才能绽放出创新的花朵。人们越来越清楚地认识到，人类的进步和文明成果由于网络的开放和共享，更加容易地被传播和使用。因而，网络时代给教育带来了生机。信息技术改变着人类文化的传播方式。多媒体读物的出现，拓展了学生的阅读空间，为学生创设了新的学习情境。这对于具有自治能力的学生来说，无疑是一个福音。陶行知在《教学做合一之教科书》一文中如是说："我们要活的书，不要死的书；要真的书，不要假的书；要动的书，不要静的书;要用的书,不要读的书。"他的这段话耐人寻味:阅读,既要重视知识的传承,又要重视知识的发展;既要重视实践的价值,又要重视创新的引领。100多年以来,历代教育界的人士正是沿着这条轨迹在苦苦求索,然而,成效甚微。究其原因,是学生自治能力不尽如人意。虽然如今各类课外读物展现出人类知识的精华,但由于学生内驱力较差。课外阅读形同虚设,这是一种浪费,也是一种悲哀。可见,学生自治能力的培养关乎新的学习情境的创设,关乎创新型人才的培养。"学生自治",倡导的是学生"自学",彰显的是学生"自强"。陶行知曾经将学生自治喻为"人生的美术"。他说:"因为自治是人类的美术,凡美术都有使人欣赏爱慕的能力;那不能使人欣赏的、爱慕的,便不是真美术,也就不是真的学生自治。"事实说明,"真的学生自治"是潜能的开发、经验的激活、独立性的彰显。它既有令人欣赏的价值,又有值得爱慕的亮丽。

(四)有利于培养学生的合作意识

学生自治,是在共同自治基础上的自治。陶行知从国民的素质出发,认为今日的学生,就是将来的公民。共和国所需要的公民,是要他们有共同自治的能力。这样看来,"共同自治",就是将个人置于集体规则之中的自治。因此,个人要对集体负责,集体要为个人着想。个人与集体存在着一种影响和被影响、约束和被约束的关系。可见,"共同自治"体现的是同学间的互相促进、共同合作。从这一意义上来说,"学生自治"教育有利于培养学生的合作意识。合作意识具体表现在:(1)在完成共同任务中,个人必须承担一定的责任;(2)在学习过程中,个人要注意与他人沟通,形成合作的张力;(3)在各种竞赛活动中,既要表现出一种竞争意识,又要表现出团队合作精神,形成团队的合力;(4)在面对同学间的矛盾与纠纷中,既要实事求是,又要与人为善,发挥集体的正能量。从教育的现状来看,目前学生自我意识较强,但合作意识淡薄。他们不懂得或不善于将个人的发展置于集体的智慧之中。事实上,合作对个人的成长与发展具有举足轻重的作用。人各有长,合作可以集思广益,可以取长补短,可以优势互补。倡导学生"共同自治",就是强调团队合作的重要性。

从时代的发展来看,新时代呼唤具有高素质的国民。这种高素质的国民,既要有厚实的知识基础,又要有创新精神;既要有强烈的事业心,又要有报效祖国的责任心。无论是知识学习,还是创新发展;无论是事业追求,还是责任担当,都离不开人与人之间的合作。如今的在校学生就是未来之国民。所以,重视学生"共同自治"教育,也是一种时代的需要。

（五）有利于学生伦理道德之修养

陶行知在《学生自治问题之研究》一文中指出："修身伦理一类学问，最应注意的，在乎实行；但是现今学校中所通行的修身伦理，很少实行的机会；即或有之，亦不过练习仪式而已。所以嘴里讲道德，耳朵听道德，而所行所为却不能合乎道德的标准，无形无影当中，把道德与行为分而为二。若想除去这种弊端，非给学生种种机会，练习道德的行为不可。"这里，即指出了道德教育中的弊端，又指出了解决弊端的出路。陶行知讲这番话是在20世纪初，时间已经过去了100多年，但"嘴里讲道德，耳朵听道德，而所行所为却不能合乎道德的标准"的现象仍然发生。这不能不引起教育工作者的高度重视。

可见，倡导学生自治教育是学生修身伦理之需要。道德教育成功与否，取决于学生行为有没有合乎道德的标准。教师如果一味地从书本到书本不厌其烦地念"道德经，"纵然念了一百遍，也是徒然。因为，没有给学生"练习道德"的机会。而练习道德，要靠学生自己去经历、去体验、去担当、去分享。陶行知在论及学生自治在修身伦理中的意义时明确提出，"要形成以下几种习惯：一是对于公共幸福，可以养成主动兴味；二是对于事业，可以养成担负的能力；三是对于公共是非，可以养成明了的判断"，正是基本的道德标准使然。这里，既有体验，又有责任，更有方法。

由于我们从事的是小学教育，我们必须从小学生的特点出发，在具体的活动实践中，在细微的班级事务中，注意引导学生在生活中学会"自理"，在学习中学会"分享"，在管理中学会"担当"。只有如此，学生自治教育才能在学生伦理道德修养中凸显它的教育功能。

二、"学生自治教育"的实施策略

（一）弘扬健康的班级文化

班级文化是校园文化的重要组成部分，它属于学生文化的范畴。具体是指学生在班级共同体中所共有的价值观念和行为方式。由于学生学习、活动的环境主要是在班级，所以班级文化的引领作用是不可小觑的。班级文化的呈现方式主要有两种：一种是有形的，一种是无形的。有形的是指学生公约、班级墙报、集体活动等；无形的是指学生在学习、交往过程中所表现出的态度、意识、意志、毅力、情操等。健康的班级文化具有如下特征：(1) 积极向上的价值观念；(2) 有利于成长与发展的行为方式；(3) 良好的文化环境。

弘扬健康的班级文化，既要注重物质的，又要注重精神的。换言之，既要重视看得见的，又要重视看不见的 [56]。从某种意义上来讲，"看不见的"比"看得见的"更为重要。因为它对学生的价值观念、行为方式、思想方法、思维形式具有潜移默化的作用。健康的班级文化关系到班集体的班貌、班风、班纪。其主要特点：(1) 参与性原则。为了使班级文化风清气正，应该引导学生全员参与班级管理，就是陶行知所倡导的"共同自治"。(2) 多元性原则。为了使健康的班级文化百花齐放，应该体现丰富多样的特点。(3) 开放性原则。为了使学生适应时代要求，应该适当引入网络文化，从而丰富班级文化的内容与形式。(4) 选择性原则。为了使班级文化生机勃勃，应该从学生实际出发，发挥学生的长处，发展学生的优势，从而让学生在选择中体现自身的价值。

（二）培育学生丰富的个性

20 世纪初，中国学校教育正处于百废待兴的历史时期。陶行知作为新教育的开拓者，深感旧教育犹如一条绳索束缚着师生手脚。于是，他提出了"学生自治"的主张，旨在解放学生的个性，回归学生的主体地位。可见"学生自治"与"个性解放"具有一定的因果关系。只有强调"学生自治"，学生的个性才能得到真正的解放。从这一意义上来说，"学生自治"不是为了将学生驯服成"小绵羊"，而是为了让学生具有独立的意志、自由的人格、高尚的情操。步入新时代，"学生自治"内涵发生了变化。不只是过去的智育注重自学、体育注重自强、德育注重自治，还需要个性得到张扬，潜能得到开发，生命价值得到提升。这就需要注意从"学生自治"深刻的内涵出发，培育学生丰富的个性。丰富的个性的外在特点是：(1) 具有强烈的自信心和自尊心；(2) 性格开朗，对新事物（新知识）有强烈的好奇心，乐于与人交往与沟通；(3) 办事有主见，持开放态度；(4) 善于变通，如及时调整适合自身特点的学习策略……这种丰富的个性是对"学生自治"成果的发展。培育学生丰富的个性的途径主要有：(1) 构建学生"自治"课堂，提高学生独立思考的能力；(2) 引进新的学习方法，如自主学习、合作学习、探究学习等，突出学生在学习活动中的主体地位；(3) 以活动为载体，发挥学生的特长，培育学生强烈的自尊心和自信心；(4) 以兴趣为切入点，以体验为主线，创设新的学习情境（问题情境），强化学生的自我意识。

（三）坚持学、教、练的有机统一

之所以提倡学、教、练的有机统一，是因为它是一种尊重学生人格的符合人的认知规律的教育方法。它与传统意义上的教育灌输不同。所谓灌输，是指教育者为了达到一个固定的目的而采用强制的、以控制为主要手段的教育方法。它的弊端是：(1) 不顾及学生的知识基础和能力基础；(2) 不能诱发学生的兴趣；(3) 不注重师生间的有意义的生成性的互动；(4) 不能有效地促进学生对新知识的构建。其实质是，无视受教育者的人格尊严和理智能力。而"学生自治教育"的原则是充分发挥学生在学习活动中的主体作用，彰显的是"以人为本"的教育理念。从这一意义上来说，坚持学、教、练的有机统一，是教育学生自治的有效途径。

　　如何从"以人为本"的教育理念出发，坚持学、教、练的有机统一？在这方面，江苏省泰兴市洋思中学做出了可贵的尝试，积累了丰富的经验，取得了"学生自治"的成果。他们创造的"先学后教、当堂训练"的教学模式，对于小学中高年级教学具有一定的借鉴意义。它的基本特征是教师讲得少，学生练得多。教师的讲是一种引导，是一种点拨，是一种拓展。教师的"讲"是建立在学生自学基础上的"讲"，"讲"的是学生的疑点，是知识的重点，是方法的关键。学生的"学"，是建立在自觉基础上的"学"，是建立在发现问题基础上的"学"，是建立在举一反三基础上的"学"。这种教学模式和方法对于培养学生良好的学习习惯、运用有效的学习策略、实现学生自治教育大有裨益。

　　因此，我们既要从 20 世纪初陶行知关于"学生自治"的理论中汲取精华，又要根据形势的发展，现实的需要，给"学生自治"注入新的生命活力。由于实践意义的不断丰富，实施策略也随之发生变化。但万变不离其宗，坚持"以人为本"的理念，彰显学生独特的个性，开发学生沉睡的潜能，仍然是学生自治的基本立足点。因此，坚持"学生自治教育"，既是时代的呼唤，也是育人的出路。

第七章 陶行知"学生自治"思想的校本化运用

第一节 陶行知"学生自治"思想在学校常规管理中的运用

学校的发展，离不开管理。管理是一门艺术，对于学校的发展更是如此。如何进一步做好学校的教学常规管理工作？在我看来，关键在于践行陶行知先生的知行合一的教育理念，从学校的实际出发，科学设置合理的措施。

教学常规是学校教学工作的核心，也是学校教学工作得以正常有序运作的根本保证，更是教师分内的本职工作。教学常规精细化管理的实质就是落实管理责任，形成管理合力，将管理责任具体化、明确化，使每一位教师都到位、尽职；引导教师从课程标准的研修中审视自己的教学实践行为，努力夯实学生的基础知识和基本技能，培养学生具有初步的创新精神和实践能力，促进学生全面、持续、和谐的发展[57]。

老子曾说："天下难事，必做于易；天下大事，必做于细。"它精辟地指出了要成就一番事业，必须从简单的事情做起、从细微之处入手。陶行知先生也认为，动手实践才能验证所学的知识。可见，要提高教学质量、办人民群众满意的学校，就必须对教学常规实施精细化的管理。

一、落实责任，建立教学质量管理目标体系

开学初，为了尽快进入教学状态，我们根据学校的实际情况，制定了不同学科的教学质量监控制度，做到了开学就抓教学质量的良好状态。集体来说，从以下三个方面入手：

1. 确定各学科的分管领导与质量管理目标底线，校长与分管学科负责人签订教学质量管理责任书，明确相关的责任。

2. 学年初将《教师任课征求意见表》发放给每位行政领导，要求对教师的布局安排进行认真全面的分析并填写上缴《征求意见表》，在此基础上召开行政办公会议讨论确定教

师的任课等工作安排，确保各科级教师的最优化组合；召开教代会确定每位学科教师的教学质量管理目标底线，签订教学质量管理责任书。

3. 各学科教师根据任教班级实际制定每单元（阶段）检测的目标，做到有的放矢、适时调整。年级组同学科教师之间经常交流分享，制定年级学科质量监控目标。

陶行知先生提倡知行合一，也就是在实践中不断发展自我、成就自我。我校十分注重教师的学习制度建设，定期开展教师政治、业务学习活动，积极营造良好的校园读书氛围。重视教师职业道德的建设，倡导健康、积极向上的舆论导向，在教师中讲奉献、讲团结。重视教师的培训与学习，我校每学期都多批次组织教师参加多形式的培训活动。通过上级组织的培训与校本培训，教师的教学观念得到了转变，教师的业务水平得到了极大的提高，教师的教学理念发生了很大变化，能主动应用学校现有的教育资源组织教学，取得了较好的课堂教学效果。我校青年教师多次参加省市区各级教学评比活动，均获得优异成绩。可以说，这正是陶行知先生知行合一教育理念的重要体现。

二、狠抓教学常规管理细节，促进教学全过程的精细运作

陶行知先生一直强调在教育实践中必须重视团队的建设。我们的教学常规管理也是如此，只有重视了细节建设，我们的教学常规管理才能更加务实有效。

1. 加强集体备课工作

集体备课是汇集教师智慧的有效途径，我校坚持探索集体备课组活动更加有效的方式，不断充实活动内容，切实抓好教学沙龙工作。通过主题单元备课，整合课程资源。通过集体之间的经验交流，加深教学机制的深入研究。多层次的教研活动，拓展了我校的教学内涵。

2. 加强学生的习惯养成教育工作

我们能充分发挥课堂主渠道作用，渗透进行良好行为习惯养成、绿色环保、心理健康等教育，尽可能培养学生具有良好的行为习惯、绿色环保理念、健康的心理与健全的人格，并巩固市文明校园和国家依法治校实验学校的创建成果。优化学生的学习方式，营造积极向上的学习氛围，全面提高学生的综合素质和学习质量[58]。

3. 强化教学过程监控

我校重视教学过程的监控。根据学校的实际情况，先后出台了若干教学过程监控制度，内容涉及备课、上课、作业批改等。有了制度的保障，教师在教学中就有了一定的规范，最终使得课堂效率有所提升。

4. 加大课堂教学诊断

学校充分发挥骨干教师的引领示范作用。组成课堂教学诊断小组，定期就不同年级，不同学科进行课堂教学诊断，及时与执教教师进行沟通交流，交换听课上课感受，促使双

方都有所进步。

三、发挥备课组团队作用，开展培优转差工作

1. 每学期初，学校都组织召开培优转差工作专题会议，研究部署培优转差工作，以年级备课组为单位制订培优转差计划。

2. 根据质检成绩进行层次分析、确定分层目标，合理利用时间进行分层次的培优转差工作，力争学习弱势学生得到转化、中等生得到优化、学习强势学生得到深化。

四、开展强弱结对互助工作，确保"学困生"转化工作取得成效

1. 学校在每学期初都向科任教师发放《"学困生"情况调查表》《"学困生"转化过程记录表》，对学困生情况进行调查并登记造册，安排科任教师对"学困生"进行个别辅导。

2. 召开"学困生"转化教育专题会议，对他们进行"明确学习目的、端正学习态度"、自尊自强以及纪律、礼仪、常规等教育，努力使他们从厌学向爱学、乐学转变，为"善学"并提高学习成绩奠定思想基础。

3. 召开"学困生"家长会，对"学困生"家长进行集中教育辅导，并对个别家长的特殊言行进行剖析，使家长尊重教师的劳动、配合学校的工作、重视子女的学业情况和品德表现，为实现"学困生"的转化提供良好的家庭、社会环境。

4. 由科任教师选派学习强势学生与"学困生"结对开展帮教工作，根据每一个对子的实际情况制定互助措施，充分发挥学习强势学生在"学困生"转化工作中的积极作用。

5. 分别召开学习强势学生、学习弱势学生会议，对他们进行鼓励、辅导、教育，行政领导不定期地检查强弱结对互助工作的开展情况，使强弱结对互助工作变成自觉行为并落到实处[59]。期末根据学习弱势学生的学业情况进行表彰：针对学习强势学生设立"爱心奖"一、二、三等奖，针对学习弱势学生设立"进步奖"一、二、三等奖。多层次的奖励，激发学生不断地进步。

五、重视教研管理，加大教研力度

1. 确定集体备课、研讨活动时间，努力开展形式多样的教研活动，鼓励教师互相学习、资源共享，促进教师研究意识的形成与研究能力的逐步提高。

2. 开展课堂教学达标、公开课、优质课、优秀案例评选等系列活动，鼓励教师树立敢想、敢创、敢试的创新精神。

3. 开展教学反思活动，要求每位教师课后要有反思、每学期结束时要上交一篇有广度与深度的学期教学工作反思，努力使每位教师做到精心备课、精心组织课堂教学、精心教

学反馈。

4.定期开展教学调研活动（每周安排一个年级），课后听取有关教师对教学理念、课堂教学设计、教学结构等方面的汇报，然后进行逐项的交流与研讨，逐步提高教师驾驭课堂教学的能力。

5.定期开展读书交流活动，通过共读一本书活动，分享自己在阅读中的体会，通过交流进一步拓展自己的思维。

总之，教学常规管理是学校管理的基础工程[45]。为实现"从量的扩张到质的提高"的目标，我校将吸收优秀的管理经验，继续实施科学有效的教学常规精细化管理，让管理助推教学品质的提升。

第二节　陶行知"学生自治"思想在中午就餐管理中的运用

一、学生中午就餐现状的分析

2019年秋学期，我校正式开始为学生提供集中午餐，一定程度上缓解了家长的后顾之忧，同时也给学校带来了管理上的难度和挑战。为了维持就餐及午休的正常秩序，维护学生的健康安全，学校给各班级配备了陪护教师，明确了管理责任[60]。但在运行过程中，教师普遍感到累，学生不好管理，具体表现在：

1.用餐时大声喧哗，不注意形象。

2.饭菜掉到桌面、地上后，不能主动清理。

3.存在挑食、剩饭剩菜现象，有点铺张浪费。

4.餐后休息习惯没能养成，喧哗、打闹现象时有发生。

5.个别学生有随意翻别人物品、随手丢垃圾的不良习惯。

针对上述存在问题，学校后勤和常规管理人员制定和完善了一些措施，但依然是教师看管为主要形式，依然没能改变教师辛苦、收效甚微的现状。

二、陶行知"学生自治"思想在中午就餐自主管理中的可行性

陶行知先生指出，"学生自治是学生结起团体来，大家学习自己管理自己的手续"。从学校方面说，就是"为学生预备种种机会，使学生能够大家组织起来，养成他们自己管理

自己的能力"。依这个定义说来，学生自治，不是自由行动，乃是共同治理；不是打消规则，乃是大家立法守法；不是放任，不是和学校宣布独立，乃是练习自治的道理。陶行知认为，学生自治的教育既不能采取教授法，也不能采用教学法，而应该采取"行动研究法"，或称"生活法"，即让自治成为一种生活方式，让学生在自治的环境中时常练习自治。在陶行知"学生自治"这一思想的启发下，我们决定将集中午餐的管理权责交给学生，让学生在真实的情境中练习自治，学会自我管理。

三、陶行知"学生自治"思想在中午就餐自主管理中的运用

1. 营造宣传氛围，提高思想上的认识

利用午会课或者班队课，让学生观看同学们用餐视频，说说你从视频中看到了些什么？你认为哪些方面做得好，好在哪里？在师生交流的基础上，让学生明确用餐要准备的物品：毛巾、手帕、塑料袋；用餐时和用餐后应该注意的文明习惯。餐前文明洗手，不大声喧哗，不拥挤洗手；餐中做到有序、轻拿、轻放餐具，爱惜粮食，尽量光盘行动；吃饭做到不说话；餐后清理桌面、叠放毛巾。这样给学生上一堂行规课，让学生在思想上形成认同感，这样更好地有序、安静、自主用餐。

2. 做好实践引导，在行动上掌握方法

学生自治，并不是放任学生不管，教师的引导示范作用不可忽视，在学生用餐前，由教师邀请班级的同学进行统一的指导示范。

第一步：文明用餐准备工作：首先，让每个同学清理自己的桌面，拿出毛巾铺在桌上，铺好后坐端正。接着看哪一组先坐端正的先排队去洗手。回到教室，排队拿饭盒，坐到座位上。然后，看哪一组先坐好的来盛汤。总之要做到：①清理桌面；②铺好餐垫；③排队洗手；④轻拿饭盒；⑤排队盛汤、小心拿汤。

第二步：文明用餐过程中：等所有同学都取好饭和汤后，安静地等待吃饭口令时，教师说"同学们请用餐"，他们跟着一起说"大家请用餐"。先让小朋友打开饭盒，把盖子放在饭盒下，然后用餐。用餐时要求眼睛看着饭盒，不能东张西望；嘴巴做到细嚼慢咽，不出声；添汤添饭的同学需要排好队，保持安静，有序添饭、添汤。最后做到不挑食，把饭菜吃干净。总之要做到：①听口令用餐；②轻开饭盒；③安静吃饭；④有序添饭；⑤排队添汤；6. 爱惜粮食。

第三步：用餐后，整理收尾工作：让学生小心翼翼地把餐盒盖好，把汤碗和勺子放在餐盒上面，轻轻地拿起餐盒，把餐盒等放在指定位置；回到座位上把桌面上的菜饭捡起来丢进垃圾桶，检查一下座位下是否有米粒、饭菜之类的东西，也给它清理干净；再用手帕把自己的嘴巴擦干净，用毛巾把桌面擦干净，折叠毛巾和手帕，放在塑料袋里装进书包；

最后去洗手，回到教室到讲桌上抽取餐巾纸把嘴巴和手擦干。也就是餐后要做到：①轻放餐具；②整理桌面；③叠放毛巾；④文明洗手；⑤嘴巴与手擦干净。

对于好的同学和有进步的学生教师要及时鼓励，可以让他们做一次盛汤小管家、用餐纪律管理员等，做得不够好的则需要进行教育、引导。比如有的同学总是吃一点点饭菜就不吃了，有的挑食，教师就利用午会课让学生知道，每一粒饭、每一根青菜、每一块肉，都凝聚着农民伯伯的血汗，希望大家能够珍惜粮食。同时告诉他们饭菜的营养价值，对人体健康的好处，为了自己的学习和身体一定要把饭菜吃掉，做到不浪费粮食。这样以后，剩饭剩菜也越来越少，以节约粮食为荣，以浪费粮食为耻成为全体学生的共识。

3. 做好职责分工，在管理上强调自治

根据学生的性格特点，对学生进行分工，设立文明就餐宣传员、就餐秩序监督员、记分员、盛汤小管家、卫生管理员等岗位，做到人人有事做，人人参与管理。

有的小学生虽然明确了用餐前、用餐中和用餐后要遵守的纪律，但总是会做不到，我们结合一定的奖惩机制，采用敲章积分的形式检查和督促，保障学生参与自主管理过程的有效性。每天表现好的得一章即一积分，表现不好的则扣一章扣一积分，并为班级做一件好事，如扫地等。通过个人积分满10积分可以兑换奖品，一周评比一次哪组兑换的人数多，哪组就有优先吃饭一周的特权，并拍照发群里给予表扬。就这样，同学们记住了用餐规则，有序、安静、自主用餐的意识逐步树立起来，从而养成了自治自理的良好习惯。

第三节　陶行知"学生自治"思想在班级管理中的运用

进行学生自治，应该认真抓好班级管理工作，充分发扬民主，让全体学生积极参与管理，千方百计调动他们的积极性和创造性，培养他们独立自主的精神和自主管理的能力，逐步完成由教师管理向学生管理的过渡。"教，是为了不教"，教会学生自己管理自己，在轻松的氛围中探寻"管是为了不管"的教育真谛。真正扮演好引路人和协调者的角色。在探索自主管理的模式上，笔者摸索出了几点自主管理方法：

一、参与制定班规，激发自主意识

学生自主管理不仅是管理班级，学生管理学生，更重要的是学生自己管理自己。前一种能力是工作能力，后一种能力是自我约束能力。著名教育家斯宾塞说过这样一句话：记住你的管教目的应该是养成一个能够自治的人，而不是一个要让人来管理的人。陶行知在《学生自治问题之研究》中也具体谈到自治四点好处："第一，学生自治可以为修身伦理的实验；第二，学生自治能适应学生之需要；第三，学生自治能辅助风纪之进步；第四，学生自治能促进学生经验发展。"

为了让每个学生更好地"当家"，笔者组织全班学生学习了《小学生守则》《小学生日常行为规范》和《安全条例》的基础上，结合学校的优秀班级评定标准，根据我班的实际情况，以民主讨论的方式，让学生畅所欲言，经过讨论、修改、通过、达成共识，共同制定出切实可行的班规，最后细化管理制度，实施班级量化管理。内容涉及文明礼仪、学习、纪律、卫生、两操、活动、安全等各个方面，并注明相应的加减分数，这既能让学生随时学习、及时参照执行，又丰富了班级文化建设内容，增强环境育人效果。

二、教会方法，提高学生实践能力

为了让孩子们更好地完成自己的任务，笔者又对学生进行了"培训"。把管理方法教给学生，做到"授人以渔"。在学生工作能力培养过程中，笔者采用指导—监督—内化三部曲，促进学生不断提高能力，为学生创设自主管理的气氛。

针对新时期少年儿童依赖性强，缺乏劳动、为人服务的体验等特点，在指导工作的过程中，首先要注重方法的指导。在指导学生怎样排整齐课桌时，笔者耐心地给每位学生规定了桌椅的位置。明确横里竖里该对准地上的哪条线，有效地调整不整齐的桌椅。孩子们工作时最容易浪费时间，因而我们又开展"三分钟约定"，引导学生注意工作效率。在自主管理推进中，我们的值日时间是由多个三分钟组成的，早上三分钟教室前和教室后大扫一次，中午三分钟全班搬起小椅子小扫一次，下午写字特色课后再全班搬起小椅子大扫一次，放学前三分钟再小扫一次。学生已经习惯了三分钟的大扫小扫，教师不去督促，他们也能自觉地完成。

（一）学生学会方法了，教师的作用转化为监督。小学生的自控能力较弱，到学生能自觉将这项工作完成了，笔者不是每天陪在边上，而是远远地监督他们，对于好的表现笔者会及时地在全班学生面前表扬，出现马虎现象笔者会耐心地和他们个别交谈，让他们意识到工作需要细致、自觉。久而久之，学生不敢怠慢，其实教师的不在并不是真正的不在，视线永远没离开学生。

（二）持之以恒是内化的关键因素。世上无难事，只怕有心人。因此在行为培养的过程中，一定要培养学生持之以恒的品质。只有这样，慢慢地，学生的行为才会内化为自觉行为。

三、创新方法分享

【案例呈现】

案例一：

在原本以教师为中心的班级管理中，班干部总是由教师挑选、任命。尽管他们品学兼优，组织能力也较强，但是这种师选班干部的体制存在着隐患，群众基础不够稳固，不但不利于他们的个性发展，反而会滋长他们的优越感，形成自以为是、好教训人的陋习。因此，班干部的竞选采取自荐、讲演、他选三结合的方式进行。这样评选出来的班干部有威信，不会辜负大家的希望，更有利于班级工作的顺利进行。另外，实行班干部轮换制，使每个学生都有机会管理班级，充分发扬主人翁精神，锻炼组织能力，培养责任感。更重要的是，根据全员自我管理的安排，选举产生一个"金字塔式"的班级最高权力机构，一人做正班长，其余一律设为副班长，分学习、纪律、卫生、体艺、宣传五个小分会。各组有组长一人，组员1至2人不等。负责督促班干部的各项工作，监督班干部各自不同的日常事务。

【案例分析】俗话说："火车跑得快，全靠车头带。"一个好的班集体，班干部所起的作用不容忽视，其作为班级的火车头，起着举足轻重的作用。因此，我经常组织班干部进行培训学习，阐明学生自主管理的意义，提出要求，既要以身作则，身先士卒，从小事做起，从我做起；又要积极开展工作，大胆管理，制定出相应的可操作性强的班规。刚开始时班主任一定要协助班干部，精心指导，在恰当的时候放权给班干部。例如，对一些班级的量化考核，班干部有权力对班上的好人好事给予加分，给予表扬；对一些不良行为要及时用恰当的方式进行批评指正；树新风，扬正气；培养基本的组织领导能力等。

案例二：

同时组织开展"每日一星"小组竞赛，并根据《班级自我管理量化考评办法》给各组加分或扣分，评选出当天的"明星组"。组织学生开展"我是班级小主人""我为班级添光彩"等活动，让学生懂得自己是班级的主人，使他们树立集体主义观念，同时还注重从细小的方面入手，地面有纸屑了，不要等教师来安排学生打扫，自己就应该主动做好卫生；在没有教师在场的情况下自觉管理好自己，争取在学校常规考评中不被扣分；不做给班级抹黑的事……

每月底对班级每一个学生进行综合评比，评选"八小标兵"（尊敬师长的小模范；关心集体的小主人；文明守纪的小标兵；热爱劳动的小能手；勤俭节约的小明星；刻苦学习的小博士；助人为乐的小天使；保护环境的小卫士）。每次评选出的标兵，都要进行公布表彰，以激励先进，鞭策后进。既调动了全体学生的积极性，又使每一个学生认识到了自己的长处，增强了自信心。

实行"我是班级小主人"后，大到班级活动，小到排值日，这些以前让我疲于奔命的事务，我都不再"染指"。我不再直接参与班级管理，但并不是说我这个班主任失去了存在的作用。当班干部及组长初步掌握了管理方法后，我由"教练"角色转换为班干部的参谋，支持、帮助、扶助他们开展工作。对班委做出的决定要及时给予肯定，充分发挥我的主导作用，帮他们制订实施计划及管理措施。让他们在实践中逐渐积累工作经验，增长才干。这样既培养了他们的能力又提高了他们的素质，同时为全面自主管理打下了基础，创造了条件。

由于学生年龄较小，他们的能力毕竟有限，因此我及时指导学生的工作，为学生创设自主管理的气氛。引导学生积极开动脑筋，想办法，做好自己主管的工作。定期召开班干部会议，了解自主管理开展的情况，针对学生自主管理中出现的问题、困难，予以及时的指导和帮助，使学生、班干部不断完善自己的工作，提高自主管理、自我教育的水平。

上周我值周，到校后要马上进行值周工作，而没有时间深入班级的卫生等管理工作，但是当我回到班级时，一切还真的井然有序。我很欣慰，看来自主管理真的能在我们平常的教学管理中起到事半功倍的效果。苏联教育家霍姆林斯基曾说过："真正的教育是自我教育。"这句话道出了教育的真谛。

【案例分析】

实践证明，自主管理的班集体能更有效地激励学生不断进取，有利于学生个性完善、能力的提高。班级日常规范、班风、学风焕然一新。 魏书生说："管理是集体的骨架。"而班级作为学校管理的基本单位，也是一个小集体，管理工作当然也起着举足轻重的作用。有良好的管理，事情就有头有绪，集体就会像一架机器健康而有序地运转。只要我们用心去做，用心去培养他们，学生的自主管理能力一定会更强，让他们真正地成为管理班级的小主人。

一、课题的提出

我们提出这个课题，主要是基于以下三个方面原因：

1. 素质教育的需要

素质教育强调尊重学生的独立人格是教育的前提。要充分培养并尊重学生独立人格，必须尽可能地调动并发挥学生的自觉性、自主性和创造性。着眼于培养学生独立人格，教会学生做人，培养学生自治自理能力。

2. 学校德育的需要

传统德育过分强调学校、班主任、教师对学生的管理，管学习、管纪律、管生活，时时事事处处对学生能力与自觉自理采取不放心的态度。不容许有丝毫的主见，更不容许学生尝试自己管理自己，学生的一切皆由学校、教师严加看管、包办，在这种教育下，学生的自治自理能力严重削弱。

3. 学生个体发展的需要

学生的生长发育到这个时期已经日趋成熟，他们开始意识到自己在各个方面都具有一定的能力，感到自己有足够的潜力可以发挥，因而他们就自然而然地产生了一种独立自主的好强心理，要求自治自理，自己管理自己。

二、研究目标

1. 探索自治管理小组的科学合理建立，使所建立的自治管理小组能够有效运作，收到实实在在的效果。

2. 研究"领头学生"在小组自治管理中作用发挥和能力发展，培养综合素质优异的创新人才。

3. 研究"弱差学生"在小组自治管理中的转化规律和特点，促进学生大面积进步。

4. 研究小组自治管理的评价机制和办法，以便更好地实施学生小组自治管理。

三、基本主张

1. 能力来自自身的具体实践，学生的能力来自学生亲自做好自己的事。

2. 学生具有一定的自我管理的能力基础。

3. 小组自治管理是解决大班额学生管理和教学工作中若干问题的有效方案。

4. 学生的实践能力、创新能力在学生自主管理中能够得到大幅度提升。

5. 小组自治管理有利于培养学生的合作意识和团队意识，有助于提高优生的综合能力，有助于转化"弱差学生"。

6. 小组自治管理的实施可以为新课程改革奠定良好的基础，有利于分层教学，有利于自主学习、合作学习。

基于以上观点，我们认为比较可行的途径是在班内将学生分成多个小组，使班（大群体）内包含多个小组（小群体），使小组成为班级管理的基本单位。实行小组长民主推荐制、小组成员自愿组合制、小组长负责制、小组成员竞争制。由原来班级这一层实施的事很多都转由小组来实施，也就是把以前班级管理的"学校—班主任—班干部——一般学生"的四级制改为"学校—班主任—班干部—组干部—组员"的五级制，从而实现常规管理、学习互助与竞赛、班级活动等的小组化、精细化。

四、具体措施

1. 加强学习、提高认识。

（1）认真学习理论，用先进教育理念支撑教育课程改革的实施。

（2）认真总结和分析小组自治管理实践探究给学生学习带来的影响，定期对实验班级与非实验班级的综合素质对比分析，做好课题研究资料的搜集与整理工作。

（3）在学习理论、总结经验基础上，开展课题研究反思，撰写教育教学工作案例和小组自治管理研究论文等活动。

2.扎实研究、增强实效。

（1）正面教育，引导学生在学习上自我管理，自治自理。

进行目的教育和方法教育使学生从"要我学"转化为"我要学"，从"要我做"到"我要做"；学生参与相关学科的评课活动促进学生对教学环节的了解，加强师生间的沟通，促使学生学会自主学习，学生参与优秀学生和优秀教师的评选活动促进学生了解教学的评估体系，促使学生自我管理，增强自治自理能力。

（2）建立班集体工作的自治自理创新管理体制

建立以班长为龙头的班级管理委员会，班长由全班学生参与竞选民主选举产生，由班长根据学生意见及学生竞选情况构建班级管理小组，然后明确分工，各自认真完成自己的管理职责。同时设立周班长与值日班长，负责班级每周、每天的常规工作，并建立健全由学生定期对学生干部进行考核、能上能下的工作制度，定期对班风学风进行评价，总结不足，发现问题，全班同学全员参与献计献策，确定具体的可行的措施后，作为班级学风制度，全员遵守。

（3）建立"自我管理"的保障体系。

陶行知认为：学生自治与学校既有密切的关系，同时，要打破一切障碍，使师生的感情，可以化为一体，使大家用的力量，都有相成的效果。大家一举一动都接洽，有话好商量，有贡献彼此参与。为此我们可以设立校长信箱、班级信箱、自管委员会信箱，开通渠道，使下情上达；同时学校建立公示栏，对学校的重大活动，重要工作进行公示，让学生了解学校动态，积极有效地实施管理。

五、研究方法

1.文献法。以魏书生班主任工作理论为基础，同时加强学习其他"小组自治管理"及其课题研究相关的理论书籍和论文。

2.行动研究法。总体上采用行动研究法，边实践、边探索、边修改、边完善、边总结。

3.经验总结法。将课题研究内容、过程加以归纳，进行综述，撰写相关的阶段性小结，及时肯定实验成果，修改有关论文。

六、典型案例

1.基本情况

有人说班主任是世界上"最小的主任"，而这"最小的主任"管的事情特别多、特别细。大至教育教学，小至扫把、粉笔之类鸡毛蒜皮的小事，样样少不了班主任。作为班主任，我每天早晨都会亲临教室，查看学生的值日情况。

那天早晨，我早早来到学校，亲自监督值日生把卫生工作做好。心想今天的值日工作真不错，上课前要好好表扬一下。不料刚进办公室就有学生向我汇报，卫生检查又被监督岗的学生扣分了。"怎么可能呢？"我心里想。在我赶回教室的途中正巧碰到检查的学生，我朝着他们大声地嚷道："你们会不会检查，我刚刚检查过我们班的卫生，为什么你们每天都要扣分？"几个值日员小心翼翼地回答道："老师，真的还有纸屑的……""你们跟我一起去看看，我就不信了，我们班会有垃圾！"我气冲冲地朝教室走去，可是意想不到的事情发生了——教室的地面上真的躺着几张纸屑。哑口无言的我感觉脸上一阵火辣辣。"是谁丢的垃圾？"教室里鸦雀无声，但也没有人站起来。没有人能勇敢地承认错误。

2. 具体分析

这件事让我清醒地意识到如果只重视值日生工作，那只能是一时的干净，只有人人做到不乱扔垃圾，教室才会保持干净。如果学生只有在教师的监督下才能养成良好的习惯，那就等于没有养成习惯[59]。真正有效的教育应该是浸润学生心田的，应该是内化为学生自觉的行为。而造成这种现状的原因主要有以下三个方面：

（1）管理理念的不当。

班级管理工作的对象是活生生成长中的学生，实际工作中班主任要管的事情很多。我满腔热情，事必躬亲，早晚跟班，无所不管，充当着"警察""保姆"的角色。这种管理容易造成学生的依赖心理，创造性、独立性差，缺乏自我教育与自我管理能力，使自己陷于琐碎事务、疲惫不堪。

（2）当前家庭教育的通病。

如今我们当地的孩子绝大多数是受到家长的宠溺，他们有较好的生活、学习条件，集家人宠爱于一身，因而主要的通病是自私、任性、依赖性强、劳动观念弱、缺乏锻炼、缺乏团队精神和集体荣誉感等。

（3）没有形成集体荣誉感。

学生在面对教师的批评时往往都选择逃避或推卸责任。班级内还没有形成良好的集体荣誉感，学生尚未将班级的荣誉看成是自己的荣誉，缺少共同奋斗的目标。

叶圣陶先生有句名言："教是为了不教。"我们今天对学生的教育，就是要培养学生良好的道德品质和良好的行为习惯，培养学生的自律自控能力，从而使学生离开教师能自己教育自己。所以，我想如何让学生从被动接受管理走向自律、自治、自我管理是解决问题的关键。如果一个班级学生能做到人人管理自己，那么这样的集体必将是一个自主、自立的集体。针对这些情况我对症下药，创新工作思路，在班级中全面推进"我是班级小主人"活动，从细微之处抓起，全面培养学生自我管理能力。

3. 具体措施

教育家第斯多惠曾说过：只有激发学生进行自我教育，才是真正的教育。"班级小主人活动"旨在通过班级学生自我管理能力的培养，有效地将外压式的强制教育变为内调式的自我教育[59]。在班级管理中有效地实行自我管理，有利于儿童认识自我，了解他人，明确人与人之间的合作关系，为培养"社会化"人才打下了坚实的基础。

（1）教书育人，培养学生责任心。

每个学生不可能都会成功，但是每个人都不可缺少责任心。责任心的信念将使学生付诸责任心的行为。学生责任心强，做任何事情都能认真负责，就能磨炼意志，具备克服困难的毅力，做任何事情就容易成功。我让每个学生都明确作为一个班级成员的责任与义务。同时在班中设立了卫生监督、纪律监督、集合队伍、发蛋奶、图书管理、小组长、公物报修等多个岗位，力争给每个孩子创设一个工作岗位，让每个学生都有一个锻炼的机会，让每个学生都有服务意识，让每个学生都能在实践中学会与人沟通，有效地培养自主管理能力。学生的兴趣是波动的，有的时候他想做这个岗位，有的时候他想做别的岗位。因此在实践中我们采用自愿报名，按月轮岗的方式保持并促进学生的新鲜感，同时将自己的工作与其他人竞争，在竞争中促进学生的积极主动性。引导学生养成责任意识，要勇敢面对困难，尽心尽力地做好岗位工作。

（2）有效评价，调动学生积极性。

在实行自主管理中，我在班级中还积极推行班级"最棒管理者"评比，促进班级管理文化的建设，培养学生荣誉感。组织学生每天自己对自己的行为进行评价。每周值岗管理也将接受全班同学的评价。同学的眼睛是雪亮的，他们会真实地指出管理中的优点以及存在的缺点，评出"最棒管理者"。通过自主管理，班级的吵闹声少了，更多的是你帮我助。学生的集体荣誉感越来越强，班级取得了成绩，他们会很喜悦。如果出现问题，他们都能出谋划策，共同去改进。从自主管理中学生认识了自己的行为不足，在管理中学生体验到了成就感。

实践证明，自主管理的班集体能更有效地激励学生不断进取，有利于学生个性完善、能力的提高。班级日常规范、班风、学风焕然一新。

四、研究效果

1. 通过该课题的研究和探索，培养了学生强烈的自主意识、竞争意识、管理意识和创新精神，促进学生自治能力、管理能力和实践创新能力的快速发展，使学生的思维品质、行为习惯、文明修养和学业水平等进一步得到提升。

2. 有效解决班级管理中的问题，切实减轻班主任的工作负担和劳动强度，提高班级管理的针对性、有效性。

3. 提高教师的科研意识和科研能力，提高教师教育教学理论水平及综合素质，为形成良好的校风、学风、班风打下了坚实的基础。

第四节　陶行知"学生自治"思想在学校教育教学中的运用

纵观我国上下千年教育先贤们，无不主张教育与生产劳动相结合，教育与社会相结合。教育如何才能做到"面向现代化，面向世界，面向未来"？本人不才，倒是比较推崇先贤陶行知老先生的教育理念："教学做合一"。综观陶行知老先生的一生，其主要精力在从事教育革命，在对旧中国旧教育制度的改造和对新中国新教育制度的建立等方面作出了巨大贡献。陶行知老先生的教崐育思想，对于我们今天开展教育改革是不无启迪的。

一、对学生进行唯物主义认识论的教育

陶先生说："行是知之始，知是行之成。""行动是老子，知识是儿子，创造是孙子。""行以求知知更行，不知直认为不知。遍览已知求未知，以知与人已愈知。""千教万教教人求真，千学万学学做真人。"陶行知这席话说的道理是多么深刻而又浅显易懂。

二、对学生进行品德教育

这可以从陶行知先生制定的《育才十二要》中看到：

要诚实无欺；

要谦和有礼；

要自觉纪律；

要手脑并用；

要整洁卫生；

要正确敏捷；

要力求进步；

要负责做事；

要自助助人；

要勇于为公；

要坚韧沉着；

要有始有终。

与我们今天对中小学生的操行要求是多么一致。

三、对学生进行劳动观念教育

陶行知先生曾写过一首《手脑并用歌》："人生两个宝，双手与大脑。用脑不用手，快要被打倒。用手不用脑，饭也吃不饱。手脑都会用，才算是开天辟地的大好佬。"以此教育学生要手脑并用，反对体力劳动与脑力劳动分裂的观念。

四、对学生因材施教和实施素质教育

陶行知先生说："一切学问要因材施教，人才幼苗应该从小培养，等到幼苗长成千万棵大树，新中国才有够用的栋梁。"他还在育才学校内办了音乐组、舞蹈组、绘画组、戏剧组、文学组、自然组、社会组等，对青少年因材施教。

五、发明"小先生制"

陶先生在他的《慈母读书图》一诗中写道："吾母五十七，发奋读书籍。十年到如今，工学无虚日。小桃方六岁，略识的和之。不曾进师范，已会为人师。祖母当学生，孙儿做先生。天翻地覆了，不复辨师生。"这就是教育学生学了就用的"小先生制"的来源。

六、生活教育理论

陶行知先生主张"生活即教育""社会即学校""教学做合一"的教育思想，并说："生活教育是大众的教育，大众自己办的教育，大众为解放而办的教育。"教育学生认识旧社会、改造旧社会。

七、组织工学团

工学团的含义是"工以养生，学以明生，团以保生"。教育学生边读书边做工，学费、生活费自给。这同我们今天所说的"勤工俭学"是一致的。通过勤工俭学，还可以培养学生热爱劳动、勤俭节约的好品质。

陶行知是人民教育家和伟大的民主主义战士，他为民主革命与人民教育事业作出了不可磨灭的贡献，为后代创造了宝贵的精神财富。今天，在社会主义市场经济条件下进行教育教学改革，我们更应继承和发扬陶行知老先生的教育思想及精神，并世世代代永传下去。

第八章　陶行知"学生自治"思想在学生社团活动中的运用

第一节　陶行知"学生自治"思想在书法社团活动管理中的运用

中国文化自信的一个重要来源就是中华民族优秀传统文化，其中，书法文化是重要的内容之一。书法继承和发扬了祖国的传统文化艺术，树立和增强全民族的书法教育意识，特别是在书法教学中进行德育渗透，加强学生的思想品德教育，培养学生热爱祖国语言文字的良好品质，是每一个书法教育工作者的历史使命。

陶行知的学生自治理念，目的是让学校推行民主的教育方式，培养学生民主意识和自由能力发展。归根到底，学生自治的内涵是要提升学生的责任心、组织意识和自制能力，一方面，要发挥团体的力量，以实现同一目标；另一方面，将学生的行为、精神合二为一，提高学生的主动参与感。学校是立德树人的主要阵地，发扬传统，传承文明是义不容辞的责任，也是培育具有民族特质公民的重要环节。青少年时期练习书法，可以益智怡情、养性导行，对开阔心智、涵养成才有着无可替代而又事半功倍的效果，书法教育具有重要的德育功能。

书法社团是对书法情有独钟的学生集结在一起，开展与书法相关活动的社团，同时也是学生在集体学习书法的过程中进行自我塑造、自我管理、自我服务的一种形式，更是小学教育的有机组成部分，是校园文化的重要构成部分。首先，书法社团是学生兴趣的延伸与补充，它能使得学生在宽松愉快的氛围中增加对于书法的兴趣，使得紧张的小学阶段能够放飞自己的思想，让学生的身心得到短暂的放松，同时也是对小学课堂所学知识的课外延伸，特别注重课堂知识在实践中的运用以及创新，书法社团可以弥补课堂上学习的不足，更注重学生的实践能力，还能变不同的形式适应学生不同的学习需求，对于促进学生书法创新能力的提升有着重大的作用。其次，书法社团是一群志同道合的小学生自己组建起来的，是学生自我教育以及学生之间相互教育的重要形式，能充分调动学生学习书法的积极性，培养学生精神独立的品格，让学生在书法社团中不断地认识自我，提升自我，从而促进学生全面发展。最后，书法社团也是一个小小的社会，学生在书法社团中与志同道合的学生在一起，使得学生在学习书法的过程中找到一种归属感，同时也能锻炼学生的人际交往能力，更好地处理书法社团中遇到的各种各样的杂事。书法社团的创建为学生认识社会、服务社会以及塑造社会形象搭建起沟通的桥梁。

一、书法社团建设

书法社团创建的主要目标就是把书法发扬光大，集结更多的喜欢书法的学生，然后将学生在课堂上的知识与社团知识进行整合，将理论知识与实践相结合，构建比较完善的社团规章制度，不断扩大社团规模，打造校园一流书法社团，培养一批优秀的书法社团干部，促进学生的书法水平以及学生实践能力有效提升，进而培养学生的综合素质。

学校书法社团的建设应当遵照一定的程序，循序渐进，不可急于求成，具体的建设步骤主要有以下六步：可行性研究、系统分析、书法社团建设设计、具体项目实施、建设信息反馈、社团运行以及不断改进。

第一，可行性研究阶段。第一阶段就是对整体小学生的书法需求进行调研，然后探讨书法社团建设的必要性，对社团建设有一个整体的规划，确定书法社团的大政方针，以及书法社团成立所需的条件，还有学生对于书法社团的喜好程度，形成相关的可行性报告。在这个过程中到每一个班级进行问卷调查，通过具体的调查分析发现，绝大部分学生很喜欢书法，喜欢在课堂外能有一个符合自己兴趣的书法社团，响应全体小学生的号召，向学校申请建立书法社团，主要是为了让学生在课余时间能培养自己的兴趣爱好，根据书法社团成立条件去做相关的准备工作，确定书法社团的大政方针主要是为了让学生在练习书法的过程中不断地提升自己，真正地提升学生的综合素养。

第二，系统分析阶段。就现行书法社团的活动管理，社团分工，还有社团的具体运作进行系统的分析，指出书法社团存在的不足。小学生可能对于书法社团建设经验不足，不能有效地对书法社团的管理活动进行合理的分工，可能会在分析社团运行机制的时候仅限于纸上谈兵，没有结合小学校园的实际情况，这时教师可以适当给予学生帮助，帮助学生在社团建设中克服相应的困难。

第三，书法社团建设设计。在前面两个阶段已经解决了"为什么创建书法社团以及创建书法社团所需要的条件"，那么在这个阶段就应该解决"如何建书法社团"，根据上面两个阶段的分析以及结合学校的具体要求进行建设。经过上面的实际调研以及集中分析，学生可能在脑海中对于书法社团的建设已经有了属于自己的思路，学生可以根据自己的想法把社团建设图纸展示出来，并且结合学校的具体要求，让学生明白书法社团的建设只是学生在课外活动的一个项目，不能作为替代主要学校学习课程的学习形式，在建设书法社团的时候要分清主次。

第四，具体项目实施。这个阶段主要是按照具体项目的设计要求，然后进行具体的书法社团建设，主要是指书法社团的组建以及日常的活动维护。经过了一系列的规划与改进，真正地进入了实施阶段，那么学生只要根据上述的想法进行组建，接下来就是日常的维护。书法社团的维护，不仅仅是场地的维护，还有学生的学习秩序，处于小学阶段的学生，每个学生的课余时间是一致的，因此要想保证每个对于书法学习有浓厚兴趣的学生参与到书法社团中来，应当合理安排学生学习书法的时间，对书法社团开放时间进行合理的设定，保证每个学生都能参与到书法社团中来；还有平时书法社团中的笔、墨、纸张的供应，可以向学生收取相应的社费，来维系社团基础设施的支出。

第五，建设信息反馈。在这个阶段，主要是对前面几个阶段实施结果的反馈，并对此进行相关的评价。学生在建设书法社团的过程中，有值得借鉴的地方，比如实地考察每个学生的需求，而不是空穴来风。根据学生对书法的需求来建设书法社团，并且能保证每一个学生都能在书法社团中得到锻炼，提升自己的书法水平，同时的学生在书法社团中与自己志同道合的学生在一起，不仅有共同的语言还能提升学生的综合素质。组建书法社团的过程中也有效地锻炼了学生的交往能力以及促进学生的自身综合能力的提升。

第六，社团运行及不断改进。在整个社团建设环节环环相扣，书法社团建设已经步入正轨的时候，还要懂得及时查漏补缺，不断地改进社团的运行机制。书法社团已经在小学里建立起来了，那么并不意味着社团就已经高枕无忧了，而是要实时关注社团动向，一旦出现意外，及时补救，在这个过程中培养了学生的随机应变能力以及人际交往能力，同时锤炼了学生的人格，并且增强了学生的责任感、荣誉感以及奉献精神。

学校书法社团建设的不断改进与完善，使得学生的综合能力以及学生的社会适应能力不断增强，学校现在也在不断地重视书法社团的组织建设，书法社团的队伍也在不断地壮大，社会活动不断地增加，书法社团多次参加各种比赛，在比赛中获得了一系列的荣誉证书与奖状，而且书法社团在不断取得各项成就的过程中，为小学生的课外活动增添了一道亮丽的风景线。

二、"学生自治"管理

经过一段时间对书法社团的建设，书法社团开展一系列的书法活动，在促进学生身心愉悦、陶冶学生情操、提高学生的综合素养等方面做出了极大的贡献。

1. 书法社团机制不断地创新。将书法社团纳入学校"学生自治"管理范畴，完善书法社团"学生自治"机制，为社团以后的组织活动做到有章可依，并把书法社团"学生自治"管理全面实施制度化。

2.书法社团育人效益实现最大化。通过书法社团活动为学生提供展示书法的舞台，让学生的书法技能不断得到提升，从而促进学生的个性发展，延长学生对于书法学习的兴趣，为学生把书法兴趣转变为自己的特长提供了基础，全面推进学生素质的不断提高，从而为学校的德育工作顺利进行奠定基础。

3.学生社团干部队伍的综合素质不断提高，学生社团干部不再简单地靠学生的书法水平来选拔，更多的是考虑到学生干部的综合能力，对于学生干部的选拔要具有计划性、针对性，之后选拔出来的学生干部要懂得书法社团的管理，还要拥有敬业奉献的精神，在书法社团工作要学会包容、接纳他人，还要能够有效地处理书法社团中的人际关系以及相关工作，不断提升自我完善能力。

陶行知德育思想核心是围绕现代民主社会对自治个体与自治团体的需要为出发点，在现代学校教育中强调对学生权利和人格的尊重，引导学生个体自治并在此基础上实现学生团体的自治。以此为基础，方能理解陶行知德育思想的宗旨和生活德育论的方法论。书法社团作为小学社团实验的成果之一，虽然起步有点晚，在组建过程中会遇到各种想象不到的难题，而且现在的书法社团依然存在着不足，但是书法社团建设是一个漫长的过程，不能仅看眼前的现状，而要着眼于未来，积极创新，努力探索，推进学校的书法社团更上一层楼，促进学校培养出全面发展的社会主义接班人的目标实现。

一字一世界，一笔一精神。中国书法具有鲜明的民族精神和气魄，书法教育是一项系统工程，在未来的教育征程中，我们将不忘本来、面向未来，在继承中转化，在学习中超越，从中国书法中挖掘、理解和感悟中国文化的精髓，去推动中华优秀传统文化创造性转化和创新性发展，为学生的成长与发展打下浓厚的人文底色，让书法艺术成为学生的独特名片，用书法教育彰显中国气派，坚定中国自信。

第二节 陶行知"学生自治"思想在科技社团活动管理中的运用

小学《科学课程标准》明确指出：小学科学课程要以培养学生科学素养为宗旨，培养他们对科学的兴趣和求知欲，引领他们学习有关科学知识，帮助他们体验科学活动的过程和方法，使他们乐于合作与交流。学生是科学学习的主体，科学学习要以探究为核心，课程内容要满足社会和学生双方面的需要并且课程应具有开放性。组建并开展学生科技社团活动，为学生动手实践能力的培养以及综合素养的提升提供了平台。学生通过社团活动，能够锻炼计划组织、协调指挥、团结协作和领导的能力；可以走出校园，接触社会，提高实践能力与社会适应能力。生活就是教育。这是陶行知思想的教育内涵。在做中学，这是陶行知思想的精髓。根据我校的具体特点，我们创立了科技社团，旨在为学生的综合素养提升奠定基础，为学生的发展提供平台[60]。

一、精心组建科技社团

（一）制订社团活动规划

制订社团活动规划包括社团活动内容简介、安排课时进度、参加活动的少年儿童范围和活动的时间等。规划一般由指导教师制订，以学年为活动单位，也可以以专题为活动单位。成员的构成一般以同年级学生为主。为了科学地规划社团的活动，我们特别聘请市航空协会专业教练指导我们制订相关计划。我校航模社团计划在专业教练的引领下，系统学习有关航模知识，在实践中不断提升自我。

（二）向学生公布社团活动规划

制订好规划后，教师及时通过多种渠道宣传活动规划，学生根据自己的能力和时间，自由报名。海报中要写明活动的计划表、时间、地点和主要内容，有利于学生根据实际情况进行选择。根据学生的选择情况，我们将学生分成低年级组和高年级组，分别进行活动。

（三）合理选拔和科学编组

进行复查确定社团成员，指导教师根据学生的报名情况进行复查，确定最终的社团活动成员。如果报名成员较多，可以适当地进行选拔。也可以组织以班级为单位的社团活动。经过一段时间后，也可以对社团成员进行调整。

（四）适当调整和开展活动

指导教师根据学生报名的情况，适当调整原来的活动规划，并按调整后的规划付诸实施。根据学校整体活动规划，灵活调整社团的活动。

二、开展多彩社团活动

陶行知先生认为，学生只有通过做，才能更好地掌握知识。在做中学才能提升自我的技能。社团活动的形式机动灵活、多种多样。要注意"点"和"面"结合，也就是要把群众性活动和个别性活动结合起来。

（一）开展趣味小实验

社团活动将实验室作为趣味实验室，供社团成员开展趣味实验。我们的学生缺乏动手习惯与能力，学生自己动手实验正是对学生的两个基本能力——动手能力、思维能力的全面综合训练，是培养新型人才，改善民族素质的重要途径。

（二）开展科技小制作

社团活动将实验室作为科技创意厅，供社团成员开展小制作小发明活动。因地制宜地开展小制作。学生在设计制作中，不仅可以学习巩固书本知识，加深对概念规律的深刻理解，更重要的是制作中的困难磨炼学生意志，成功的喜悦激励他们不断进取，增强战胜困难的信心。

（三）积极参加各级各类活动

通过开展多层次的活动，充分调动学生学习的积极性。以活动为载体，让学生在参加活动中，积累相关的科技经验，激发内心参加活动的强烈欲望。我校航模社团先后参加省市区航模比赛，多位同学荣获一二等奖，学校先后荣获航模优秀学校等荣誉称号。

（四）抓好科普宣传活动

科普阅读是学生必需的阅读能力。鼓励学生自己订阅科普报刊，利用各种渠道借阅科普读物，并提倡互通有无，积极有效地引导学生注意收集最新科技发展动态。将学校教学区、办公区过道充分利用起来，布置科技教育的文化环境，设立"科学名人"专栏、"科学生活"专栏、"科学幻想"专栏、"科学制作"专栏、"科技名言"专栏等。

三、认同活动开展价值

学生科学社团活动的开展，有以下四点意义：它延伸了活动探究的时间；拓展了活动探究的空间；丰富了探究活动的内容；保持了学生的学习兴趣，促进了学生科学素养的提高。科技社团活动的推动，正是更好地落实了陶行知先生的在做中学的教育思想。推动学校科技活动的蓬勃发展，提高学生的科学素养和实践能力，形成浓厚的爱科学、学科学、用科学的科技氛围。结合研究性学习、实验、劳技，努力培养学生的创新精神和实践能力、培养学生的科学态度和科学方法、培养学生独立思索和自主探索的精神与能力。掌握科学的思维方式和独特的科学实践方法，善于从身边进行科学实践。使学生逐步具有科学的世界观、人生观、价值观，学会观察世界、了解世界的方法。普及科学知识和科学方法，从小培养学生的科学创新精神，进一步强化科学教育的意识，培养学生热爱科学、献身科学的精神。

只有努力付出，才会有不一样的收获。回眸过去的足迹，我们经历了困难，体味着艰辛；见证了成长，分享着喜悦。毋庸置疑，我们的科学社团活动，对社团成员各种兴趣的建立，各种能力的培养都具有十分突出的作用的。展望未来，我们将进一步推进社团的发展，为学生的素质发展提供更好的平台。

第三节　陶行知"学生自治"思想在舞蹈社团活动管理中的运用

"自主、合作、探究"的学习方式是新课程改革的精髓，那么在小学音乐教学实践中如何促进这种学习方式的形成？随着"社团活动"在各类小学如雨后春笋般不断涌现并逐渐成为很多学校落实"自我实践、自我管理、自我教育、自能发展"的有效载体，小学的音乐教学应当及时捕捉到这一信息，让社团活动成为课堂教学的有效补充。但是由于学生长期受到应试教育的影响，组织能力差、依赖心理强等因素还在影响"自主、合作、探究"模式的发展，因此在社团活动中全面锻炼学生的能力成了社团活动的当务之急。作为我校舞蹈社的指导教师，在参与社团活动的过程中深深感受到了社团对学生能力发展潜移默化的影响。

一、充分信任学生，让学生"自主"而舞

新的小学音乐课程标准基本理念中明确指出，面向全体学生是基础教育的第一要义，要让学生主动发展是基本理念的核心，充分信任学生无疑是学生积极主动地学习发展的内在动力。全面发展不仅包含知识技能的发展，还应当包含学生在发展知识技能时所获得的心理满足感，让学生在学习的过程中不断收获自信，而教师对学生的充分信任才是学生自主学习的源泉，更是学生自能发展的首要前提。

很多同学对于什么是学生社团并不是很清楚，作为辅导教师首先要做的就是让学生明白：学生社团是由拥有共同志趣、爱好的学生自愿组成的学生群体，社团活动是学生从自己选择的对象中探索人生和认识世界的实践活动。社团应怎样活动，如何体现活动意义，社团如何建设，如何发展等，都是他们要思考的问题；换句话说，他们才是社团的主体。

基于以上理念，从第一次的活动开始我就把这些问题抛给他们，让他们共同思考、讨论、制订社团章程、活动计划等，对他们寄予了充分的信任。

在制订活动计划中，就学习什么类型的舞蹈，社员们展开了热烈的讨论。最后，大家对爵士舞比较认同。于是，社团订下了第一个计划：让每位社员在掌握爵士舞的基本动作的基础上，学会一段爵士舞蹈。当然，社团活动一开始还是要在教师的带领下完成，因为在最初阶段，学生还处于茫然的状态，不知道如何学起，所以，教师的引导很重要，充分信任但又不能放任自流，要让学生在社团活动中实实在在地学到东西。只有在参加活动的过程中有所收获，体验到舞蹈的乐趣，才能保持学生对舞蹈的兴趣和追求，也才能让学生自主学习和自能发展的动力源泉不至于枯竭。在整个活动过程中，教师其实已经无形之中转换了角色，成为社团的服务者。舞蹈训练的过程相对于其他社团活动而言可能会略显枯燥，但在教师充分信任的基础上，通过努力，社员们从一开始的动作不协调到最后能熟练而舞，信心得到了逐步增强，自主学习、自能发展的能力也得到了进一步锻炼和提高。

二、充分尊重学生，让学生"自我"而舞

充分尊重学生就是指尊重学生的人格，尊重学生的个性差异。在新课程理念里，把学生的个性发展和全面发展提到了一个相同的高度，明确指出教育要在面向全体学生的同时，注意和尊重学生的个性发展，尊重个体的差异，学生的个性发展也是学生自能发展的一项重要内因。在日常的艺术教学中学生的个性差异主要表现为对不同的艺术形式的偏好以及对同一艺术形式中不同内容的偏好上，有时甚至可以理解为他们对同一知识技能掌握程度的差异。基于这样的认识，舞蹈社团的成立和开展正是为了满足那些对舞蹈有特别爱好的学生的审美需求。舞蹈社团的学员们主要是因兴趣而来，舞蹈基础参差不齐。在活动中，教师的引导理应重视因材施教这一原则，认识到学生之间的差异，把握学生个性特点，针对不同学生要提出不同的要求，设计不同的训练，既保证学生能充分地发挥学习的自主性，又在自我能动性方面有所发展和提高，真正促进学生的全面发展。

学生间的差异，首先，表现在身体条件方面。有的协调性较好，对技能技巧的掌握比较突出；有的则对音乐的感受力比较强，善于细腻地表达舞蹈的情感语汇。作为教师，了解学生特点，就要帮助他们发挥优势，引导他们改善自身不足，获得全面发展。在平时的活动中，对前者我着重提醒他们要多在舞蹈的艺术表现力上下功夫，重点加强艺术熏陶，培养他们的音乐表现能力。而对后者注重多设计一些有针对性的基本功训练，以弥补不足。其次，学生对舞蹈的掌握能力也有快有慢。学得快并不一定学得好，这样的学生往往觉得自己很聪明，不肯多下功夫领悟舞蹈的精髓，浮于表面；有的虽然一开始学得慢，但

这类学生善于思考，喜欢反复研究动作，最终也能领悟到舞蹈的内涵所在。针对这两种学生，教师要善于引导与鼓励，给予支持和信心。学生的可塑性是非常强的，只要能克服自身的不足，一定能舞出自我的风采 [60]。

三、充分激励学生，让学生"自信"而舞

自信，是学生一切发展的源动力，也是自主学习和自能发展的最高境界。教学的过程不仅是一个不断给学生树立自信的过程，更应该是不断让学生收获自信的过程。小学的音乐模块教学就是"张扬个性、自主学习、全面发展"这一课程改革理念精髓的具体体现。模块式教学给了学生更多的学习选择机会和更宽泛的学习空间，这样的举措可以让学生找到适合自己的学习内容，这不仅是在尊重学生的个性差异，更重要的是这样可以充分照顾到学生学习的成就感，使不同兴趣爱好的学生都能在学习中充满自信、收获自信，让学生始终在自我能动性的内因驱使下自主学习、自能发展。舞蹈社团亦是如此。

参加舞蹈社团的同学有些以前也接触过舞蹈，渴望在这个社团中能有一个展示自我、重塑自我的机会，能让学生如愿以偿无疑会给学生自信心的树立上增加一个很重的砝码。在我的舞蹈社团里有这样一个男孩，他非常喜欢街舞，并且一直坚持自学，同学们都说他很爱"秀"。于是我有了这样的决定：我找到了他，把想请他当社团辅导小教师的想法告诉他。一开始他以性格内向为由谢绝了我的邀请，我没放弃，为了更深入地了解他，我找了几个和他关系不错的同学进行了交流，了解到，原来他只是在教师面前不够自信，觉得自学的那些不"正规"，不敢班门弄斧……知道这一情况后，我采取了行动：要让他自信而舞，先要给予他充分的肯定。在接下来的一次社团活动中，我对社员们说："Hiphop 大家都很喜欢，我也很有兴趣，可惜在这方面我是门外汉，但我知道，我们社团里有一位高手，大家想不想跟他学？""想！"社员们热情地欢呼着。也不用多说，大家都把目光投向了他，在大家的鼓励下，男孩终于勇敢地站了起来："老师，我不知道怎么教。""怎么教都可以，你做主！"男孩沉默了许久，终于，他看着我，轻轻地说："那我就教一点儿基本的步伐吧。""行！"一开始，这位学生教练还是很拘谨，动作放不开，但我们的社员们个个都认真地跟着一个步伐、一个步伐地反复练习着。看到大家，包括教师在内，都那么投入在他的教学中，现在的他已经完全收获了自信，每次社团活动前总会认真做好准备，俨然一副小教练的模样。

在实施新课程标准的新形势下，舞蹈社团作为小学音乐"模块教学"——"音乐与舞蹈"的有效补充与延伸，我们应以全新的眼光审视舞蹈社团的活动，以全新的理念指导舞蹈社团活动，与时俱进，不断创新。在社团活动中，不仅要通过舞蹈训练彰显学生个性，

培养学生的自主学习和自能发展的能力，更应该让学生清楚地认识到舞蹈与音乐的关系，从而整体提升学生的音乐艺术素质。教师要学会放手，充分尊重学生个性，充分信任学生，并在学习的过程中不断激励他们发挥各自的特长，通过他们的自主学习与自我管理，使舞蹈社团真正成为学生实现自能发展的一片沃土。

第四节　陶行知"学生自治"思想在足球社团活动管理中的运用

"球以载道，立德树人。"足球社团在校长提出的校园足球育人目标下，开展学生自治管理模式以来，不仅有力保障了小场地足球比赛，还给学生搭建展示自我的大舞台；不仅促进了学生的习惯养成，还激发、唤醒了学生的内动力；不仅使学生从"被成长"中产生生命自觉[60]，还让学生用自己的力量成长，最终达到成人成才。

足球社团开展校园足球队员自治模式历经四个阶段。

第一阶段——建章立制。制度的约束不仅有利于学生良好习惯的养成，更有利于学生自主管理能力的提高。

第二阶段——示范培训。在教师的示范引导下让学生自行发现自我价值、发掘自身潜力，通过变他控为自控，变他律为自律，从而提高自我控制和自我管理的能力。

教师正确引导让学生从他控变为自控，帮助学生走向自律。

第三阶段——组志愿队。给学生搭建一个展示自我的实践大舞台。让他们通过实践管理过程的磨炼，提高交往能力、沟通能力、协调能力、合作能力等，通过对事务管理的思考、策划、协调、实施，提高组织能力，最终提升学生处事能力和组织能力。志愿队参加校园足球各项实践活动，让学生从自律走向自信。志愿队参与我校足球班级联赛的管理，裁判等活动。

学生主动参与校园足球各项活动，不仅激发、唤醒学生本身内动力，还唤醒了整体学生的自律与自信。

第四阶段——课程开发。通过魅力足球综合实践课程的研究与实践，激发和唤醒学生内动力，让学生在实践中不断成长，不断提高他们的合作、探究、学习等能力，最终成为自主管理模式的有力保障。

最后进行成果展示。一年来自主管理模式历经四个阶段，不仅促进了学生行为习惯的养成，还体现了球以载道、立德树人的理念。

学生自主管理是校园足球不可分割的一部分，自主管理模式不仅是校园足球健康发展的有力保障，也是培养学生行为习惯的重要途径。自主管理模式不仅是学生实践的过程，也是学校励志教育的一种体现。使学生从自律走向自信，从自信走向自主，从自主走向自立，从自立走向自强，最终从自强走向自如。

在校长提出"球以载道，立德树人"的育人目标下足球社团坚持"以球育人，以球启智，以球健体"理念，铺好学生成人、成才的基石。

第九章　陶行知教育管理思想的研究

第一节　陶行知教育管理思想概述

陶行知是我国众所周知的伟大教育家。1946 年 7 月 25 日，陶行知因突发脑卒中逝世。他的一生百折不挠地"为中国教育寻觅曙光"，他把全部身心献给了祖国的教育事业。毛泽东为他写了挽词："痛悼伟大的人民教育家。陶行知先生千古！"宋庆龄的挽词是："万世师表。"周恩来的话代表了千千万万革命师生的心声："陶先生放心去吧，你已经对得起民族，对得起人民。你的未了的事业会由朋友们，由你的后继者们坚持下去，开展下去的。你放心去吧！"[61]

陶先生在他的教育之路上不断总结经验，提出了很多有意义的理论，为我们的教育事业寻觅出一道道充满希望的曙光，其中主要的有"生活即教育""社会即学校"和"教学做合一"等理论，教导师生们与劳动人民相结合，"教人民进步者，拜人民为教师"。而对于陶先生的教育思想，笔者总结出的是：实践、平等和因材施教。

实践：

实践指的是教育与实践相结合。陶行知一生坚决批判和反对旧传统中封闭式的、僵化的教育；倡导开放型的、与生活实际紧密结合的新型教育，生活即是实践的基地，实践即是生活的根本，与生活相结合的教育正是实践的良好表现。陶行知提出的"生活即教育"也是实践的一种体现。"生活教育"包含三个基本内容："生活即教育""社会即学校""教学做合一"。"生活即教育"指的是生活教育是生活所原有、生活所自营、生活所必需的教育。教育的根本意义是生活之变化。生活无时不变，即生活无时不含有教育的意义。既然生活教育是人类社会原来就有的，那么是生活便是教育，所谓"过什么生活便是受什么教育；过好的生活，便是受好的教育，过坏的生活，便是受坏的教育"。同时也是说明实践的好坏影响到了所受教育的好坏。还有在"社会即学校"这一理论中，陶行知提出"要把笼中的小鸟放到天空中使他任意翱翔"，是要拆除学校与社会之间的高墙，"把学校里的一切伸张到大自然里去"。把社会当作学校扩大了学生实践的空间。"教育做合一"更是重点强调了实践的重要性。"教学做合一"用陶行知的话说，是生活现象之说明，即教育现象之说明。在生活里，对事说是做，对己之长进说是学，对人之影响说是教，教学做只是一种生活之三个方面，不是三个各不相谋的过程。教学做是一件事，不是三件事。这三个理论的实质便是使教育与生活和社会实践紧密联系。

陶行知提倡的"六大解放"也体现了实践的观点。"六大解放"中有"二、解放他的双手，使他能干；三、解放他的眼睛，使他能看；四、解放他的嘴巴，使他能谈"，而这些不正是实践吗？

平等：

平等指的是平等对待每一个学生，每一个人。陶行知教育思想的人民性和广泛性是非常强烈的。他为人民办教育，明确提出"生活教育要解放全人类"的理想。他的教育思想的人民性，还体现在他把人民作为教育的主人，教育必须为主人提供最好的服务。他绝不以"救世主"的姿态去为劳苦大众办教育，而是首先向人民学习，把他们当作教育的主人，自己是为他们服务的，因而要用人民最需要的东西教育他们，用人民最易懂的方法帮助他们掌握知识，提高他们的科学文化水平，以摆脱贫穷落后。他在为教育平等做着努力。

他更是平等对待每一位学生，他曾说过："你的教鞭下有瓦特，你的冷眼里有牛顿，你的讥笑中有爱迪生。你别忙着把他们赶跑。你可不要等到坐火车、点电灯、学微积分，才认识他们是你当年的小学生。"这是在提醒我们平等对于教育起着很重要的作用。也是因为陶行知怀着平等的心态，他把人们拜为教师。下面跟大家一起分享一个陶先生拜人民为师的小故事：山海工学团刚成立的时候，农民的孩子有了读书的地方，烧香拜佛的红庙成了教室，可是没有孩子们用的桌椅。上课的时候，同学们带来自己的凳子，有大有小，高低不一。一星期以后，学校请来了木匠师傅，他闷着头做凳子，一天能做好几个。陶行知走过来，看见木匠师傅满身是汗，就递给他一杯水，说："我们不是请你来做凳子的。"木匠疑惑地望着陶行知："那叫我来做什么？"

"我们是请你来做'先生'的。"

"我可不识字。"木匠慌了。

陶行知笑着说："我是请你来指导学生做木工的。你如果教会一个人，就可得一份工钱。如果一个也没教会，那么就算你把凳子全做好了，还是一文工钱也得不到。"木匠显出为难的样子。陶行知亲切地说："不要紧，你不识字我们教你。我们不会做木工，拜你为先生。我第一个向你学。"说着，陶行知拿起一把锯，对准木板上画好的线就"吭哧""吭哧"地锯起来。

第二天，广场上摆着木匠工具，教师带着孩子们来学做凳子。有个小朋友嘟囔着："我们是来读书的，不是来做木匠的。"一个大人看见孩子拿起工具，不小心很容易就弄破手，也皱起眉直摇头。这时，陶行知笑着说："我有一首诗读给大家听听：'人生两个宝，双手与大脑。用脑不用手，快要被打倒。用手不用脑，饭也吃不饱。手脑都会用，才算是开天辟地的大好佬。'你们看写得如何？"小朋友都拍手说好，那个大人也不好意思地笑了。

从此，每天孩子们都学做凳子，他们也当"小先生"，教木匠师傅认字。三个月后的一天，教室里的50个孩子，都坐着自己做的凳子。讲台上还有孩子们自己制作的杠杆、滑车等玩具和仪器。家长挤在窗口、门外，信服地点头叫好。陶行知在讲台前，念起了一首刚写好的诗："他是木匠，我是先生。先生学木匠，木匠学先生，哼哼哼，我哼成了先生木匠，哼哼哼，他哼成了木匠先生。"孩子们看看坐在他们身边一起听课的木匠，大家都笑了。这个故事不但让我们看到了实践，更看到了陶行知先生那平等的精神。

因材施教：

陶行知曾提出：教育中要防止两种不同的倾向：一种是将教与学的界限完全泯除，否定了教师主导作用的错误倾向；另一种是只管教，不问学生兴趣，不注重学生所提出问题的错误倾向。前一种倾向必然是无计划，随着生活打滚；后一种倾向必然把学生灌输成烧鸭。他在教学中着重发现并培养学生的兴趣。他说：培养教育人和种花木一样，首先要认识花木的特点，区别不同情况给以施肥、浇水和培养教育，这叫"因材施教"。

陶行知不但将"因材施教"放在理论上，更是放在实践上。他提倡解放学生的时间，不把学生的功课表填满，不逼迫学生赶考，不和家长联合起来在功课上夹攻，要让学生有一些空闲时间消化所学，并且学一点学生自己渴望要学的学问，干一点学生自己高兴干的事情。关于陶行知的"因材施教"的实践，这里还有一个小故事。有一次，陶行知先生在武汉大学演讲。他走向讲台，不慌不忙地从箱子里拿出一只大公鸡。台下的听众全愣住了，不知陶先生要干什么。陶先生从容不迫地又掏出一把米放在桌上，然后按住大公鸡的头，强迫它吃米。可是大公鸡只叫不吃。怎么才能让大公鸡吃米呢？他掰开大公鸡的嘴，把米硬往鸡的嘴里塞。大公鸡拼命挣扎，还是不肯吃。陶先生轻轻地松开手，把鸡放在桌子上，自己后退了几步，大公鸡自己就开始吃起米来。这时陶先生开始演讲："我认为，教育就像喂鸡一样。先生强迫学生去学习，把知识硬灌给他，他是不情愿学的。即使学也是食而不化，过不了多久，他还是会把知识还给先生的。但是如果让他自由地学习，充分发挥他的主观能动性，那效果一定好得多！"台下一时间掌声雷动，为陶先生形象的演讲开场白叫好。

第二节　陶行知教育管理思想的简要评价

陶行知先生作为伟大的教育思想家，他在深刻理解中国文化、社会现实、杜威教育理论的基础上，发起了一系列中国现代教育史上里程碑式的教育实践活动，开创了新颖的、实践的生活教育理论。道德教育思想是其生活教育理论的核心，对陶行知德育思想的梳理和分析对于当代中国的道德教育有着重要的理论意义和实践价值。

生活教育理论在批判传统教育的基础上，重新审视知识教育和情感教育的关系，提出知情意合一、仁智勇合一的教育理念，从道德认知模式来看，道德判断标准是在满足道德主体合理欲望的前提下关切"天下为公"；从道德情感的推演来看，以道德主体自爱为前提，通过道德实践培养对他人的同理心，从而将"爱"的对象衍生为民众、国家、天下；从道德意志的培养来看，道德意志具有善恶两种趋势，通过运用道德实践中收获的真理性知识、经验，以理性的态度做出道德选择，做到从心所欲不逾矩[61]；从道德行为的养成看，通过集体生活教育实践形成德行有用的观念，培养道德主体社会生活的规则意识，促使道德主体自律意识、他律意识的觉醒。生活教育理论德育思想的伦理预设是生成的自我和良心，该理论引导自我与生活之间生成一种善的关联，生活教育的过程就是唤醒人的自我意识的过程，自我最后走向了真人。伦理预设之二是"好的生活"是德行明智的一种生活，道德行为与实际道德情景结合培养出灵活的道德能力，使得道德主体主动学习，促使自身德行明智，走向伦理共同体。生活教育理论的德育层次搭载在传统儒家"修身齐家治国平天下"的路径上，生活教育理论的伦理实体分别是自我、学校、国家、世界，生活教育理论将学校作为一种中介性质的伦理实体，搭建了个体与群体之间的桥梁，从而将自我合理地纳入社会伦理秩序中，使得个体与群体成为一种共生关系，个体好与共同体善是一致的。

生活教育理论德育思想的终极关怀之一是从自我走向真人，培养自立、自强、自治的真人，之二是从生活走向伦理共同体，在唤醒道德主体觉醒的基础上，通过集体教育、创造教育，构建一个伦理共同体社会，因这个伦理共同体是道德价值和知识价值、自我价值和社会价值、物质价值和精神价值的统一，使得道德主体获得了从他律走向自律的可能。

第三节　陶行知教育管理思想的现实意义

陶行知教育思想博采古今，兼容中西，理论简约，并自成体系。在教育理想上，他主张"通过四通八达的教育，建立四通八达的民主社会"；在教育准则上，他坚持道德至上的教育原则，奉行"千教万教教人求真，千学万学学做真人"的教育箴言。陶行知的"真"与孔子的"仁"在教育理念和道德目标上一脉相承；在教育策略上，他基于知行关系的深刻理解，提出"行是知之始，知是行之成"的重要论断，突出实践（"行"）在认识论中的先导地位，认识与实践结合，并由此确立了"行—知—行"的行动策略，使得教育理想和目标能在实践中有效落实。

在教育理论上，陶行知继承发展了杜威的现代教育思想，并从中国国情出发，提出"生活即教育""社会即学校""教学做合一"三大理论主张，主张教育要与社会生活相联系，与生产实践相结合，按社会生活前进的需要实施教育，打破学校与社会之间的藩篱，使教育回归生活，实现从书本的到人生的，从狭隘的到广阔的，从字面的到手脑相长的，从耳目的到身心全顾的彻底转变；在教育实践上，他毕生致力于人民的教育事业，不畏艰险、认真探索、大胆实践、开辟新路，为世人树立楷模，为万民敬仰。

总体而言，陶行知教育思想具有突出的民族性、平民性、大众性和实践性，很多观点与现代职业教育的本质要求和价值追求内在相通，对当代职业教育富有重要的启示意义，概括起来主要有几下四点：

一、树立"服务大众，服务就业"的职业教育宗旨

职业教育的本质属性和服务宗旨是什么呢？这是当前职业教育面对的首要的现实任务。行知先生对此给予了明确的回答——在于"生利"，即能给学生生利的本领，是谓"生利主义"，认为"凡养成生利人物（笔者注，可指学生）之教育，皆得谓之职业教育；凡不能养成生利人物之教育，皆不得谓之职业教育"。生利有两种：一是生"有利之物"，比如制造产品；一是生"有利之事"，比如商贸流通等，生利的目的在于"以利乐群"。

生利主义，作为职业教育的本质属性，与宽泛的"生活主义"相比，揭示出职业教育的本质特征，与狭隘的"衣食主义"的区别在于——前者以"利群"为精神追求，即有利于公众或群体，而后者仅仅以生存为目的，追求"获取衣食"等外在需求，忽视了"乐业"这一内在需求，具有一定的危害性。诚如先生指出的那样，如果"教师为衣食教，学生为衣食学，无声无臭之中隐然养成一副自私之精神"，显然不利于师生的精神生活和道德成长。陶行知的教育思想主要体现为"全民教育"和"平民教育"思想，即面向全民，实行终身教育；关注社会底层民众的生活能力培养，追求"生利"价值，为平民服务，为平民子女健康成长服务，多方面体现教育的服务宗旨。

然而在实际生活中，有一定数量的职业学校，在生源质量严重"滑坡"的压力下，放弃了职业教育的全面质量标准，片面奉行"衣食主义"的职业教育，或一味地降低学校的育人标准，或一味地追求学生的技能训练，几乎把技能及生存训练当作职业教育的全部目的，而忽视学生的精神成长，把职业教育等同于技能训练，忽视文化课对"人的精神成长"的不可替代作用，对照行知先生的"生利主义"的职业教育观，显然是十分失策的，值得警醒。

因此，职业教育要遵循"以就业为导向，以服务为宗旨"的发展方针，把握"生利主

义"职业教育观的内涵，通过职业教育的学校学历教育、职业技能培训、服务企业社区等多种途径，实现城乡劳动力转移和转化，促进有效就业，为地方经济发展服务，体现了职业教育的时代要求[62]。

二、奉行"教人求真，教人生利"的教育准则

职业教育奉行什么样的教育原则呢？这将体现职业教育的教育共性和个性要求。对照行知先生"千教万教教人求真，千学万学学做真人"的教育箴言，对照"生利主义"职业教育观，我们认为光有德行还是不能"行之甚远"——要给予学生"生利"的本领，在培养学生的职业能力的同时，渗透"利群""乐业"等职业情感，培育"爱业乐业敬业"之职业精神。两者结合才能体现职业教育的全面人才质量观。

行知先生的《学做一个人》可以看作进一步的补充注解，在此他提出了培养"整个的人"的三种要素：一要有健康的身体；二要有独立的思想——要能虚心，要思想透彻，有判断是非的能力；三要有独立的职业——要有独立的职业，为的是要生利。择业时，要根据个人的兴趣和才干，做事才有快乐，要成功就要有才干（生利本领）。

这些对于职业教育的启示是，培养人要以"求真""生利"为教育准则。为此不仅要关注学生具体的职业岗位技能要求，更要关注未来社会公民的基本道德素质要求和未来生活幸福；既要关注学生德行培养的首要要求，也要注重培养学生做事生利的本领，强调实践能力、生活能力、职业精神和职业思想的有机统一，培养"整个的人"。

三、实行"做中学，教学做合一"的教育策略

教育策略是指实现教育思想和理论的有效方法和途径，那么如何体现职业教育的教育宗旨、培养目标和教育准则呢？"教学做合一"理论为我们提供了教学指南。

"教学做是一件事，而不是三件事"，"教的方法要根据学的方法，学的方法要根据做的方法，事怎样做便怎样学，怎样学便怎样教"，这些话语的核心意思是强调"做中学"，具有四重含义：一是突出实践是认识的先导，只有"做"了，才可能有学习收获；二是学习要有情境，有个体体验；三是教学要根据"做的体验"进行反馈、调整和总结；四是教学要针对所要完成的任务，遵循工作逻辑主线，按照"做—学—教"的顺序实施教学。

对当前的职业教育来说，"教学做合一"就是主张以工作任务为第一驱动力、以职业岗位实践要求为导向，按照工作程序或项目流程来组织教学，强调"动手做"，在具体的工作情境中提高学生的职业技术能力，加深（或验证）学习体验，突出实践第一的先导地位，突出学习者的中心地位，建构教学的有效意义，颠覆传统教学按照知识逻辑主线组织教学的接受式学习方式，体现职业教育的本质规律和现实需求。

值得指出的是，行知先生的"做"的内涵，不同于"只需做会，不求明理"之类似是而非的职教流行理论，自然也不同于由此派生的单纯的技能训练或机械的劳动操作等肤浅的教学实践，而是强调"劳力上劳心"：（一）行动；（二）思想；（三）新价值之产生。行动的最终指向，是由从职业技能的形式训练，产生思想体验和学习后的新价值，目的在于提升劳动者的社会从属地位，提高劳动者的社会经济地位，形成诸如技师类等智能型、高素质劳动者。这对当前职业教育中片面强调技能训练的、所谓"短平快"类的职业教育教学，显然意味深刻长远得多，值得深思。

四、开发"教学做合一"的职业教育课程与教材

课程，规定教学的内容和进程；教材则是教学的重要载体，是师生交流的平台。一切教育思想理念、策略方法，最终必须汇聚到这个平台上，否则，难以形成聚焦，难以整合实施。那么，如何编制职业教育的课程与教材，适应人才培养的需要呢？

陶行知的《教学做合一下之教科书》，系统地阐述了编制教材的理论依据、方法、标准和体裁（内容的组织结构），即依据"生活即教育"的理论主张，将现代社会的生活或该有力量（生活力），一一列举出来，归类组成一个"整个的"生活系统，编写相应的生活用书系统。这种教科书体现"教学做合一"的指导思想，并有三种判断标准：一是看它有没有引导人动作的力量，有没有引导干了一个动作又要干一个动作的力量；二是看它有没有引导人思想的力量，有没有引导想了又想的力量；三是看它有没有产生新价值力量，有没有引导人精益求新的新价值的力量。在内容安排上提出十四项建议：（一）做的目标；（二）做的材料；（三）做的方法；（四）做的工具；（五）做的理论；（六）从做这事想到做那事……（十三）在做上学的人引导他记载做的过程，做的结果，做上发生的问题与心得；（十四）在做上教的人可引导他指示进行考核成绩。前四项和最后两项建议，正是项目教学的基本结构形式，而（五）（六）两项是实施项目教学的意义所在，是教学有效性的体现。因此，这些富有理论创新和实践意义的论述，对我们编制适应社会需求和学生真实能力发展的课程与教材，具有直接的思想和方法论启迪。

至于课型和教学的组织形式，是系统教学的内在要求。《生利主义之职业教育》明确指出，职业课程应以生利为主，按事施教，采用小班制："应以一事之始终为一课……每课有学理，有实习，二者联络无间，然后完一课即成一事。成一事再学一事，是谓升课。自易至难，从简入繁，所定诸课，皆以次学毕，是谓毕课。定课程者必使每课为一生利单位，俾学生毕一课，即生一利；毕百课则生百利，然后方无愧于职业之课程。"用现代职业教育思想来对照体会，行知先生其实提出了"项目教学"的理论主张和操作办法，即分析学生的职业技能生成的核心和基础，围绕生成或培养一种核心技能，

对技能项目进行分解，循序渐进，学理与实习相结合，并采用小班化教学建制，给予学生更多的切磋、交流、指导和实践的机会，这些自然符合教育规律，体现职业教育特点，符合实践需要。

这些深刻的论述和明晰的示例，对于职业教育课程与教学改革的重要启示是，在设置职业教育课程时，应遵循全面发展质量观，针对学生的职业能力的发展需要，通过调研学生的就业市场，摸清岗位工种以及岗位技能基本要求，协同企业内部职业环境和外部的社会环境的文化影响力，培养学生的适应能力和发展能力，给予学生应对职业变动的迁移能力。要通过系统的课程内容配置，突出课程培养某种对应能力的核心优势，有效地组织课程资源，形成整体的课程优势，以利于微观领域的教学变革，从整体规划的角度，保证教学的有效性和针对性，促进学生社会生活能力的整体发展。

陶行知教育管理思想的实践

一、生活教育实践：晓庄学校、山海工学团、"小先生制"

1.晓庄学校：1927年春，陶行知在南京和平门外晓庄创办南京市试验乡村师范学校，后改名晓庄学校，确立"生活即教育""社会即学校""教学做合一"的生活教育理论，并亲自试验。

2.山海工学团：1932年，陶行知在上海郊区大场创办山海工学团，提出"工以养生，学以明生，团以保生"，力图将工场、学校、社会打成一片，以达到普及教育。

3."小先生制"：在陶行知看来，儿童是中国实现普及教育的重要力量。他提出的"即知即传"的"小先生制"，就体现了这一认识。"即知即传"的"小先生制"是指人人要将自己认识的字和学到的文化随时随地交给别人，而儿童是这一传授过程的主要承担者。尤其重要的是"小先生"的责任不只在教人识字学文化，而在"教自己的学生做小先生"，由此将文化知识不断延绵推广。

二、"生活教育"思想体系

1."生活教育"理论是陶行知教育思想的核心。

生活教育理论的形成：重视教育与生活的联系，是陶行知从瑞士近代著名教育家裴斯泰洛齐那里受到的启发，而给陶行知直接影响的是美国教育家杜威，陶行知的"生活教育"理论是对杜威教育思想的吸取和改造。

2.生活即教育。

"生活即教育"是陶行知生活教育理论的核心。首先，生活含有教育的意义；其次，实际生活是教育的中心；最后，生活决定教育，教育改造生活。

3.社会即学校。

"社会即学校"是"生活即教育"思想在学校与社会关系之间问题上的具体化。首先，所谓"社会即学校"，是指"社会含有学校的意味"，或者说"以社会为学校"。由于到处是生活，到处都是教育，整个的社会是生活的场所，亦即教育之场所。其次，所谓"社会即学校"，是指"学校含有社会的意味"。也就是说，学校通过与社会生活结合，一方面，"运用社会的力量，使学校进步"；另一方面，"动员学校的力量，帮助社会进步"，使学校真正成为社会生活必不可少的组成部分。"社会即学校"扩大了学校教育的内涵和作用，对传统的教学观、教育观有所改变，贯穿了普及民众教育的苦心。

4. 教学做合一。

"教学做合一"是"生活即教育"在教学方法问题上的具体化。

首先，"教学做合一"要求"在劳力上劳心"；

其次，"教学做合一"是因为"行是知之始"；

再次，"教学做合一"要求"有教先学"和"有学有教"；

最后，"教学做合一"还是对注入式教学法的否定。

第十章　陶行知教育管理思想对当代学生自治的研究

第一节　陶行知的教育管理思想的内容

陶行知的生活教育理论实质是生活德育，道德的心理结构包括道德认知、道德情感、道德意志、道德行动。德育过程有多种开端，或从导之以行开始，或动之以情，生活教育理论注重道德实践的体验，最后达到品德在知情意行等方面的协调统一发展。

一、陶行知生活教育理论中的道德认知模式

道德认知的实质是道德主体对一定社会道德现象、道德关系、道德规范的认识、体会、理解和把握，还包括道德经验的积累，道德价值观念的形成，道德理论知识的学习，道德判断的提高等。教育的目的是为了促成人格的形成，而陶行知的人格侧重于道德意义上的人格，陶行知从社会需要出发，将道德分为公德和私德，私德是公德的基础[63]，陶行知看到了私德对于社会进步、国家强大的密切关系，他要求大家把私德建立起来，建筑人格长城。

（一）是非判断

是非判断具有时代性、地域性，所以道德判断千差万别。"为什么要颠倒是非？大凡自己讨便宜的时候，不愿是非分明；只要自己吃一点亏，便大声疾呼要人家辨别是非"。陶行知认为道德是人在社会上最适当的行为，所以适当的是道德的，道德即在于权衡为人为己两个方面，定夺最适宜之一点的所在。在生活教育理论中提出是非判断标准是道德判断标准，它的目的在于调节人与社会，人与人之间的适宜，协调双方的利益，那么如何寻找到双方都适宜的点呢？首先，要有丰富的道德经验，"是非只是判断行为的一种符号。这种判断的能力是在判断上得来的"。做一种综合考量，将问题考虑全面，协调双方利益。其次，在私，陶行知批判传统道德以天理压迫人欲的做法，主张"人欲是有地位的"，不

能以天理来压迫人欲，合理的欲望应该得到满足；在公，陶行知（1932）提出的是非判断标准："公者是；不公者非。增进大众福利者是；损害大众福利者非。大众福利与小集团福利冲突时，拥护大众福利者是，拥护小集团福利者非。真者是，不真者非。推动时代前进者是，阻碍时代前进者非。"他尝试对道德判断的内在价值标准做出规定，以集体利益、大众利益、时代需求作为最先考虑，以"公""真"来衡量，生活教育理论中的道德判断以公私兼顾为精神价值，并不断通过道德实践提升道德判断能力。

（二）天下为公

学生时代的陶行知就具有了奉公的道德认知："我是一个中国人，我要为中国做出一些贡献来。"爱国主义是陶行知践行教育实践活动的情感基础，如何协调、重建集体生活的伦理秩序是该理论的研究主体。"人中人"的首要道德认知是为人民谋利益的奉公观念，"天下为公"是"人中人"的真正大德，这里的"天下"陶行知赋予"人民"的新含义，他要求学生亲近人民，"即知即传"打破"知识私有"，做到共享知识，使人民成为"人中人"，创造一个安居乐业的社会。"人中人"的第二个要素是公私分明，尊重共同体中的公有财产，也不觊觎他人财产，形成捍卫自己的财产、不可以侵犯公共财产的公私观，窃取他人财产将承担高昂的道德成本，使得道德主体产生不敢侵犯、不愿占有公共财产的公私观。"人中人"要有奉公的观念，同时"人中人"是完整的人，不是事事依靠共同体的人，其内在道德品质是自立自强，要能做到自治[65]。"滴自己的汗，吃自己的饭，别人的事情帮忙干。"人与人之间要互帮互助，坚决反对"有祸别人担，有福自己享"的利己主义观点。为将学生培养成"自立自强"又不"自私自利"的"人中人"。

陶行知在《育才学校教育纲要》中提出"不智而仁是懦夫之仁；不智而勇是匹夫之勇；不仁而智是狡黠之智；不仁而勇是小器之勇；不勇而智是清谈之智；不勇而仁是口头之仁"。仁智勇是育才学校的办校原则之一，也是宝贵的道德人格财富。陶行知坚决反对小团体的自私自利，主张在公私分明的基础下做到"群己相益"，他不是要求个体做到完全的无私奉献，将个体利益完全附属于集体利益，他理性看待人对利益和欲望的需要，"承认欲望的力量，我们不应该放纵它们，也不应该闭塞它们"。这正契合现代社会"公私兼顾"的道德原则。

二、陶行知生活教育理论中的道德情感推演

广义上讲，道德情感指人们依据一定的道德标准对现实的道德关系和自己或他人的道德行为进行感知、理解和评价时所产生的爱憎好恶等心理体验，道德情感对道德行为的形成有着不可忽视的推动力量。

（一）情感与信仰

情感与信仰有着内在的逻辑关联，情感的至极即为信仰，也可称为信念。信念一旦形成以后，则对于情感就有不可忽视的作用。一个具有博爱情怀的人，其道德情感常常更加细腻敏感，更能够获得道德同理心和共鸣感，更容易兼顾他人的情感体验。但光有情感不足以做出良好的道德判断，因为道德判断是价值层面的应然判断，道德情感的参与使得道德判断具有很强的主体性，应然判断身处宽松的道德领域，有较大的协调空间，与实然层面进行的客观严谨的事实判断是不同的，在价值判断中必然会包含评价者的态度情感等因素，这些因素使得包括道德判断在内的价值判断变得复杂[65]。亚里士多德认为没有理性的情感只能是激情，某些激情本身就无条件的为恶，如无耻、嫉妒。在研究陶行知的生活教育理论时不可以忽略。

研究生活教育理论可以发现，陶行知以较为理性的方式处理了思想与信仰之间的关系，"研究当中的道理最先发生思想，思想贯通以后便起信仰；有了信仰就生出力量"。陶行知的"爱"，来自信仰，并把"博爱"作为内在的自然本性。陶行知认为要通过"博爱"来促成"事"的发生，并通过"爱"将构想策划变为真实的实践运动，道德情感是催生行为的一个关键，"内部有信仰，才能发生力量，有了力量才可以救中国"。信仰服务的对象是民众，是为民众解除痛苦的信仰，生活教育理论建立在陶行知本人高尚的道德情感之上的，德育的过程有多种开端，对生活教育理论而言，道德情感是德育的关键。

（二）自爱爱民爱国爱天下

陶行知的生活教育理论中的道德情感可以分成四个层次，陶行知生活教育理论的情感起点是"自爱"，陶行知的爱的教育由内到外可以划分为自爱、爱民、爱国和爱天下，与儒家的"修身齐家治国平天下"具有一致的逻辑思路与道德目标。

1913 年，陶行知针对国人的劣习论述了"自爱"的重要性，学生在考试中作弊便是"不自爱"的表现。有所专长，则人人可以相互为师，陶行知提倡师生共学、共事、共修，从而达到双方在学问、品德上的共同进步。自爱的基础是社会身份地位的平等，人与人之间不存在阶级差别，是拥有尊严的、独立的生命个体。陶行知为促进人类主体意识觉醒、为人的全面发展办教育，生活教育理论的对象是全体国民，陶行知对底层劳动人民有着深切的关怀与同情，将农民视为自己的亲人，着重通过学校来改造社会，以乡村学校作为改造乡村社会的着力点，陶行知立足于发挥群众的积极性和创造性来解决困难和问题，要求学生有农夫的身手、从野人生活出发、向极乐世界探寻，使大众获得思想上的自由、身体上的健康、生活中物质资料的充足，这是一种深层次的关爱，这种爱体现在生活教育的实践过程中。在开启民智、培育民德的基础上才能真正做到振兴中华，通过教育使大众拥有良好的道德观念是对民众之爱的根本。陶行知设想的道德主体是"人中人"，是拥有爱国主义情怀的"国中人"，面对外来侵略者，要能做到"富贵不能淫，贫贱不能移，威武不能屈，美人不能动的精神"。在教育实践的过程中，陶行知引导学生具有"大丈夫"的气节，要行动、实验，要创造、发明，要革新、奋斗，倡导学生与农民打成一片，体会底层人民的艰难，使学生自发形成对于大众的同情、关爱的道德情感。陶行知（1924）认为国家是大家的，爱民就是爱国，爱国是个人的本分，是每一个人都应该做到的，这就从爱民过渡到爱国的层次。爱国是陶行知生活教育理论的主题内容之一，陶行知始终站在人民的立场上办教育，体现了教育救国的进步思想。

爱天下是自爱、爱民、爱国的自然过渡，爱天下必然包含自爱、爱民、爱国这三个层次，陶行知认为孩子有着天然的愿意帮助别人的倾向，所以生活教育便是通过集体生活，用集体的力量纠正个人主义，培养和引导他们对民族人类发生更高的自觉的爱，以"爱"作为克服困难的动力，向着创造的生活前进，乡村教育、国难教育、战时教育以及民主教育等思想都体现了博爱之情，陶行知始终践行"爱满天下"的博爱教育思想。

三、陶行知生活教育理论中的道德意志培养

道德意志指人们在履行道德义务或决定道德行为过程中自觉做出决策、克服困难的顽强力量和坚持精神，也指道德主体在道德实践过程中，为了获得既定的道德目的，克服困难和障碍、坚持或改变道德行为而呈现出的一种心理状态。陶行知认为道德意志具有向善与向恶两种可能性，道德意志向善、向恶的两种表现是"真人"和"伪君子"，生活道德教育改造大众，使人向善。

（一）真人与伪君子

1913 年，陶行知写了《伪君子篇》，表达了对"伪君子"的深恶痛绝之心，伪君子祸患比真小人还大，"灾及万世而不可穷"。通过伪君子和真人的对比，阐述真人"破名利去伪"的道德品质，发出"伪君子唯今世为最盛"的感叹，呼吁"真人"的诞生。陶行知认为"人之有誉，而己不能行，不敢行或不愿行，又欲邀其誉，则不得不假之。人之所毁而明由之，必损于名；又欲邀毁中之名，而避名中之毁，则不得不掩之……中人一下，莫不趋利，唯其趋利，故避祸邀福……又欲趋祸中之利，避利中之祸，亦不得不掩之"。伪君子产生的原因是一个人既想求名又想又有誉，即趋利又想避祸，在获得私利的同时还不想毁坏自己名誉，所以将自己真实的意图掩盖，用"君子"的形象伪装，披着道德的外衣行动，表面上是在做"善行善举"，背地里却获得非分之利。陶行知进一步分析伪君子产生的原因，第一，"名利而已"，不能够破除名利之见，内心的欲望是使名、利最大化；第

二，"心伪而已""心不在焉，故诚心终不伪心胜"，轻易就屈服于外在的诱惑，是道德意志薄弱造成的。

（二）意诚心正

早期陶行知受王阳明影响较大，王阳明认为，格物、致知、诚意、正心、修身齐家、治国、平天下是由"下学"而"上达"的实践路径；王阳明认为，《大学》的根本要义在于"诚意"，达到"诚意"的根本途径是"格物"；"诚意"所达的极致在"止于至善"，"止于至善"的根本方法在"致知"。心之本体是"至善"，原本具有"知"的先天能力，"意"是心之动，"意动"不仅必然和人的经验状态关联，而且在经验活动中还常常和作为交往对象的事物现象联系。王阳明说："身之主宰便是心，心之所发便是意，意之本体便是知，意之所在便是物。如意在于事亲，即事亲便是一物；意在于事君，即事君便是一物；意在于仁民爱物，即仁民爱物便是一物；意在于视听言动，即试听言动便是一物。""物"实际上是主体的意向性存在，所以"意之动"会产生善与不善的经验价值，个人在经验生活中格物，其目的并不是在于经验之知的获得，而在于至善之心体的自身开明。早年陶行知认为知致则意诚，意诚则心正，心正则止于至善。学生要诚于内心，驱除伪心，在方法论上要做到"心中建立真主宰（1913）"，存养省察。

在育才学校时期，陶行知的认识论已经发生了很大的转变，提出做人"要诚实无欺"为首的育才学校十二条准则。晚年陶行知意识到"先行后知"，提出在行动中获得更高的真理性知识，通过实践获得做人格物的真知。陶行知不排斥人的欲望，但人心不能被外在物欲羁绊，人应当追求那些合理的欲望，物质资料是生活必需的，通过"工学团"运动，使民众形成对"利益"的理性态度，尊重私有财产与公有财产，充满对知识、美的渴求之心，当人们面对现实生活时，能够以理性的态度合理地选择。"他一个人到了富贵不能淫，贫贱不能移，威武不能屈的境界，是永远不会被患难压倒。"从心所欲不逾矩，君子无入而不自得焉，做到道德的自律。

四、陶行知生活教育理论中的道德行为养成

道德行为是道德主体自知、自主的行为，道德行为选择过程是一个在给出行为合理理由基础上做出抉择的过程。道德认知是怎么产生的，又如何指向理想的生活目标？生活教育理论解答了生活如何影响、改造生活，如何促进道德行为的发生。首先，道德主体要参与活动，成为行动的真正参与者，获得经验。其次，在积累经验的基础上理解，通过行动学会思考，领会成功与失败的原因。道德主体在行动中不断反思如何行动，判断行动的方向，通过他人对自己的反映，道德主体明了自身行为所代表的社会价值[67]。最

后，行动中获得的经验要求他以集体成员的身份去行动，使得道德主体跳出原来的狭隘范围，使他从自己所属的集体利益来设想自己，不断趋向道德主体的伦理目标，成为真人。这三个步骤由浅入深，从人人可以做到的手脑并用，做到在劳力上劳心，最后做到将知识与行为统一。

（一）德行有用

在社会大众层面来说，道德主体自觉选择的行为中都蕴含这样的前提：这般行事是明智的，所以生活教育提供了一个生动的道德主体形象"真人"。这个道德人格包含了清晰的善的价值目标，同时又辅助有效的利益手段促使人们惩恶扬善，通过理智的认知和生活中的道德体验，感受到社会道德规范责任不仅是应当的，也是明智的。从世俗的层面来说，陶行知力图通过生活教育让民众产生这样一种印象：第一，选择德行是有用的，自私、作恶从长远来看会失去更多；第二，知识可以切实地保障其作为道德主体的利益。陶行知在教育实践活动中帮村民打井、干农活，生活教育不是让人变成书呆子，而是关于"生利"的教育，它可以让民众的生活变得更好，而选择德行减少了自身利益被他人侵犯的可能。

在德行有用的认知下形成的道德行为是他律的，德行有用这一观点也带有利己主义的色彩，但是在长期的他律中就可能使人们养成在考虑社会规范、道德要求的前提下考虑自身利益的习惯，这种习惯性的思考促使人们的心理认知结构、情感发生跃迁，不是考虑作为个体的自我，而是在考虑作为共同体成员的自我应如何增进共同体利益、如何在道德的要求下满足自身利益，从道德他律转为道德自律、自由，内在机制建立在心理结构的迁跃之上，这种道德心理的转变的发生也证明了道德境界的提升。但是仅依靠德行有用塑造出的道德人格还是他律的，甚至会斤斤计较，它可以带来价值引导和利益诱导一致的局面，但它只是基本德行生成的一个辅助手段，引导民众关注德行的培育。陶行知的生活教育理论中的道德行为的养成是在生活实践中形成的。

陶行知提出生活教育，从经验、事实、感觉、生活出发认识和分析道德现象，解释道德价值精神及其合理性依据，阐述了是非善恶的价值标准，不是世界跟随现存的道德原则改变，而是依据现实世界的生化繁衍出恰当道德原则。在道德实践过程中，道德主体因其道德行为受到了褒贬，作为生活在伦理共同体中的一员，不能得到共同体的认同将会被排斥到社会的边缘，甚至无法保证自身的合理利益。德行使自身真正成为社会伦理共同体的一员，遵守共同体的善去行动是必要的，也是有用的。个人与社会并不是对立的概念，在道德主体和社会伦理共同体的框架下进行与现实生活的斗争，从而改造"生活"本身，变革道德主体和"社会"，将道德主体视为在"社会"的关系中生成、创造新的价值的主体。

（二）他律到自律的跃迁

真正的道德行为是出自善良意志的行为，是善的自律自觉。道德主体通过解决在生活中遇到的道德困难，增长道德判断经验，将道德主体所在空间当作道德养成的科学实验场，通过亲身的道德体验，获得德育上的发展。

陶行知的道德行为养成离不开社会伦理共同体。陶行知的生活教育理论以生活作为道德教育的实验场，通过行动产生经验，而行动的导向是利益。因为道德主体关心的利益不同，行动不同，所获得的经验也不同。陶行知提倡集体教育、集体生活，同一生活境遇中的人们进行了相似的社会实践活动，获得相似的道德体验，因此追求一种共同的利益，在此基础上，形成某种公认的道德认知，基于这种道德认知趋向共通的道德行为模式，它们也是道德判断和道德情感的基础与标准，这样就生成了一个"奉公"的社会伦理共同体。陶行知的科学方法建立在一种价值原点上，陶行知没有对人性是善还是恶做出判断，但不难发现，陶行知的道德行为的养成方式属于美德伦理的方法论，他的养成方式突出了道德行为的自律和自觉性，起点是美德伦理学。也就是说，陶行知生活教育伦理思想的价值开始于人类应当有一种强烈的责任感和使命感，应当自愿担当对社会与人类的责任，"博爱"是在唤醒道德主体之后就自然会拥有的一种道德情感，受这种道德情感的催动，道德主体会自觉地提升道德意志，做出"群己相益"的道德判断，使自身行为良好。

在道德主体觉醒之前，有必要对道德主体的行为做出具体的规范，引导学生良好的生活，他提出了"礼节之部"和"公约之部"，细致地列举出社会交往之间、师生之间、同学间的交往方式，并对不同场合的言谈举止提出要求。道德行为不再是德育考核的唯一标准，比道德行为更重要的是通过生活教育、集体教育、劳动教育激发出道德主体的"博爱"之情，心甘情愿地做出道德行为，对社会不可逾越的禁忌之地有清晰明确的认知，在道德和法度之内自由地行动。当社会可以为道德主体提供善的伦理秩序，整体的伦理格局向善的方向发展时，道德主体便可以表现出普遍德行的状态，并通过道德教育稳步地向德性状态过渡。

第二节　陶行知的教育管理思想对学生自治的看法

陶行知《学生自治问题之研究》又是一篇关于学生教育及管理的文章，虽是 100 年前的旧文，但很多思想和观点对现代以学生为中心的管理和教育改革同样具有很好的指导作用，可发挥学生自我管理的自觉性、主动性、自治性。

首先了解一下陶行知所谓的"自动主义"，即 20 世纪初盛行于中国的教育新思潮之一，主张学生自学、自强、自治。

边读边叹，百年前的中国教育，似乎是百年间又转了一个轮回。

读着这样的一个背景说明，简直不敢相信，在 20 世纪初叶，中国的教育是那样的风起潮涌。从《学生自治问题之研究》一文中，笔者明显可以感受到学生自治的一种强烈的期盼。

一、自动主义

自动主义有三个部分：一、智育，注重自学；二、体育，注重自强；三、德育，注重自治。先生把学生自治看作是德育的重要组成部分，是自治主义贯彻德育的结果，是我们数千年来保育主义、干涉主义、严格主义的反映，是现在教育界一个极重要的问题。

二、学生自治

先生认为："学生自治是学生结起团体来，大家学习自己管理自己的手续。"它有三个要点：第一，学生指全校的同学，有团体的意思；第二，自治指自己管理自己，有立法执法司法的意思；第三，学生自治与别的自治少有不同，因为学生还在求学时代，就有一种练习自治的意思。从学校来说，就是"为学生预备种种机会，使学生能够大家组织起来，养成他们自己管理自己的能力"。但学生自治，不是自由行动，乃是共同治理；不是打消规则，乃是大家立法守法；不是放任，不是和学校宣布独立，乃是练习自治的道理。

三、学生自治的需要

今日的学生，就是将来的公民，将来所需要的公民，即今日所应当养成的学生。

1.先生致力于共和国的教育事业，学校要成为共和国的学校，就一定要养成学生共同自治的能力。

2.由于平民主义流行，人们可以充分发挥个人的精神，促进人群的进化，但未必人人能够约束自己的欲望，操纵自己的举止。一国当中，人民情愿被治，尚可以苟安；人民能够自治，就可以太平；那最危险的国家，就是人民既不愿被治，又不能自治。当渴望自由的时候，最需要的是给他们种种机会得些自治的能力，使他们自由的欲望可以自己约束。因此非学校中提倡自治，不足以除自乱的病源。

3.要养成共和的人民，必须用自治的方法。

四、合理的自治带来的好处

1. 学生自治可为修身伦理的实验。修身伦理一类的学问，最应注意的，在乎实行；而嘴里讲道德，耳朵听道德，所作所为却不能合乎道德的标准，无形无影中，把道德与行为分而为二。而通过自治，可以养成三种主要习惯：一是对于公共幸福，可以养成主动的兴味；二是对于公共事业，可养成担负的能力；三是对于公共是非，可以养成明了的判断。简单些说，自治可以养成我们对公共事情上的愿力、智力、才力。

2. 学生自治能适应学生之需要。我们办学的人所定的规则，所办的事体，不免有与学生隔膜的。有时候，我们为学生做的事体越多，越是害学生。因为为人，随便怎样精细周到，总不如人之自为。

3. 学生自治能辅助风纪之进步。一人司法，大家避法。我们要想大家守法，就须使各人的行为，对于大家负责。

4. 学生自治能促进学生经验之发展。学生担负起自己解决问题的责任。

五、不当自治的弊端

1. 把学生自治当作争权的器具。

2. 把学生自治误作治人看。刘伯明先生说："人当为人中人，不可仅为人上人。"

3. 学生自治与学校立在对峙地位。

4. 闹意气。如果厉行自治的时候，大家不愿争权，而愿服务；不愿凌人，而愿治己；不愿对抗，而愿协助；不愿负气，而愿说理，那么，自治之弊便可去，自治之益便可享了。学生自治如果举行，可以收现在之益；纵小有失败，正可以免将来更大的失败。

六、规定学生自治范围的标准

1. 应以学生应该负责的事体为限。

2. 事体之愈要观察周到的，愈宜学生共同负责，愈宜学生共同自治。

3. 事体参与的人愈宜普及的，愈宜学生共同负责，愈宜学生共同自治。

4. 学生的年龄、程度、经验。

七、学生自治与学校的关系

1. 权系上的关系。学校事体，一部分由学校主持，一部分由学生主持，中间要建立接洽的机关。

2. 学问上的关系。当成课题研究，一要学生切磋，二要教员的指导。我们就须打破一切障碍，使师生的感情化为一体，使大家的力量，都有相成的效果。

(1) 学生自治是学校中一件大事。

(2) 学生自治如同地方自治。

(3) 学生自治之有无效力。

(4) 法是为人立的，含糊误事，故宜清楚；烦琐害事，故宜简单。

(5) 推测一校学生自治的成败，一看他的领袖就知道。

(6) 学校与学生始终保持一种协助贡献的精神。

(7) 学生自治问题须采取一种试验的态度。

总结：学生自治想得美满的效果，须把它当件大事做，当个学问研究，当个美术去欣赏。

第三节　陶行知教育管理思想对学生自治的意义

陶行知是我国现代著名的教育家，他把自己的一生奉献于中国乡村教育事业的发展，创立了许多精辟的教育新理论、新观点和新方法。他是中国现代史上一名伟大的"人民教育家"。"生活即教育""社会即学校""教学做合一"等生活教育理论，是陶行知教育思想的精髓[58]。在当今信息社会新课程改革的背景下，研究学习陶行知的教育思想，具有重要的现实意义。

一、陶行知教育思想的主体

（一）生活即教育

"生活即教育"理论是陶行知最根本的教育思想，也是他教育思想的主体。针对中国传统教育中"两耳不闻窗外事，一心只读圣贤书"，学生是"读死书，死读书，读带死"，先生是"教死书，死教书，教书死"的现状，陶行知先生主张学生要积极参加社会生活，强调学生积极参与社会实践，在实践中掌握知识受到教育。关于"生活即教育"，陶行知指出："生活教育是生活所原有、生活所自营、生活所必需的教育。教育的根本意义是生活之变化。生活无时不变，即生活无时不含有教育的意义。"既然生活教育是人类社会原来就有的，那么是生活便是教育，所谓"过什么生活便是受什么教育；过好的生活，便是受好的教育，过坏的生活，便是受坏的教育"。他还指出，"生活教育与生俱来，与生同去。出世便是破蒙；进棺材才算毕业"。可见，"生活即教育"的基本含义：第一，生活即教育是人类社会原来就有的，自有人类生活产生便有生活教育，生活教育随着人类生活的变化而变化；第二，生活即教育与人类社会现实中的种种生活是相应的，生活教育就是在生活中受教育，教育在种种生活中进行；第三，生活即教育是一种终身教育，与人生共始终的教育。

（二）社会即学校

"社会即学校"是陶行知"生活即教育"理论的另一个重要命题。这是根据中国的现实国情提出来的，教育不是少数富族的事，而是普通人也可以做的事，他主张把学校的教育和社会生活紧密结合起来。陶行知认为自有人类以来，社会就是学校，如果从大众的立场上看社会是大众唯一的学校，生活最大众唯一的教育，陶行知反对统治阶级特殊的不平等的教育，提出"社会即学校"，以此来推动大众的普及教育。陶行知提出"社会即学校"，在于要求扩大教育的对象、学习的内容，让更多的人受教育。陶行知提出社会即学校的主张和生活即教育一样，也在于反对传统教育与生活、学校与社会相脱节、相隔离，他认为"学校即社会，就好像把一只活泼的小鸟从天空里捉来关在笼里一样。它要以一个小的学校去把社会所有的一切东西都吸进来，所以容易弄假飞。而且这种教育在"学校与社会中间造成了一道离墙"，把学校与社会生活隔开了。陶行知提出"社会即学校"是"要把笼中的小鸟放到天空中使它任意翱翔"，是要拆除学校与社会之间的高墙，"把学校里的一切伸张到大自然里去"。

（三）教学做合一

"教学做合一"，是生活教育理论的教学论，是陶行知先生在教学方面的创新。"教学做合一"，用陶行知的话说，是生活现象之说明，即教育现象之说明。在生活里，对事说是做，对已之长进说是学，对人之影响说是教，教学做只是一种生活之三个方面，不是三个各不相谋的过程。"教学做是一件事，不是三件事。我们要在做上教，在做上学"。他提出："教的方法要根据学的方法，学的方法要根据做的方法。教法、学法、做法应当是合一的。"他用种田为例，指出种田这件事，要在田里做的，便须在田里学，在田里教。在陶行知看来，教学做合一是生活法，也是教育法，它的含义是教的方法根据学的方法，学的方法要根据做的方法，"事怎样做便怎样学，怎样学便怎样教。教而不做，不能算是教；学而不做，不能算是学。教与学都以做为中心"。由此他特别强调要亲自在做的活动中获得知识。教师教学要以学为根据，为学服务，教的原理要根据学的原理。这种以做为中心的教学方法虽然有些片面强调了直接经验和感性认识，忽视了间接经验和理性认识的重要性，但在当时的历史条件下，是以反对传统教育的教条主义和形式主义为出发点的，主张把培养动手能力和思考能力结合起来，学习要手脑并用，因而具有积极的意义。

第四节　陶行知教育思想对现代教育的启示

陶行知把生活教育当作改造中国教育和社会的唯一出路。在陶行知看来，有了生活教育就能打破"死读书、读死书、读书死"的传统旧教育；有了生活教育，就能女"随手抓来都是学问，都是本领"，接受了生活教育就能"增加自己的知识，增加自己的力量，增加自己的信仰"。可见在当时的历史下，生活教育理论在反传统的旧体制教育上具有一定的积极意义，它揭露并批评了旧体制下教育存在的问题，同时提出了解决问题的具体办法。这些深刻的教育思想对指导今天的教育改革仍然具有深刻的理论指导意义和实践价值。

陶行知生活教育理论。他主张把学校和社会连成一体，面向社会，面向人民大众，把人民大众生活的场所都当成教育的场所。这正反映了当今我国教育发展的趋势，代表了当今新体制教育的方向。当今时代是知识不断更新，技术不断发展的信息化社会，是寄托人类美好梦想的知识经济时代。为了适应信息社会的文化基础和经济发展的需要，应对知识经济时代提出的各种挑战，教育需要与社会同生活的结合更加日益紧密，办学必须面向社会，必须与生活紧密联系，学校力求为社会服务，融合于生活之中，充分利用学校内外的教育资源，让学校教育走向社会，让社会教育走进学校，彻底打破传统教育封闭性的办学思想和办学模式，坚持科学的发展现，树立终身教育的理念。

1999 年，我国召开了第三次全国教育大会，通过了《中共中央国务院关于深化教育改革全面推进素质教育的决定》，其中提出了要"进一步解放思想、转变观念，积极鼓励和支持社会力量以各种形式办学，满足人民日益增长的教育需要，形成政府办学为主体、公办学校和民办学校共向发展的格局"。在《决定》中还指出："建立新基础教育课程体系，试行国家课程、地方课程和学校课程。改变课程过分强调学科体系、脱离时代和社会发展以及学生实际的状况。抓紧建立更新教学内容的机制，加强课程的结合性和实践性，重视实验课教学，培养学生实际操作能力。要增强农村特别是贫困地区义务教育的课程、教材与当地经济社会发展的适应性。促进教材的多样化，进一步完善国家对基础教育教材的评审制度。"我国在《基础教育课程改革纲要（试行）》中对基础教育课程改革的具体目标做出了明确规定，指出："要改变课程内容过于注重书本知识的现状，加强课程内容与学生生活以及现代社会科技发展的联系，关注学生的学习兴趣和经验，精选终身学习必备的基础知识和技能。"强调："要改变课程实施过于强调接受学习、死记硬背、机械训练的现状，倡导学生主动参与、乐于探究、勤于动手，培养学生搜集和处理信息的能力，获取新知识的能力、分析和解决问题的能力以及交流与合作的能力。"课程改革要求建构一种自主、合作与探究的课程文化，努力把一种开放的、民主的、科学的课程奉献给新世纪的中国儿童。陶行知的社会即学校的办学观点，就是要以生活为中心，为社会服务，面向一切学生，为了学生的一切，为社会培养合格的适应和促进社会发展的公民。

陶行知生活教育理念的基本宗旨是建设"合理的人生、理想的社会"，为实现人类解放培养心、脑、手并用，真善美合一，具有创造性的全面发展的人。这种创造性的全面教育理念，凸显了对人的终极关怀，把教育从工具理性回归人的生活世界，回归人的身心潜能素质的全面和谐发展。

这对今天全面推进素质教育具有十分重要的启示意义。由于生活对人的发展和教育具有根本性的意义，因此，素质教育的实施必须从人为设计的，以概念、符号等为主的理性世界回归人的生活世界，拆除在学校教育与生活之间用书本知识垒造起来的隔离墙，使受教育者同自然、社会、他人之间保持全面互动和不断进步，以培养未来生活的创造者和开拓者。而且由于生活是复杂的、变动不居的，为生活做准备所需的东西越来越多，因此，教育不仅要注重为人的未来生活做设计和准备，而且还要植根于人的生存与发展的现实。这决定了素质教育的任务不仅仅是让学习者学习书本中有关生活世界的既成知识，更要以培育人的主体性生活经验与生活能力为目的。

今天，推进课程改革就是要从过分强调学科本位转到以学生发展为本上来，从只重视知识与技能转到同时重视过程与方法、情感态度和价值观上来，从单纯注重教学转到注重学习方式的改变和优化上来，从片面追求升学率转到全面育人功能上来。而要做到这一点，建立新型的师生关系，创设一个民主、宽松、真实、鼓励创新的学习氛围和教育环境，做到学生、教师、教材、教育环境的良性互动和有机整合是必不可少的。

开展课程改革，就是要改变观念，端正方向，站在育人的高度，树立新的教育观、人才观、质量观、课程观，使以学生全面发展为本的教育理念真正通过课程教材的改革，渗透到教育教学的全过程中。

第五节　陶行知教育管理思想下学生自治的运用

陶行知作为我国伟大的思想家、教育家、民主主义战士，其生活德育思想没有过时之一说，不仅对旧中国的教育变革起到重要的作用，对当代思想政治教育的发展依然具有重要的价值。

一、陶行知生活德育思想在当代思想政治教育中的价值

陶行知生活德育思想与当代思想政治教育内在契合，使之为当代思想政治教育提供丰富的养分。

（一）陶行知生活德育思想与当代思想政治教育内在契合

陶行知生活德育思想与当代思想政治教育的内在契合主要表现在目标和内容的内在契合。首先，陶行知生活德育的目标与当代思想政治教育的目标内在契合。由前述可知，陶行知生活德育的总目标是培养"真人"，子目标分别是培养追求真理的真人、真君子；培养人中人；培养有道德修养的人；培养健全、完整的人；培养富有创造力的人。当代思想政治教育的根本目的是提高人们的思想道德素质，促进人的自由全面发展，激励人们为建设中国特色的社会主义，最终实现共产主义而奋斗。当代思想政治教育这一根本目的也可以看作是其长远目标。那么，当代思想政治教育长远目标的具体内容与根本目的的具体内容相一致。虽然就目标的具体内容来看，陶行知生活德育的目标与当代思想政治教育的目标不完全相同，但是经过仔细地分析，陶行知生活德育的目标的内容与当代思想政治教育目标的内容还是具有契合之处。首先，两者都重视培养人们的道德修；其次，两者都致力于促进人的全面发展；最后，两者的最终目的都是为国家、为社会培养奉献之人。因此，陶行知生活德育的目标与当代思想政治教育的目标内在契合。

其次，陶行知生活德育的内容与当代思想政治教育的内容契合。鉴于前述可知，陶行知生活德育的内容主要包括世界观教育、政治观教育、人生观教育、道德观教育、职业观教育。而后者的内容包括世界观教育、政治观教育、人生观教育、法制观教育以及道德观教育。由于时代的不同，可能陶行知生活德育的政治观教育与当代思想政治教育的政治观教育在深入的某一小点会有所不同，可能陶行知生活德育的人生观教育与当代思想政治教育的人生观教育在深入的某一小点会有所不同……但是，总体上两者还是有许多契合之处。例如，陶行知生活德育内容中的政治观教育是以爱国主义为主旋律的，当代思想政治教育内容中的政治观教育也包括爱国主义教育；陶行知生活德育内容中的世界观教育以先行后知为原则的，当代思想政治教育内容中的世界观教育包括辩证唯物主义教育……同时，陶行知生活德育的内容并不是一成不变的，它是按照"有什么生活，就应该有什么教育"的原则进行变化的，因此，其生活德育的内容必然与当代思想政治教育的内容有许多契合之处 [66]。既然陶行知生活德育的目标和内容与当代思想政治教育的目标和内容契合，那么陶行知在开展生活德育过程中所获得的一些有益经验必然可以满足当代思想政治教育的需要。

（二）陶行知生活德育思想为当代思想政治教育提供丰富的养分

当代思想政治教育在获得丰厚成就的同时，也存在诸多不足。鉴于当代思想政治教育的优点，我们要继续保持；至于不足，我们要汲取其他相关的有益经验予以弥补。陶行知在对其生活德育思想进行实践、试验的过程中积累了大量的成功经验，可以为当代思想政治教育提供丰富的养分以弥补其不足。基于在陶行知生活德育思想的积极因素以及当代思想政治教育的不足（下文会有论述，这里不再赘述）的基础上，可以把陶行知生活德育思想的有益经验归纳为：其一，优化育人环境，营造良好的育人氛围。陶行知在开展生活德育的过程中，运用环境熏陶法营造良好的育人氛围，对生活德育目标的实现起到一定的促进作用。首先，由前文可知，陶行知在开展生活德育的过程中，十分重视学校环境之美，譬如，晓庄师范学校的选址就十分优美，宛如美丽的画卷。并强调通过学校环境之美促进社会环境之美，从而为生活德育的开展营造良好的环境氛围。其次，由前文可知，陶行知在开展生活德育的过程中，非常重视对学生进行艺术教育，并通过学生具有感染力的艺术作品传递正能量，激起人们的爱国热情，从而为生活德育目标的实现营造良好的环境氛围。可见，陶行知在开展生活德育的过程中，非常重视良好环境氛围的熏陶作用。同时，这一举措在促进生活德育目标的实现起到一定的推动作用，因而，陶行知生活德育的有益经验之一是：优化育人环境，营造良好的育人氛围。

其二，贴近生活实际，贴近社会实际，紧跟时代的步伐。首先，由前文可知，陶行知在开展生活德育的过程中遵循"生活即德育"的原则，他认为是哪样的生活，就是哪样的教育，他认为过什么生活，便是受什么教育。那么，遵循该原则的生活德育必然与生活紧密联系，紧跟时代的步伐。其次，基于前文可知，陶行知在开展生活德育的过程中，遵循"社会即学校"的原则。他在开展生活德育的过程中，把整个社会当作学校，让学生过真实的社会生活，在生活中真实地学习，接受真正的知识[67]。可见，遵循这一原则的生活德育必然会贴近社会实际，培养出适应社会的人才。因而，陶行知生活德育思想的又一有益经验是：贴近生活实际，贴近社会实际，紧跟时代的步伐。

其三，陶行知在践行生活德育思想的过程中，强调普及性。通过前文的论述可知，陶行知积极推行平民教育、大众教育等，基于当时的国情，教育的普及必然会推动生活德育的普及。同时，陶行知在普及生活德育的过程中，最关注的是乡村教育(也包括乡村德育)普及。他在《改革乡村教育案》一文中指出：中国农民约有三万万四千万，占全国人口的百分之八十五。我们要想建设新中国，必须用教育的力量，来唤醒旧农民，培养新农民，共同担负这个伟大的责任。可见，陶行知对乡村教育（也包括乡村德育）普及的重视。那么，陶行知生活德育思想的又一有益经验是：强调普及性。同时，在普及乡村教育（也包括乡村德育）过程中的一些有益经验也值得我们借鉴。

其四，重视教师的师德建设。由前文的论述可知，陶行知十分强调教师在生活德育中的带头表率作用，他认为教师是"学校的灵魂"与"学生的领袖"。主张教师在生活德育中，要起到榜样示范作用，通过自己正确的言谈举止去影响学生，教育学生。那么，陶行知生活德育思想的又一有益经验是：重视教师的师德建设。

其五，树立"以生为本"的德育理念。处于抗战救国时期的陶行知，虽然格外强调政治观教育，但是他在开展生活德育的过程中，也同样强调人文化。首先，注重锻炼学生的实践能力。陶行知主张"行是知之始，知是行之成"的观点，在开展生活德育的过程中，十分注重锻炼学生的实践能力，通过集体生活、学生自治等方式、方法锻炼学生的实践能力。其次，陶行知在开展生活德育的过程中，使用因材施教法、学生自治法等，重视学生的身心发展，关注学生个性发展。例如，由前文可知，陶行知认为儿童是活的，要根据儿童的个性心理特征进行教育；陶行知认为儿童的能力各有差异，要顺应儿童的能力去教育儿童。

以上是陶行知在开展生活德育的过程中所积累的一些有益经验，为当代思想政治教育提供了丰富的养分。

二、陶行知生活德育思想在当代思想政治教育中的有效运用

当前，我国由于社会环境的日益复杂化、教育的功利化，高中的思想政治教育缺乏良好的环境氛围，存在着一些问题，如较为功利化，缺乏对学生的思想道德的教育。而陶行知作为我国近代知名的教育家，同时也是我国著名的德育思想家，他的生活德育思想形成了完整的体系，其目标——培养"真人"与当代思想政治教育的目标、内容是相互契合的，所以，能够从陶行知的生活德育思想汲取一些积极因素，为当代高中的思想政治教育的发展提供思路[68]。

随着我国社会主义市场经济和经济全球化的深入发展，使当代思想政治教育面临巨大的机遇与挑战，使它在获得丰厚成就的同时，也有许多不足。鉴于前文可知，陶行知生活德育思想是当代思想政治教育的重要营养来源，它为当代思想政治教育提供了有益的经验。因此，当代思想政治教育可以把陶行知生活德育思想的有益经验运用到具体实践中，以弥补自身的不足。陶行知生活德育思想在当代思想政治教育中的有效运用具体表现为：借鉴生活德育思想，为当代思想政治教育营造良好的环境氛围；借鉴生活德育思想，推动当代思想政治教育的改革创新；借鉴生活德育思想，提高社会思想政治教育的普及程度；借鉴生活德育思想，加强学校思想政治教育的实效性。

（一）借鉴生活德育思想，为当代思想政治教育营造良好的环境氛围

陶行知在开展生活德育的过程中注重营造良好的环境氛围，由前文可知，陶行知用学

校环境之优美促进社会环境之优美，以满足社会生活的需要，同时通过蕴含爱国主义思想的绘画作品激起社会人士的爱国热情，让他们积极投身于抗战救国中。陶行知的生活德育思想培养了千千万万的抗战救国健儿，这种成功必然少不了良好环境氛围的促进作用。陶行知生活德育思想与当代思想政治教育内在契合，那么当代思想政治教育环境的优良与否也必然会影响当代思想政治教育的成败。

然而，随着社会主义市场经济的深入发展，在极大地丰富思想政治教育内容的同时，也使思想政治教育的环境面临新的挑战，市场经济滋生的拜金主义、享乐主义和极端个人主义等毒素严重污染了思想政治教育的环境。例如，在市场经济负面因素的影响下，人们以功利化为价值导向，简单直接地质问："思想政治教育多少钱一斤？"由于包括思想政治教育在内的人文社会科学文化在物化取向的市场空间狭小，在现实的物质利益导向功能不足，因此，导致思想政治教育逐渐被边缘化。同时，随着经济全球化的深入发展，西方社会思潮对我国进行深入的渗透，西方文化冲击着我国的主流意识形态，西方文化产品潜移默化地影响着我国国民的生活方式和价值观，使西方文化越来越显现优越感，本土文化越来越显现自卑感，这无疑会削弱当代思想政治教育的主导地位。那么，在这种环境的影响下其所取得的成效也必然会微乎其微。因此，我们必须为当代思想政治教育的发展提供优良的宏观环境和微观环境。所谓宏观环境，主要是指社会环境，它是由占统治地位的社会经济环境、政治环境、文化环境构成。那么，要为当代思想政治教育的发展提供优良的宏观环境，首先我国要以经济建设为中心，大力发展社会生产力，为精神文明建设提供强有力的物质保障；其次，党和政府部门要加强组织管理，建立健全的规章制度，倡导良好的社会道德风尚和正确的舆论导向，从而营造良好的社会政治环境氛围；最后，坚持走中国特色社会主义文化发展道路，深化文化体制改革，着力提高国家文化软实力，帮助国民树立高度的文化自觉和文化自信，让他们逐渐走出文化自卑的泥潭，为当代思想政治教育的发展营造良好的社会文化环境氛围。所谓微观环境，主要是指家庭环境、学校环境、工作环境等。首先，家庭作为最先对人进行教育和影响的地方，影响的程度往往是根深蒂固的。那么，要想思想政治教育富有成效，必然也少不了良好的家庭环境氛围的催化剂作用[69]。父母作为子女的第一任教师，在家庭教育中起到主心骨的作用。因此，父母应该提高自身的思想道德素质，为孩子们树立良好的榜样，引导孩子树立正确的三观，为思想政治教育的发展提供良好的家庭环境氛围。其次，学校是思想政治教育的主要阵地，良好的校园环境对帮助学生树立科学的三观具有非凡的意义。要想营造良好的校园环境，必须做到以下三个方面：第一，制定相关的校规、班规，从而营造良好的校风、班风、学风，从而为学校思想政治教育的发展营造良好的校园环境。第二，建立良好的班集体。陶行知认为集体生活有利于培养个人的集体主义精神，那么，建立良好的班集体，为同学营造积极健康的集体生活，培养他们的集体主义精神，实现人人为建设良好的校风而努力，这样也无疑为当代思想政治教育的发展营造良好的校园环境。第三，工作单位也是渗透思想政治教育的重要阵地。工作单位的领导者要坚守正确政治方向、把准舆论导向，为整个单位营造一种积极向上的舆论氛围，从而对人民群众进行正确的引导。

（二）借鉴生活德育思想，推动当代思想政治教育的改革创新

陶行知在践行生活德育思想的过程中，遵循"生活即德育""社会即学校"的原则，使其生活德育思想紧跟时代步伐，符合社会生活实际，为抗战救国时期的中国培育了一批批真人。与此同时，陶行知生活德育思想与当代思想政治教育内在契合，那么，当代思想政治教育要想富有成效，必须紧跟时代的步伐，符合社会生活实际。

同时，在任何一个社会，都存在技术变迁、人口变迁、快速的生态变迁，以及由经济和政治模式内在的不一致和相互冲突的意识形态所导致的变迁。而这些变迁必然会对社会和个人产生深刻的影响。诚然，随着我国社会主义市场经济以及改革开放的深入发展，我国的社会面貌以及人们的思想观念、生活方式都会发生深刻变化。那么，当代思想政治教育要想紧跟时代步伐和符合社会生活实际，则应该借鉴陶行知生活德育中"生活即德育""社会即学校"的原则，走改革创新之路。那么，当代思想政治教育应如何通过对陶行知生活德育中"生活即德育""社会即学校"的原则的借鉴，走改革创新之路呢？

第一，当代思想政治教育必须坚持马克思主义的指导地位不动摇。我们党自诞生日起，就把马克思主义作为指导思想，直至今日不曾改变。毛泽东曾经说过："指导我们思想的理论基础是马克思主义。"建党100多年来，我们党带领人民在革命、建设、改革方面所获得的成就，都离不开坚持了马克思主义的指导地位。同时，经过100多年的实践证明，马克思主义是科学理论，具有引领我党以及人民不断前进的强大力量。因此，当代思想政治教育在进行改革创新的过程中要毫不动摇地坚持马克思主义的指导地位，否则会丧失根本。

第二，适应时代的要求，创新当代思想政治教育的内容。陶行知在开展生活德育的过程中，遵循"生活即教育"（也包括"生活即德育"）的原则，他认为是哪样的生活，就是哪样的教育，为抗战救国时期的中国培养了众多真人。随着改革开放的深入发展，现阶段的社会面貌发生深刻的变化，当代思想政治教育要遵循"生活即教育"（也包括"生活即德育"）的原则，适应时代的要求，创新内容。例如，我国现阶段是携手推进"一带一路"建设的时代，当代思想政治教育需要迎合这一时代的发展，使自身的内容得以创新，以推进"一带一路"的建设；当前我国的改革进入攻坚期和深水区，当代思想政治教育需要迎合这一时代的要求，鼓励人们要将改革进行到底，敢挑重担子，敢啃硬骨头。

第三，贴近社会生活的实际，创新思想政治教育的传播途径。陶行知在开展生活德育的过程中，遵循"社会即学校"的原则，他认为社会与学校相联系，整个社会都是学校，

教育要贴近社会生活的实际。例如，他主张教授儿童花草的知识，可以把真的花草进行解剖，和学生一起探讨其中的奥妙，而不是仅仅通过关于花草知识的书籍进行教授。那么当代思想政治教育可以借鉴这一原则，贴近社会生活实际，利用社会生活中的一些资源宣传思想政治教育，创新传播途径。例如，当今社会的网络资源丰富，影响到每一个人。尤其是新兴的微信和微博，因贴近人们的生活，被人们亲切地称为"生活伙伴"或"灵魂伴侣"，当代思想政治教育可以利用这一资源进行传播。

（三）借鉴生活德育思想，提高社会思想政治教育的普及程度

陶行知在践行生活德育思想的过程中，尤其强调普及性。由前文可知，陶行知生活德育思想与当代思想政治教育内在契合，那么，强调普及性同样适用于当代思想政治教育。适逢全面建成小康社会是我国现阶段发展的重要任务，那么当代思想政治教育需要强调普及性。同时，我国是以农业经济为主体的国家，农民人数占总人口的80%，当代思想政治教育要想成功得到普及，必须搞好农村的思想政治教育。然而，随着我国社会主义市场经济和改革开放的深入发展，农村思想政治教育面临着机遇与挑战，在取得丰厚的成就的同时，也存在诸多不足。尤其是在城镇化飞速发展的过程中，农村的思想政治教育明显落后于城市的思想政治教育。笔者在总结相关文献资料的基础上，把农村思想政治教育的不足之处归纳为以下三个方面：

其一，政府以及相关部门对农村思想政治教育的重视程度不高。首先表现在时间上的明显滞后性，政府及其相关部门对农村思想政治教育问题不是防患于未然，而是在农村思想政治教育问题出现后，才组织临时的相关部门加以解决。例如，农村留守儿童出现心理问题后，才会引起政府出台相关的政策加以解决。陶行知在普及生活德育思想的过程中，尤其重视乡村教育（本质上也是乡村德育，关于这方面的原因，前文已经论述过，这里不再赘述），为乡村教育制定了许多预防性政策，促进乡村教育的发展。例如，1925年8月，陶行知出席中华教育改进社第四届年会。在报告社务中，他把乡村教育的调查研究成果作为中心议题之一，提交大会讨论[70]。会后，为推动乡村教育发展拟定了多条教育政策，并通过乡村师范学校对这些教育政策进行试验。鉴于此，政府以及相关部门应加大对农村思想政治教育的重视力度，对农村思想政治教育的状况要深入调查研究，制定更多关于农村思想政治教育问题的预防性政策，做到未雨绸缪。

其二，关于农村思想政治教育的政策往往就像"空头支票"，只走形式，不落实。政府在落实其所制定的政策内容时，对有关政绩的政策内容往往加以重视落实，对不是很显现政绩的政策内容往往只是"走过场"，停留在形式层面上。陶行知在开展生活德育的过程中，树立求真务实的工作作风，重视乡村教育（本质上是乡村德育）政策的落实，真正给乡村民众带来福音，推动乡村发展。例如，1926年，他在《中华教育改进社改造全国

乡村教育宣言书》一文中明确提出："中华教育改进社的事业范围很宽，但今后主要使命之一，即在厉行乡村教育政策为我们三万万四千万农民服务。"可见，陶行知重视乡村教育政策的落实，提高了乡村教育的实效性。那么，我国要想使农村思想政治教育富有成效，我国政府应该坚持全心全意为人民服务的宗旨，树立求真务实的工作作风，严格落实关于农村思想政治教育的政策，避免只走形式，不做实事。

其三，农村思想政治教育的内容空洞、陈旧、贫乏。长期以来，党格外重视思想政治教育中的意识形态教育。陶行知在开展生活德育的过程中，遵循"有什么生活，就该有什么教育"的原理，适时完善乡村教育（也包括乡村德育）的内容，给乡村民众带来真的教育（也包括德育），增强乡村民众对其乡村教育的认同感，为抗战救国时期的中国培养了一大批优秀人才。例如，1927年，他在《中国乡村教育之根本改造》一文中，明确指出：乡村教育的生路是甚么？就是建设适合乡村实际生活的活教育。同年，陶行知又在《中国乡村教育运动之一斑》一文中提出：最近几年来，中华教育改进社拟定了改造中国乡村教育的计划，要使乡村教育适应中国乡村生活的需要。可见，真正的乡村教育是要适应乡村生活的需要，这样才能为国家提供优秀的乡村人才，推动乡村繁荣发展。为此，我国农村思想政治教育要迎合时代的发展，要根据农村发展的需要适时增添农村思想政治教育的内容，避免其内容空洞、陈旧。例如，目前农村思想政治教育的内容过于政治化，但是，随着时代的发展，整个社会要求树立以人为本的理念，为了适应时代的发展，农村思想政治教育的内容要政治化与人文化相统一。

（四）借鉴生活德育思想，加强高校思想政治教育的实效性

陶行知在践行生活德育思想的过程中，尤其重视教师的榜样示范作用以及学生的全面发展。作为有益经验之一，当代思想政治教育应该加以继承。

1. 充分发挥教师队伍在思想政治教育中的引导示范作用

根据前文所述可知，陶行知向来重视教师在生活德育中的带头表率作用，认为教师是"学校的灵魂"与"学生的领袖"，在开展生活德育的过程中多次应用榜样教育法，通过教师的言谈举止去影响学生，使学生从中受到教育。同时，教师队伍的带头表率作用在当代思想政治教育中亦同等重要。譬如，2017年，习近平总书记在中国共产党第十九次全国代表大会所做的报告中提到：加强师德师风建设，培养高素质教师队伍，倡导全社会尊师重教；2016年，习近平总书记在全国高校思想政治工作会议中提到：要加强师德师风建设，坚持教书和育人相统一，坚持言传和身教相统一，坚持潜心问道和关注社会相统一，坚持学术自由和学术规范相统一，引导广大教师以德立身、以德立学、以德施教。可

见，教师队伍的引导示范作用在当代思想政治教育中显得尤为重要。

然而，在现实生活中，部分高校在选拔教师的时候，更加看重的是教师的专业素养，对教师的师德要求却不高，导致个别高校教师的师德水平低下，以至于有辱师德的事件时有发生。因此，高校在选拔教师的时候既要关注教师的专业素养，又要关注其品行，提高教师队伍的综合素养，凸显其在思想政治教育中的楷模作用。教师要想充分发挥引导示范作用，必须做到以下三点：第一，要坚持认真负责的工作态度。职业道德的基础是爱岗敬业。教师是一份神圣的职业，教师要想凸显其在思想政治教育的楷模作用，首先要对自己的工作秉持认真负责的态度，做到爱岗敬业。同时，这也可以为学生树立典范，培养学生的责任感。鉴于这点，陶行知用其一生进行了诠释。第二，教书育人者除了要求学生达到自己所要求的道德水平外，自身还要具备更高的思想觉悟，这样才能更好地发挥表率作用。对于这点要求，陶行知在运用榜样教育法的过程中严格执行，他曾在《南京安徽公学创学旨趣》一文中指出：教师必须在学问和修养上力求长进，一定要鞭策自己努力跑在学生前头去引导他们，这是我们应有的责任。第三，教师与学生要有心与心的交流，思想与思想的交集，这样才能让学生更容易信服教师，与教师交朋友，向教师学习。对此要求，陶行知在运用榜样教育法的过程中也是严格执行的，陶行知也在《南京安徽公学创学旨趣》一文中提到过：一校之中，教师与学生之间的隔阂完全打通，才算是真正的精神交通，才算是真正的人格教育。

2. 树立"以生为本"的思想政治教育理念

陶行知在践行生活德育思想的过程中，树立"以生为本"的理念，为抗战救国时期的中国培养了一批批优秀人才。对于当代思想政治教育来说，树立以生为本的理念也固然重要。2016年，习近平总书记在全国高校思想政治工作会议中提到：思想政治工作从根本上说是做人的工作，必须围绕学生、关照学生、服务学生，不断提高学生思想水平、政治觉悟、道德品质、文化素养，让学生成为德才兼备、全面发展的人才。然而，当代思想政治教育在发展过程中，受传统教授法的影响，最缺乏的就是树立"以生为本"的思想政治教育理念。首先，表现在一味以填鸭式的方式向学生灌输知识，而忽视学生的身心发展，造成校园危机事件频频发生。其次，表现在以知性为主的当代思想政治教育忽视学生实践能力的锻炼，造就学生的社会适应能力较差。一句流行性话语（毕业等于失业）更加印证了这一现象。习近平总书记曾经说过，少年强、青年强则中国强。可见，青少年代表着国家的未来，是社会主义现代化建设的重要接班人。日本教育家牧口常三郎认为：在生活中学习，在学习中生活。不应将学习与实际生活看作是两条不相交的平行线。

因此，当代思想政治教育应树立"以生为本"的理念，要超越知性思想政治教育，在强调知识灌溉的同时要关心学生的身心发展，要关心学生的实践能力，要关注他们的社会适应能力。

因此，当代思想政治教育可以通过以下途径确立"以生为本"的理念：第一，重视大学生的心理健康发展，给予大学生必要的心理疏导，同时根据学生的个性心理特征给予教育。陶行知在开展生活德育的过程中，运用了因材施教法。他认为学生是活的，要根据学生的个性心理特征进行教育。高校可以借鉴这一做法，根据学生的个性心理特征给予思想政治教育。例如，在大学生入学之际，利用心理健康测试了解新生的心理状况，密切关注心理状况较差的学生，给予必要的心理疏导。第二，提高大学生的社会实践能力。陶行知在开展生活德育的过程中，为了锻炼学生的实践能力，运用学生自治法。并且指出学生自治不是学生为所欲为的自治，是在得到学校认可情况下的自治。高校可以借鉴这一方法锻炼学生的实践能力。例如，在学校的领导下，成立学生会、举办社团活动等。除此之外，陶行知在开展生活德育的过程中，为了锻炼学生的实践能力，遵循教学做合一的原则。高校可以借鉴这一原则锻炼学生的社会实践能力。例如，指导教师可以组织学生在寒暑假的时候参加社会实践活动等。第三，根据"有什么生活，就该有什么教育"的原理，适当增添高校思想政治教育的内容，提高学生的社会适应能力。第一次世界大战后，面对缺乏有关技术人员自造国货的境况，陶行知极力提倡以"生利主义"为核心的职业观教育，为社会的发展培养了一大批人才。

因此，可以根据陶行知生活德育中"有什么生活，就该有什么教育"的原理，适当增添高校思想政治教育的内容，提高大学生的社会适应能力，为社会的发展输送人才。例如，为了增强大学生的社会适应能力，可以在大学生就读期间给予他们职业指导，让他们提前了解到职场上的知识，提前做好就业的准备，更好地满足社会的需要，从而避免造成"毕业等于失业"这一悲剧。

陶行知生活教育理论对我国教育发展有很强的指导作用，对培养具有实践能力和创新精神的学习者有深远意义。在思想政治教学课堂中，教师要在教学工作中落实生活教育理论，实施生活化教学，增强教学的生活指导作用；提倡实践教育，达到教学做合一，培养学生的实践精神；充分尊重学生，发展其个性，做出正确的教学评价，帮助学生找到学习生活的目标

陶行知行先生的教育思想具有科学性和预见性，对中国教育的发展有重要的指导价值。而生活教育理论是其思想的重要组成部分，强调教育与生活的关联性，重视从生活出发开展教学。陶行知先生的"生活即教育"能够帮助思想政治教学课堂实现课堂知识与现实生活的统一，对于发展学生的生活实践技能、完成教育目标产生了积极的影响。

第一，落实生活教育理论，实施生活化教育。

陶行知生活教育理论强调生活对教育的指导作用，而思想政治课程作为培养人才的教学活动，教学内容应该从现实生活出发，实现生活化教育。生活化教育是指在政治教学

中，教师的教育内容应该和现实生活相结合，帮助学生在掌握一定学习理论的同时，达到对生活知识的理解，使知识能够联系现实，学有所用，避免所学知识与生活的脱节。从某种意义上来说，学生的学习活动本身就是一种生活实践活动，学习与生活存在千丝万缕的联系，教师在教学中建立两者之间的联系，帮助学生从生活出发理解知识。

例如，教学《多变的价格》一课时，学生要掌握价格变动对人们消费生活的影响。这时，教师可以鼓励其大胆举例，说明生活中存在哪些由价格变动引起的消费变化。这时学生 A 说："超市里的鸡蛋打折的时候就会有很多人排队去买，但是当价格上涨时排队买鸡蛋的人变少了。这是因为价格上涨，人们的购买欲下降，消费水平也随之下降。"学生 B 说："不同商品价格变动产生的影响也不一样，比如，当盐的价格上涨时，我们还是需要去买盐，但是如果是黄金、珠宝价格上涨了，大妈们就会说现在太贵了，先不买了。"这时教师要适时引导，把生活实例与教学知识结合得更加紧密。教师可以提问："哪位同学能够回答为什么盐的价格上涨我们还要买，但是黄金、珠宝价格上涨，我们就不买了呢？"学生 C 说："这是因为盐是我们生活的必需品，无论价格是否上涨，我们都需要它，所以生活必需品受价格变动的影响小；但是黄金、珠宝是高档耐用品，受价格的影响较大，当价格上涨时，人们的需求会随之减少。"教师在肯定其对知识熟练掌握的同时，更应该鼓励他们把所学的知识与生活实际结合起来，这样不仅能够更好地记忆知识，也能够学有所用，学会在生活中正确理性地消费。通过生活化教学，学生能够学到经过生活浸润的知识，有助于提升其自身的素养，学会消费，树立正确的金钱观念。落实生活教育理论，使教育知识情景化，将知识变得更加灵活生动，有助于实现教育教学的进步。

第二，提倡实践教育，达到教学做合一。

陶行知先生提倡在教学过程中要达到教学做合一，是指教师的教学工作最终要落实到学生的实践活动中。他提出："书只是工具，和锄头一样，都是为做事用的。"只有通过实践活动，学生才能养成动手和劳动的习惯，才能在知识发展之外提升身体素质和品德素质。在政治教学中强调实践教育，教师要摒弃原有的教学主导者的教育思想，鼓励学生自己获取学习经验。同时，教师在教学课堂上不仅要求学生掌握间接知识，而且需要其学会获取直接知识，转化为自我的经验。使学生通过实践的方式，体验学习过程，把实践生活经验作为理论知识的基础，提高自身的学习能力。

例如，教学《多彩的消费》一课时，教师可以在班级开展一次小型的"跳蚤市场"，帮助学生体验消费的过程，使其对知识有切身的体验。教师可以化身摊主，售卖一款钢笔，进行情景再现：

学生 A：我只有 50 元钱，虽然我很想买，但是这支笔太贵了，我买不起。学生 B：我有 150 元钱，可以买，但是我不喜欢这支笔的颜色。学生 C：我想要一支圆珠笔，可惜这是一支钢笔。

通过对商品实际购买过程的实践，教师引导学生总结影响消费的原因。

学生 D：A 买不起钢笔，是因为自己的收入不够，没有足够的钱供他消费，所以收入是消费的前提和基础。

学生 E：B 有足够的钱可以买钢笔，但是钢笔的颜色他不喜欢，说明人们的消费受到商品外观的影响。

学生 F：C 之所以没有买钢笔，是因为钢笔的性能不符合他的消费预期，所以说商品的性能也会影响人们的购买欲望。

在教学过程中，教师通过生活模拟的方式，使学生亲身体验消费，获得影响消费的因素的直接经验，使他们在获取生活经验的同时也真正理解了课本知识。生活中的学习资源是无穷无尽的，在政治教学时，教师要把生活的直接经验与课本上的间接经验相结合，转变传统的教学方式，立足于生活现实开展课堂学习。

第三，尊重学生个性，做出正确教学评价。

生活教育理论强调从生活实际出发，尊重学生的发展个性，教会其正确地学习和生活。因此，在高中思想政治教学课堂中，教师要构建和谐的师生教学关系，营造民主、合作的学习氛围，对学生的学习成果做出合理的教学评价，鼓励他们在课堂上积极表现，使其在参与课堂的过程中获得生活经验，实现教育的全面发展。

例如，教学《企业与劳动者》一课时，教师要引导学生树立正确的劳动观念，为培养新时代的合格劳动者打下坚实的基础。教师要鼓励学生在课堂上各抒己见，发表自己对就业和参与劳动的看法，并且尊重其就业需求，做出正确引导。学生 A 说："我不想为别人打工，想要自主创业，现在就业形势很严峻，如果我能自主创业成功，不仅可以解决自己的就业问题，还能为别人提供就业岗位，达到一举两得的效果。"学生 B 说："很多时候并不是因为工作岗位少导致无法就业，而是因为我们自身的技能没有达到岗位的要求。所以我要好好提升自己，在大学学习一个有潜力的专业，为以后的就业打下基础。"学生 C 说："我觉得很多人找不到工作并不是因为工作少，而是自己好高骛远，不能正确看待一些工作的价值，导致自己最后没有工作可做。所以我们在找工作的时候应该量力而行，根据自己的能力选择工作。"通过学生表达自己的就业观念，教师做出正确的教学评价，帮助他们从现实生活出发，考虑自己的实际就业需求，使其逐步具备社会人的素养。

陶行知生活教育理论对我国教育工作产生了深远的影响，尤其为高校思想政治教学发展提供了重要的指导。高校思想政治学习与生活教育密切相关，深化二者之间的关联，带动学生的长远发展和综合素质的提升，能够实现精神与思想的进步，提高教学成效。

第十一章 陶行知"学生自治"思想研究和运用的前景展望

第一节 陶行知"学生自治"思想研究的理论收获。

　　教师是人类灵魂的工程师，教育事业是一个国家兴盛与否的重要领域，它关系着一个国家的命运，只有教育事业兴盛，才能培养出国家的建设者，才能使国家有参与国际竞争的综合实力。

　　陶行知先生就是中国伟大的教育家，他是中国教育事业的先驱，是近代教育事业的奠基人。陶先生这一生有很多教育的名言至今启迪着中国千千万万的教师、家长，为中国的教育做出伟大的贡献。笔者至今记得有这么一个有关陶老先生教育学生的故事：当时陶先生还是育才小学的校长，他在校园看到一个男生用泥块砸自己班上的男生，马上阻止了他，并让他放学时到校长室。放学后当陶行知来到校长室，这个男生已经等在门口准备挨训了 [34]。可一见面，陶行知却掏出一块糖果送给他，并说："这是奖给你的，因为你按时来到这里，而我却迟到了。"小男生惊疑地接过糖果。随之，陶行知又掏出一块糖果放在他手上，说："这块糖果也是奖给你的，因为当我不让你再打人时，你立刻就住手了，这说明你很尊重我，我应该奖你。"他更惊讶了，他眼睛睁得大大的。陶行知又掏出第三块糖果塞到他手里，说："我调查过了，你用泥块砸那些男生，是因为他们欺负了女生。你砸他们，说明你很正直善良，有跟坏人做斗争的勇气，应该奖励你啊！"这个小男生感动极了，他流着眼泪后悔地说："陶……陶校长，你……你打我两下吧！我错了，我砸的不是坏人，而是自己的同学呀！"陶行知满意地笑了，他随即掏出第四块糖果递过去，说："为你正确地认识错误，我再奖给你一块糖，可惜我只有一块糖了，我的糖没有了，我看我们的谈话也该结束了吧？"说完，就走出校长室又忙别的事去了。

　　读完陶行知先生"给糖"的故事，我被陶行知先生高明、独到的处理犯错学生的方法所折服。作为一名教育家，陶行知先生"捧着一颗心来，不带半根草去"。作为"人师"的他，恪守无私奉献的信念，追求"十年树木，百年树人"的远大理想。"给糖"这种做法，我们一秒钟就可以学会。可是要让我们真正学会陶行知先生的育人爱心，是很困难的。

陶先生除了给糖的故事让笔者记忆犹新，陶先生写的《学生自治问题之研究》也让我深深折服。今天，笔者又读了陶先生的《学生自治之问题之研究》，又有一些新的感触。

人这一辈子，可以说都在不断地学习，俗话说，"活到老，学到老"。所以我们一生都在扮演学生，而我，作为一名中大学子，我作为学生已经15年了，更是为陶老的远见所震撼。在研究中，陶老是这样定义学生自治的："学生自治是学生结起团体来，大家学习自己管理自己的手续。从学校这方面说，就是为学生预备种种机会，使学生能够大家组织起来，养成他们自己管理自己的能力。"

陶老提倡学生自治，主要是因为有以下四点好处：第一，学生自治可为修身伦理的实验。陶先生讲学校、社会的伦理道德是早就制定好的，对学生进行耳提面命，往往学生是左耳进右耳出，根本就没有和学生的实际行为结合起来，这样的道德不要也罢。所以要给学生种种机会将道德和行为结合起来，通过行为来修生养德。这就是一种自治，其实，笔者觉得现实生活中想要学生自治，最好是让学生能够制定行为规章制度，因为只有学生自己才更了解自己，制定的制度会比学校自己制定的法律规章要有效得多，也更容易和学生自己的实际行为相结合，这样学生心中有法，那么法的力量可想而知是有多么得巨大。

第二，学生自治能适应学生之需要。"我们办学的人所定的规则，所办的事体，不能有与学生隔膜的。有的时候，我们为学生做的事体越多，越是害学生。因为为人，随便怎样精细周到，总不如人之自为。我们与学生经验不同，环境不同，所以合乎我意的，未必合乎学生的意。勉强定下来，那适应学生需要的，或者遗漏掉；那不适应学生需要的，反而包括进去。等到颁布之后，学生不能遵守，教职员又不得不执行，却是左右为难。甚至于学生陷于违法，规则失了效力，教职员失去信用。若是开放出去，划出一部分事体出来，让学生自己治理；大家既然都有切肤的关系，所定的办法，容或更能合乎实的情形了。"笔者觉得陶老在这里说的真的是太正确了，这是多么重要的道理，但至今仍有一些学校教师为学生画好方框，限制学生的种种行动，虽然他们的出发点是好的，但是往往事倍功半、适得其反。尤其是现在上了大学，大家的班级集体意识弱化，参与性、积极性大大下降，班级往往成了几个班干部的班级，出现这种情况，用陶行知先生的话来讲就是学生还没有认识到自己的行为应该为大家负责，教师在管理时没有让学生做到共同参与，导致学生出现认识上的误差：班级管理是几个学生和教师的事情，与我无关。可见在日常的管理中，如果只是让几个学生去管理效果是甚微的，应让所有学生从被动接受管理转化为主动参与管理，走共同自治之路[36]。

第三，学生自治能辅助风纪之进步。学生在上学时总是被告知要为自己的行为负责，但是我们应该对谁负责，是学校还是教师，又或者是家长。有教师的时候，我们就正襟危坐，没有教师的时候，我们就为所欲为，肆无忌惮。这就是教育中的漏洞，要避免这种情况的发生，只有让学生自治才能让他们对自己的行为真正地负责。不能总是认为他们还没有独立的行为能力就不用承担责任，而且这种责任不是为其他人负责而是对自己负责，他们是有认识能力的，而且随着年龄的增长，他们的认识能力也应该越强。随之，肩上承担的责任也会越来越重，所以就要从小抓起，让学生在自治中认识到自己的行为，并为自己的行为负责，这就是一种共同自治。

第四，学生自治能促进学生经验之发展。只从一点中可以看出陶行知先生对学生自治问题的重视以及推崇，要让学生保留他们的天性，不要抹杀这种天性，想跑跑，想跳跳，想唱唱……不要束缚他们的天性，保留这份创造力自主性是很重要的。还有就是遇到问题时，教师和家长不能急于替孩子解决，而应该让他们自己解决，而教师、家长是扮演一名引导者，帮助孩子解决问题。因为只有在自己解决问题的时候才能积累更多的经验，这在以后的生活中是很重要的，学生终会离开家长、教师的羽翼，如果那时他们还没有成长，这对于他们的生存是很危险的。生活就是不断积累经验的过程，所以遇了一个问题，自己能够想法解决它，就长进了一层判断的经验。问题自决得越多，则经验越丰富。若是别人代我解决问题，纵然暂时结束，经验却也被旁人拿去了。所以在保育主义之下，只能产生缺乏经验的学生，若想经验丰富，必须自负解决问题的责任。我真的对先生的远见所折服，先生在20世纪初就提出了"学生自治"这个在当今世界备受关注的话题，而且研究得很详尽，真的让后人心中充满敬意。20世纪，先生所处的时代，中国正处在水深火热之中，先生清楚地知道要想救国，需要一大批先进的知识分子，要想救国，唯有先解决教育问题，而解决教育问题，必先救中国学生，先生之远见影响了中国以后的世纪，在中国大地上洒下了希望的种子，让千千万万的中国人看到了希望。

第二节　陶行知"学生自治"思想运用的实践体会。

陶行知先生是我国伟大的教育家，他为中国的教育事业发展做出了巨大的贡献，他创造出了著名的生活教育思想，而生活德育思想是其生活教育思想的精华。生活德育思想结合我国优秀传统文化，借鉴国外优秀德育思想，同时依据中国实际，具有鲜明的民族特色、强烈的时代气息以及浓郁的人文精神。陶行知生活德育思想具有先进的培养目标，把"教人求真、学做真人"作为其德育的根本目标，其德育内容具有人民性与理想性的特征，其德育途径具有实践性，将集体生活、学生自治作为其主要德育途径。

而当前我国学校德育工作仍存在着诸多问题，比如，德育可控性、实效性差，课堂效率低下、学生积极性不高等一系列问题。陶行知的生活德育思想对于改变上述德育学校德育现状、加快德育建设发展具有重要的意义与价值。同时研究陶行知生活德育思想有利于进一步完善有关陶行知的理论研究以及丰富思想政治教育理论研究[46]。

　　本章首先是针对陶行知生活德育思想进行相应的分析，先分析陶行知生活德育思想的主要内容与基本原则，之后深入分析其思想的主要目标与实现途径，然后基于对陶行知生活德育思想的分析，结合高中思想政治课堂教学的实际，分析高中思想政治课教学存在的问题以及形成原因，并针对问题提出具有可行性的建议以及对策来改善高中思想政治课教学的现状。本章虽针对陶行知生活德育思想进行相应的分析与探究，但还存在着一些不足之处，比如只探讨陶行知生活德育思想的基本原则"教学做合一"，而对其他原则没有进行相应的深入探究。而谈到陶行知生活德育思想给予思想政治课教学的启示，只探讨给予学生、教师、教学方法的启示，而关于教学的其他方面启示的探讨较为欠缺。因而编者还须对其思想进行进一步的探讨与分析。学生是学习的主人。在教学过程中，学生始终是学习的主体，教学的一切活动都必须以强调学生主动性、积极性为出发点，引导学生主动探索、积极思索、自主实践，生动活泼地发展。课堂教学活动中应该充分体现教中有学、学中有教、教与学相互作用，即所谓教学相长。在教育活动中，要引导学生自觉地、主动地、积极地参与其中，把它作为自己的发展方式，自主地、生动活泼地发展自我，促使受教育者成为教育的主体、发展的主体。教的法子必须根据学的法子，这个理论实际上就是告诉我们对于学生要做到因材施教，对不同的学生要个别对待。就拿我们体育教师来说，教师在教学过程中，必须对学生的能力进行细致的了解，诸如其性格脾气、运动能力、学习能力、思维特点等加以熟知，从而在课堂上为不同的学生创造能发挥他们自身能力的学习情景，使每一个学生都能达到学习目标，都能感觉到他们也是在不停地进步，从而避免学生因为经常不能获得成功而失去兴趣，产生厌烦心理。

　　最后，陶先生用先生须一面教一面学这句话给了我们一个忠告，我们现在处于一个网络信息时代，知识更新非常快，学生可以通过网络获得许多的知识，作为教师，只有不断地学习，才能不断地拓宽自己的知识面，不断地丰富自己的内涵，才能满足学生的求知欲。一个有着广博知识的教师，可以让教材上的内容变得更精彩，更有趣。而一个故步自封，不思进取的教师，他的课堂会日渐单调、陈旧，这样的教师又如何能让学生获得快乐与帮助呢？

　　陶行知是一位为世人敬仰、怀念的人民教育家。他以毕生的精力，批判旧教育，探索新教育，致力于教育改革并付诸实践。他以蕴含丰富的教育思想宝库，为我们提供了教育的理论和方法，给我们以启示和教益。"教学做合一"是陶行知生活教育理论的方法论，也是他的教学论。

　　陶行知是 20 世纪中国伟大的人民教育家。他的教育思想和教育实践，不仅在中国，而且在世界，都有重要的影响。20 世纪过去了，在新的世纪里，陶行知的教育思想仍具有现实意义。

教师和学生在人格上地位是平等的，教育要以学生为本，宽容对待学生。课堂上虽然也知道不能以"教师"自居，不能搞"一言堂"，要与学生共同探讨知识、共同进步；但面对调皮的"小捣蛋们"，往往还是缺少耐心，当他们太调皮时想以教师的权威压制学生，让学生乖乖地听从不再惹是生非，但总是事与愿违。特别是望着个别学生毫不在乎的眼神、不屑一顾的神情，真让我一筹莫展。《陶行知教育文集》里要求教师"眼睛向下"，放下架子；教师要有豁达的心胸，真诚的态度，炽热的情感；公正地对待每一个学生，不因学生自身智力、性格、情趣等方面的差异而有所不同。先生在著作中也想到这些难管的小孩，他谈到了解决的办法。

（一）难管的孩子多半不是劣童，也不是真正的坏蛋，这个态度要立定，否则你主观上咬定他是劣童则一切措施都错，便越管越难管了。

（二）仔细考虑他所以难管的原因，在源头上予以解决。

（三）体力充沛，无法发泄的，有时捣乱，可以多给他一些机会劳动或干体育游戏。

（四）先生也得检讨自己的功课教法是否合乎学生的需要程度。

这些耳熟能详的语句让笔者对教育有了更多的思索。

陶行知先生的教育理论博大精深，值得我们继续研读，让他的教育思想来指导我们教师工作，全面落实新课程改革。我愿做一名民主型教师，创设融融的师爱氛围，靠着一颗对教育对学生真挚的心在实践中慢慢去解读陶行知先生的伟大教育思想。

陶行知主张教师要有儿童的思想、情感、爱好，要善于"变个小孩子"。他说："教育是什么？教人变！教人变好的是好教育。教人变坏的是坏教育。不教人变，教人不变的不是教育。他提倡：师范生（准教师）的第一变——变个孙悟空；师范生（准教师）的第二变——变个小孩子。

诚然，用我们成人的眼光来看学生，你会觉得他们异想天开，不切实际；觉得他们太贪玩，一点不求上进；觉得他们怎么那么不开窍，反复讲过的东西却还是不记得；觉得他们幼稚、好动、不稳重。你眼里的学生没有一个让你满意，要么行为出格，要么乖巧懂事却学习不开窍，要么顽皮捣蛋整天给你惹乱子……唉！所有的问题其实都出在我们教师自己身上；试想，一个孩子不调皮，那叫孩子吗？一个花季少年不爱做梦，没有一点狂妄的想法，这个民族还有什么生机和希望？

在孩子的头脑里，要学的东西那么多，每位教师都说那是重点要牢记，那么他要记的的东西就不是一点点了，还要加上想玩想吃想偷点懒，（孩子的天性）那么一些孩子学习上疲软也不奇怪了。教师所从事的是自己的专业，整天就和这点学问打交道，还不滚瓜烂熟？还不易如反掌？再说，教师自己比他们多经历了那么多，无形中你却要他们和你在资历和学问上画等号，这个等号能画平吗？你眼中的世界能和他们眼中的一样吗？他们的未来能让你去规划设计吗？决不！那么，先生说得很有理：要想成为一个好教师，首先，得把自己变成一个小孩子。

陶先生说："您若变成小孩子，便有惊人的奇迹出现：师生立刻成为朋友，学校立刻成为乐园；您立刻觉得是和小孩子一般大，一块儿玩，一块儿做工，谁也不觉得您是先生，您便成为真正的先生。""我们必得会变成小孩子，才配做小孩子的先生。"扪心自问，我和学生交朋友了吗？没有。虽然在课堂上我和学生平等地对话，虽然我总是微笑着和学生谈话，虽然我总是一副和蔼可亲的模样，虽然我也和学生一起踢过毽子，跳过绳，但是，我没有和学生做真心朋友，原因何在？现在我终于明白了，是因为我没有变成一个小孩子，没有变成"内外如一的小孩子"。

有人说，没有读过陶行知的人，在中国就不配做教师，的确如此。陶行知的教育思想历经半个多世纪的时空仍然熠熠生辉，闪耀着教育智慧的光芒，值得每一位教育工作者认真学习、实践。

陶行知认为教学应该合一的第一个理由是："先生的责任不在教，而在教学生学。"对于一个问题，不是要先生拿现成的解决方法来传授学生，乃是指导他自己将这个方法找出来，这样学生才能探知识的本源，求知识的归宿。

教学合一的第二个理由是："教学的法子必须根据学的法子。"就是以学生的"学"为中心，考虑学生的才能兴味，怎样学就怎样教，学得多教得多，学得少教得少，学得快教得快，学得慢教得慢。以学生为主体，从学生的实际出发，不是让学生适应自己的教法，而是让教法随学生的学习实际灵活变动，也就是现在所倡导的真实的课堂，生成的课堂。

教学合一的第三个理由是"先生须一面教一面学"。做先生的应该一面教一面学，并不是贩卖些知识来，就以为终身卖不尽的。好的先生必定一方面指导学生，一方面研究学问。要适应时代的发展，教育的发展，教师必须树立终身学习的思想。

我对学习的理解是：学习是教师享受职业快乐的需要。孔子说："学而不厌，诲人不倦。"必定要学而不厌，然后才能诲人不倦，否则年年照样画葫芦，必定十分枯燥。正如陶行知所言，教育界无限枯寂的生活，那是因为当事的人，封于故步，不能自新所致。当我们真正地用心去学习、去感悟，就会觉得教育工作的每一天都是令人惬意的。

学习更是教师适应时代，适应教育发展的需要。笔者读师范的时候，还没有见过计算机，也没有学过计算机的理论和操作。短短几年，计算机已经进入了课堂，进入了家庭，现代信息技术也成为一门学科。现在的教师不懂计算机行吗？不行！

必须要学、要用，故步自封是行不通的。即使一篇课文、一道例题教了多少年了，再教仍然要备课，观念在变，理念在更新，教学同一个内容，每一次都会有不同的发现和感悟。

陶行知先生是近代以来中华民族向人类贡献的一位具有世界影响的著名教育家。他博大的教育思想，求真的教育实践，行知合一的师德风范为我们树立了光辉的榜样，不愧为大家景仰的"万世师表"。先生的名言虽然朴实，却极富哲理，并且贴近我们的教育世界，深深地打动了我们的心灵。先生的"为人、为学、为师"这六个字不知什么时候已悄然印入我的心田，深入骨子里，给我强大的精神动力，增添了克服困难的勇气。为师先为学，为学先为人。

（一）"为人"诚笃

"学高为师，身正为范"是陶行知先生的一句名言，意即身正才能师为人范。他道出了作为一名合格教师，除了要有扎实的专业知识，较高的文化水准外，更重要的是要求教师应有良好的道德素质。教师的道德品质，不仅是规范自己行为的需要，更重要的是用于教育学生的需要。教师职业的特殊在于育人，不仅用自己的学识育人，更重要的是以自己的道德育人；不仅通过自己的语言去传授知识，而且要用自己的灵魂去塑造学生的灵魂。陶行知主张教师要以身作则，"要学生做的事，教职员躬亲共做；要学生学的知识，教职员躬亲共学；要学生守的规矩，教职员躬亲共守"。他深信这种共学、共事、共修养的方法是真正的教育，以不倦的教诲，循循善诱，培养学生良好的道德情操。陶行知先生是这么说的，也是这么做的。他一生以身立教，辛勤耕耘，培育桃李，为人民的教育事业做出了巨大贡献。是啊！在学生面前，教师是一个榜样，是一本书，是一幅画，教师良好的人格魅力、高尚的道德风尚是影响学生、教育学生最重要的因素和力量。

（二）"为学"严谨

教师在中华民族的伟大复兴中承担着重要使命，因此必须应该具备求真务实、勇于创新、严谨自律的治学态度和学术精神，努力发扬优良的学术风气和学术道德。当今时代，新知识层出不穷，知识更新周期不断缩短，每个人都需要加强学习、终身学习。教师是知识的重要传播者和创造者，连接着文明进步的历史、现在和未来，更应该与时俱进，不断以新的知识充实自己，成为热爱学习、学会学习和终身学习的楷模。"宝剑锋从磨砺出，梅花香自苦寒来"，学习是永远无止境的。陶行知先生认为教师应"发前人所未发，明今人所未明"，提倡教师做一个发明家，不做一个教书匠。他提出的这种教师观正是我们当代教师所应追求的。

教育是一门学问，是一门值得我们把时间都投入进去的学问，而《陶行知教育名篇》就像一盏明灯，指引我们在这条学习之路上走得更远，让我们在陶行知先生的教导下，在这条路上继续走下去吧。

第三节 陶行知"学生自治"思想研究的前景展望。

在长期的教育实践过程中，陶行知坚持从中国国情出发，批判继承古今中外的教育经验，顺应时代和世界的发展趋势，提出了生活教育理论，教学做合一贯穿生活教育理论始终，"行知精神"始终是生活教育理论的基调。他从道德认知的判断、道德情感的推演、道德意志的培养、道德行为的养成入手，形成了互为表里、内外联动的道德教育方法，用教育来改造生活，好的生活就是智慧的生活、知情意合一的生活、德行明智的生活，而由"真人"组成的社会伦理共同体则保证了社会秩序的稳定和人的自由解放，这对于如今道德教育具有启发和借鉴意义，但是辩证看待生活教育理论，也存在一些不足，大致可以概括为以下四点：

一、模糊生活与教育的边界

生活和教育之间是有一定界限的，生活包括了日常生活行为、学习、工作、社交、娱乐等很多方面，而生活即教育将生活的概念限定在通过主体之间、主客体之间的相互作用收获知识的范围内。一方面，不同生活的经历会带来不同的经验，生活中会接触到的影响也不能都被称为是教育，教育是培养人适应社会生活的能力的过程，教育的过程应该包含社会学和心理学两方面的内容，教育要与社会生活相适应，也要深入观察受教育者的心理结构和活动，真正有效的教育必须从心理上探索学习者的能力、兴趣、习惯，也就是说使得受教育者明白拥有这些能力、培养这些习惯的意义是什么，这些能力或者习惯在社会事务中能做什么，从而激发学习动力。另一方面，生活可以指人的各种活动，而教育侧重于收获知识、培养能力和习惯等，重点在于促进个体发展，教育呈现出长期性、科学性、目的性、系统性的特点，所以在设计课程时要兼顾理论学习和实践操作。从"生活即教育"这一观点来看，它模糊了教育和生活之间的界限，在晓庄师范时期的试验教育以生活技能作为主要课程，没有对系统的理论知识以及教学的系统性和科学性赋予足够的关注，造成了系统教育、全面教育的悬置。

二、重视价值预设与伦理追求

首先，陶行知没有对什么是好的生活有明确的定位，大量对于实用性技术的教育使得

"好的生活"很可能下降为纯物质享受的生活，这与该理论的初衷是违背的，所以有必要梳理出生活教育理论中的"好的生活"具体指涉哪些方面。

其次，生活教育理论几乎将生活与实践等同起来，生活和实践的内部存在多种矛盾，但是生活教育理论追求幸福的、好的生活，实践也倾向于积极意义上的改造，都属于应然的价值层面的一种伦理追求，陶行知却将此作为理论的价值预设，避开了生活和实践的消极意义的一面，以博爱作为道德行为的起点，建立在美德伦理基础上的生活教育理论依靠人性之善和强大的道德意志，因此在实施过程中困难重重。尽管未来的生活拥有向好的方向发展的可能，也不能改变过去消极、恶的生活这一事实，所以当将生活教育限定在"当下"时，生活、教育这些概念就不能只考虑其中积极的意义。

三、缺乏关于分配的训练

社会公正秩序有其内在的德性基础，社会伦理以社会正义为核心，陶行知设想的共同体是一种理想存在的共同体状态，即是个体善与共同体善内在一致的状态。

工学团时期（1934）提出的"工以养生、学以明生、团以保生"虽然克服了早期轻视理论教学的弊端，但是还没涉及生活的重要领域"分配"。工学团注重工作、科学、团体的训练，分别属于生产、消费的领域，通过参与社会生活的方方面面，通过"利"来连接各种社会关系，建立了互惠互利的外在利益关系，但由于缺乏关于分配的训练，正义原则也搭建在理想状态之上，提倡"天下为公"，使得利益的分配主要依靠道德主体的自觉，在一个社会伦理秩序还不健全的情况下，仅依靠道德自律是几乎不可能保障道德主体合理权益的，所以与解放人类、获得自由的目标有所偏离。

四、弱化家庭教育的指导

生活教育理论将学校与社会的概念等同，社会成员就是亲人，家庭这个原本介于个体与社会之间的概念就被隐退了，但家庭这个伦理实体依然存在于社会中，家庭是以血缘关系为基础的伦理关系，现代社会是由陌生人组成的一种实体，而陶行知提倡无等差的博爱之情，博爱是道德追求的最高目标，是一种道德信念，陶行知却把它作为 道德行为的起点，试图将个人从家庭这个实体中抽离出来，直接让个体进入学校这个实体，社会成员即是亲人，这是不符合人的成长过程的。在实际中，个体的成长需要家庭提供物质与精神的支持，所以情感是有亲疏的，个体很难做到无差别地爱人。学校教育并不能完全取代家庭教育，原生家庭对于个人的影响贯穿人的一生。终生教育有助于培养个体"奉公"精神的生成，从而使家庭教育呈现出与学校教育一致的价值观，生活教育理论尽管有这方面的理论尝试但并没有表现出重视家庭教育的意图。目前，我国道德教育面临着脱离社会生活、形式化、理论化等问题，社会生活中时有发生道德失范现象，因此我们需要正视道德教育的作用，重新审视如今道德教育的模式。生活教育理论从自律和他律两个角度增强道德意志，通过集体生活中的道德实践培养知情意行，形成伦理共识。但我们也应该看到其理论的局限性，用辩证的观点看待生活教育理论，厘清生活和教育、社会和学校各自的特质，基于具体情况，展开活动型道德教育课，通过道德教育走向美好生活。对生活教育理论的伦理分析还有改进的空间，笔者将在日后的学习工作中进一步完善。

参考文献

[1] 陶行知.陶行知全集 [M].全 6 卷长沙：湖南教育出版社，1984 年.

[2] 王尚义.陶行知教育思想教程 [M].北京：中央编译出版社，2017 年.

[3] 周洪宇.陶行知研究在海外 (新编本)[M].北京：人民教育出版社，2017 年.

[4] 周洪宇.陶行知生活教育导读 [M]，福州：福建教育出版社，2013 年.

[5] 董平.王阳明的生活世界：通往圣人之路 [M]，北京：商务印书馆，2018 年.

[6] 陶行知.陶行知文集 (修订本)[M]，南京：江苏教育出版社，2008 年.

[7] 徐明聪.陶行知德育思想 [M]，合肥：合肥工业大学出版社，2009 年.

[8] 王阳明.王阳明全集 [M].第一卷.上海：上海古籍出版社，2011 年.

[9] 陶行知.陶行知全集 [M].第一卷.成都：四川教育出版社，2005 年.

[10] 陶行知.陶行知全集 [M].第二卷.成都：四川教育出版社，2005 年.

[11] 陶行知.陶行知全集 [M].第三卷.成都：四川教育出版社，2005 年.

[12] 陶行知.陶行知全集 [M].第四卷.成都：四川教育出版社，2005 年.

[13] 陶行知.陶行知全集 [M].第五卷.成都：四川教育出版社，2005 年.

[14] 储朝晖.多维陶行知 [M].北京：北京大学出版社，2016 年.

[15] 朱泽甫.陶行知年谱 [M].合肥：安徽教育出版社，1985 年.

[16] 杜威.我的教育信条 [M].上海：华东师范大学出版社，2015 年.

[17] 杜威.哲学的改造 [M].北京：商务印书馆，1987 年.

[18] 查尔斯·泰勒.自我的根源：现代认同的形成 [M].南京：译林出版社，2012 年.

[19]R.赫斯特豪斯.美德伦理学 [M].南京：译林出版社，2016 年.

[20] 贺艳菊.伦理认同：基于道德与伦理的差异 [J].湖北大学学报(哲学社会科学版)，2019，46(01)：23-28.

[21] 高兆明.仁爱：有无正义边界？[J].华中科技大学学报 (社会科学版)，2019，33(01)：55-60.

[22] 庄晓华，章洁.试析陶行知的伦理思想 [J].南京晓庄学院学报，2018，34(05)：12-16.

[23] 王正平，林雅静.立德树人：教育伦理的根本原则 [J].道德与文明，2018(04)：111-118.

[24] 钱广荣 . 陶行知"人中人"思想及其伦理共同体意蕴 [J]. 安徽师范大学学报 (人文社会科学版)，2017，45(05)：584-589.

[25] 徐敏，王前 ."主体性"的追寻——评牧野笃的陶行知研究 [J]. 南京晓庄学院学报，2016，32(05)：1-5+123.

[26] 魏波 . 民主教育：陶行知教育思想的内核 [J]. 清华大学教育研究，2015，36(04)：97-104.

[27] 刘大伟，杜京容 . 海外陶行知研究述评：一种知识社会学的视角 [J]. 教育研究与实验，2015(02)：18-22.

[28] 赵惜群 . 德育生活化理论探源 [J]. 郑州大学学报 (哲学社会科学版)，2008(03)：25-27.

[29] 胡志坚 . 自我统摄下的心理与行为 [D]. 华中师范大学，2005.

[30] 李庚靖 . 陶行知教育思想研究之现状 [J]. 上海教育科研，2002(04)：31-34.

[31] 林良夫 . 民国时期教育家群体特征论析 [J]. 华东师范大学学报 (教育科学版)，1999(04)：82-91.

[32] 胡国枢 . 生活教育理论的当代价值与世界意义——兼论陶行知生活教育理论的"三全"功能 [J]. 教育研究，1997(10)：36-40.

[33] 钱广荣 . 陶行知教育伦理思想述要 [J]. 道德与文明，1991(05)：31-34.

[34] 于洋 . 海外陶行知学术研究走向 [J]. 清华大学教育研究，2012，33(05)：114-119.

[35] 刘训华，周洪宇 . 心中的世界：陶行知对王阳明、杜威思想的接纳与改造 [J]. 社会科学战线，2018(04)：225-233.

[36]Barry Keenan.The Dewey Experiment in China：Educational Reform and Political Power in the Early Republic[M].Cambridge：Harvard University Press，1977.

[37]RuthHayhoeandMarianneBastid(eds).China'sEducationandtheIndustrializedWorld：StudiesinCulturalTransfer[M].NewYork：Sharpe.Inc，1987.

[38]Dewey，J.DemocracyandEducation[M].NewYork：TheMacmillanCompany，1916.

[39]Dewey，J.ReconstructioninPhilosophy[M].NewYork：TheNewAmericanLibrary，1920.

[40]Beyer，L.E.KnowingandActing：Inquiry，IdeologyandEducationStudies[M].London：TheFalmerPress，1988.

[41]YushengYao.TheMakingofaNationalHero：TaoXingzhi'sLegaciesinthePeople'sRepublicofChina[J].TheReviewofEducation，Pedagogy&CultureStudies,2002，24(03).

[42]CharlesW.Hayford.Tothepeople：JamesYenandVillageChina[M].NewYork：ColumbiaUniversityPress，1990.

[43]YushengYao.RediscoveringTaoXingzhiasanEducationandSocialRevolutionary[J].Twentieth-CenturyChina，2002，27(02).

[44]YushengYao.NationalSalvationthroughEducation：TaoXingzhi'sEducationRadicalism[D].TheUniversityofMinnesota，1999.

[45]PhilipA.Kuhn.TaoHsing-chih，1891-1946，AnEducationReformer[J].HarvardPapersonChina(EastAsianStudiesofHarvardUniversity)，1959(13).

[46]ZongZhiwen.HuShiandTaoXingzhi[J].ChineseStudiesinHistory，Winter2008/2009，42(02).

[47]Chu，Don-chean.Patternofeducationforthedevelopingnation(Tao'sworkinChina，1917-1946)[M].Tainan，Taiwan：KaochangPrintingCompany，1966.

[48]Su，Zhixin.Teaching，learning，andreflectiveacting：ADeweyexperimentinChineseteachereducation[J].TeachersCollegeRecord，1996，98(01).

[49] 阿剑波.大学生思想政治教育的几点思考[J].教育文化，2015(12).

[50]唐立山，刘牧.浅析优化思想政治教育的环境[J].长春工业大学学报(社会科学版)，2008，20(02).

[51] 储朝晖.教人求真，培养真人——陶行知教育思想对深化教改的启示 (下)[J].基础教育参考，2010(10).

[52] 吴新杰.教人求真学做真人——中师德育工作渗透陶行知教育思想之思考[J].宿州教育学院学报，2001(03).

[53]郭笙，刘硕.略论陶行知人民教育思想的发展[J].华东师范大学学报(教育科学版)，1983(01).

[54] 魏波.民主教育：陶行知教育思想的内核[J].清华大学教育研究，2015，36(07).

[55] 张志刚.民主思想是陶行知"真人"教育理论的核心[J].教育方略，2009(03).

[56] 庄晓华.试析陶行知的政治教育理念与实践[J].教学研究，2016(12).

[57] 陈晴，董宝良.陶行知"真人"教育的基本内涵及其育人价值[J].教学与管理，2015(03).

[58] 朱进.陶行知"真人"思想初探[J].佳木斯大学社会科学学报，2014，32(04).

[59] 陆家俊.陶行知创造教育思想和实践对我们的启示[J].中国教育学刊，2000(04).

[60] 张青运.陶行知教育思想的价值基源[J].教育学研究，2008(03).

[61] 王晓娟，等.陶行知教育思想对体育院校大学生思想政治教育的启示[J].河北体育学院学报，2015(07).

[62] 王紫斌.陶行知教育思想研究：历史、问题及趋势[J].基础教育研究，2013(02).

[63] 毕明生.陶行知生活教育理论的德育理论探析[J].思想政治教育研究，2010，

26(02).

[64] 刘晓靖. 陶行知生活教育理论对高校思想政治教育工作的启示 [J]. 山东农业工程学院学报，2016，33(08).

[65] 张琦，林识音. 陶行知生活教育理论对提高高校思想政治教育理论课实效性的启示 [J]. 思政教育，2017(06).

[66] 姜富全，王艳娟. 陶行知生活教育思想对大学生思想政治教育的启示 [J]. 高教高职研究，2010(03).

[67] 赵久烟. 陶行知生活教育思想对大学生思想政治教育的启示 [J]. 德育研究，2016，2(13).

[68] 李斌，周石峰. 陶行知乡村师范教育思想研究 [J]. 赤峰学院学报 (自然科学版)，2016(03).

[69] 郭景川，申霞. 陶行知与中外文化教育国际学术研讨会综述 [J]. 华中师范大学学报 (人文社会科学版)，2017，56(01).

[70] 范金党，胡天非. 学习陶行知的献身精神 [J]. 阜阳师院学报 (社科版)，1991(03).